省略現象と文法理論

省略現象と
文法理論

島　越郎

まえがき

　本書の目的は，生成文法の枠組みで，自然言語に見られる省略現象を分析することにある．省略現象は伝統文法や学習文法において詳しい記述はあまり見られないが，生成文法では初期の頃から盛んに研究が行われている．本書では，これまでの研究において指摘されてきた様々な興味深い省略現象を新たな視点から考察し，これらの現象を統一的に説明する言語理論の構築を試みている．

　省略現象に興味を持ったきっかけは，文部科学省の在外研究により 2001 年から 1 年間，研究員として Cornell University の言語学科を訪れた際に参加した Prof. Mats Rooth の Ellipsis and Intonation というセミナーに参加したことであった．このセミナーに参加するまでは主に統語論の観点からしか省略現象を考えたことがなかったが，意味論・語用論の点からも考えることが重要であることを教わった．日本に帰国してから省略現象に関する研究を少しずつ進めてきたが，今回ようやく一冊の本に纏めることができた．

　本書を纏めるにあたり，多くの方々から助言を頂いている．特に，恩師である中村捷先生と金子義明先生には，著者が博士学位論文を執筆の際に生成文法の基本的思考法を教わり，現在の研究の「土台」を築いて頂いた．また，学部・大学院時代からの学友である小川芳樹氏と色々な論文や本を輪読することにより，言語研究に関する個人的な「好み」が自然と身についたような気がする．心より感謝申し上げる．

　本書の内容については，2008 年の春まで所属してた山口大学で毎週金曜日の午後に開催されていた「山口大学英語学研究会」で折に触れて発表し，当時のメンバーであった岩部浩三氏，太田聡氏，武本雅嗣氏，和田学氏，前田満氏，松谷緑氏，今井新悟氏から貴重なコメントを頂いた．その後，東北大学大学院文学研究科に移り，2009 年の第 27 回日本英語学会の研究発表，2011 年の第 83 回日本英文学会のシンポジウム，2014 年の第 86 回日本英

文学会のシンポジウムで発表し，その際に寺田寛氏，土橋善仁氏，奥聡氏をはじめとする多くの聴衆から有益なコメントを数多く得ることができた．また，Henry Atmore 氏，John David Phillips 氏，James Tink 氏，Max Phillips Jr. 氏には，例文の判断でお世話になった．

本書の出版・編集にあたっては，開拓社の川田賢氏より助力・助言を頂いている．また，校正の際には，佐藤元樹氏の協力を頂いている．

これらの方々のご厚意に対し，厚く御礼を申し上げる．ただし，本書にいたらぬ点があるとすれば，その責任はすべて著者にあることを断っておきたい．

なお，本研究は，日本学術振興会科学研究費補助金（基礎研究（C）課題番号 25370542）の援助を受けている．

2015 年 7 月

島　越郎

目　次

まえがき

序 ·· 1

第1章　省略文の先行分析と問題点 ······························· 5

1.1. はじめに ·· 5
1.2. Hankamer and Sag (1976) の削除分析 ······················· 5
1.3. Williams (1977) のコピー分析 ································· 9
1.4. Lobeck (1995) の主要部認可分析 ····························· 12
1.5. 先行分析の問題点 ··· 21
　1.5.1. 削除かコピーか？ ··· 21
　1.5.2. 空所化と擬似空所化 ··· 23
1.6. まとめ ··· 27

第2章　省略文の派生：コピーと削除 ··························· 29

2.1. はじめに ·· 29
2.2. 削除とコピーの認可条件 ··· 30
2.3. 仮説の検証 ··· 40
　2.3.1. 動詞句省略と間接疑問縮約の相違点 ····················· 40
　　2.3.1.1. 助動詞要素の残留 ··· 40
　　2.3.1.2. 島の制約効果 ··· 46
　2.3.2. 動詞句省略，空所化，擬似空所化の相違点 ·········· 51
　　2.3.2.1. 残留要素の焦点化 ··· 51
　　2.3.2.2. 分離先行詞 ··· 56
　2.3.3. 二種類の空所化 ··· 60
　　2.3.3.1. 場面設定の副詞句 ··· 60
　　2.3.3.2. 束縛関係 ·· 63

vii

    2.3.3.3. 否定辞 ……………………………………………… 66
    2.3.3.4. 極性表現 …………………………………………… 68
    2.3.3.5. 動詞と that 節を含む省略 ……………………… 72
  2.3.4. Lobeck (1995) が指摘する「省略」の特徴 …………… 78
    2.3.4.1. 省略箇所と句範疇 ………………………………… 79
    2.3.4.2. 従属節における適用 ……………………………… 82
    2.3.4.3. 後方照応制約と複合名詞制約 …………………… 86
    2.3.4.4. 発話境界 …………………………………………… 90
    2.3.4.5. まとめ ……………………………………………… 92
  2.3.5. その他の省略文 ………………………………………… 92
    2.3.5.1. 単一要素残置 ……………………………………… 92
    2.3.5.2. 名詞句内の省略 …………………………………… 98
2.4. 他の分析の検討 ……………………………………………… 102
  2.4.1. 間接疑問縮約文の削除分析：Merchant (2001) ……… 102
  2.4.2. 擬似空所化文の削除分析：Jayaseelan (1990) と Lasnik (1999a) …………………………………………………… 109
    2.4.2.1. Jayaseelan (1990) の重名詞句移動分析 ………… 109
    2.4.2.2. Lasnik (1999a) の Agr 分析 …………………… 112
  2.4.3. 空所化文の移動分析：Johnson (1994, 2009) と Winkler (2005) …………………………………………………… 117
    2.4.3.1. Johnson (1994, 2009) の全域的移動分析 ……… 117
    2.4.3.2. Winkler (2005) の側面的移動分析 ……………… 128
2.5. まとめ ………………………………………………………… 135

第3章　省略文に課せられる同一性条件 …………………………… 137

3.1. はじめに ……………………………………………………… 137
3.2. 先行分析 ……………………………………………………… 139
  3.2.1. ラムダ演算子に基づく LF 構造の同一性 …………… 139
  3.2.2. 統語構造に基づく平行条件 …………………………… 144
  3.2.3. 焦点の意味条件 ………………………………………… 148
  3.2.4. 動詞句省略文と間接疑問縮約文の相違点 …………… 154
3.3. 提案 …………………………………………………………… 157
  3.3.1. PF 構造の同一性条件 ………………………………… 157
  3.3.2. 動詞句省略文と間接疑問縮約文が示す相違点の説明 … 159
3.4. さらなる帰結 ………………………………………………… 165
  3.4.1. 動詞の形態的同一性 …………………………………… 165

3.4.2.　Merchant (2001) の意味分析 ………………………………… 171
　　　　3.4.2.1.　含意関係に基づく意味条件 ………………………… 171
　　　　3.4.2.2.　問題点 …………………………………………………… 175
　　3.4.3.　先行詞内省略と重名詞句移動 ………………………………… 182
　3.5.　まとめ ……………………………………………………………………… 187

第 4 章　動詞句省略文における再分析 ……………………………… 189

　4.1.　はじめに ……………………………………………………………………… 189
　4.2.　提案：空所スロットから代用形への再分析 ……………………… 190
　4.3.　仮説の検証 ………………………………………………………………… 192
　　4.3.1.　先行詞内省略と外置 ………………………………………………… 192
　　4.3.2.　動詞句省略からの WH 移動 ……………………………………… 200
　　4.3.3.　動詞句省略と再帰代名詞 ………………………………………… 204
　4.4.　さらなる帰結 ……………………………………………………………… 219
　　4.4.1.　動詞句省略を含む動詞句省略 …………………………………… 219
　　4.4.2.　態の不一致 ………………………………………………………… 224
　　　　4.4.2.1.　動詞句省略文における態の不一致 ………………… 224
　　　　4.4.2.2.　その他の省略文における態の不一致 ……………… 229
　4.5.　まとめ ……………………………………………………………………… 235

参考文献 ………………………………………………………………………………… 237

索　　引 ………………………………………………………………………………… 245

省略現象と
文法理論

序

　文中のある要素が音または文字で表されないにもかかわらず，その意味が解釈されうる省略現象は，生成文法の初期の頃から盛んに議論が繰り広げられてきた研究トピックの一つである．例えば，英語には次のような省略文が存在する．

(1) a. Bill is writing, but you can't imagine where.
　　b. John ate an apple, and Mary did too.
　　c. John ate an apple, but he did not an orange.
　　d. John ate an apple and Mary an orange.
　　e. John ate an apple and Mary too.

文 (1a) は間接疑問縮約（Sluicing）と呼ばれ，疑問詞 where の後に Bill is writing が省略されている．(1b) は動詞句省略（VP-ellipsis）と呼ばれ，助動詞 did の後に原形動詞 eat と目的語 an apple が省略されている．(1c) は擬似空所化（Pseudogapping）と呼ばれ，助動詞要素 did not と目的語 an orange の間に原形動詞 eat が省略されている．(1d) は空所化（Gapping）と呼ばれ，主語 Mary と目的語 an orange の間に時制を伴った動詞 ate が省略されている．(1e) は単一要素残置（Stripping）と呼ばれ，主語 Mary の後に時制を伴った動詞 ate と目的語 an apple が省略されている．
　これらの文において省略が許されるのは，先行文中に同一の要素が存在するためである．すなわち，省略文自体では意味を完全に表すことができず，それが使われている言語的文脈において先行詞を必要とする．言い換えると，これらの省略文は，情報の既知性を明示し，言語表現が持つ冗長性を削減する機能を持つ点において，照応表現の一種である．
　このような省略現象に関する主な研究課題としては，次の三つの問題が考えられる．

(2) a. 省略箇所には統語構造が存在するのか？（構造の問題）
b. 省略文はどのような操作により派生するのか？（派生の問題）
c. 省略箇所と先行詞に課せられる同一性条件はどのような条件か？（同一性の問題）

これらの問題に対して，生成文法では様々な分析がこれまでに提案されてきた．例えば，省略箇所に統語構造を持たない空の代用表現を仮定し，代用表現と先行詞の間に意味的関係が成立するという分析．また，省略箇所に統語構造を仮定し，省略箇所と先行詞の間には構造上の同一性条件が課せられるという分析．あるいは，省略箇所に統語構造を仮定するが，そのような構造は最初から存在するのではなく，解釈の段階で始めて導入されるという分析．この他にも様々な分析が提案されているが，本書では，(2)の三つの観点から省略文に関する新たな分析を提案する．

各章は以下のように構成されている．

第1章では，生成文法における省略文の重要な先行研究として，Hankamer and Sag (1976) の分析，Williams (1977) の分析，そして，Lobeck (1995) の分析を概観する．Hankamer and Sag は，省略箇所には統語構造が存在するが，発音の段階でその構造が削除される分析を提案している．他方，Williams は，省略箇所には空の構造が存在し，意味解釈の段階で先行詞の構造が空の構造にコピーされる分析を提案している．また，Lobeck は，Williams のコピー分析を踏襲し，空の構造は指定部と一致の関係を引き起こす機能範疇の補部に生起しなければならないという認可条件を提案している．本章では，それぞれの分析が捉えようとしている省略現象を確認した上で，これらの分析の問題点を指摘する．

第2章では，(2a, b) の問題について考察する．具体的には，省略文が削除により派生する場合とコピーにより派生する場合があると仮定し，これら二つの操作を駆動する形式素性が統語構造構築の単位となるフェイズの主要部に随意的に基底生成されることを提案する．この提案によると，(1b) のような動詞句省略文は削除により派生し，(1) に示すその他の省略文はコピーにより派生する．本章では，(1) の省略文が示す様々な共通点と相違点

に統一的説明を与えることにより，この提案の経験的妥当性を主張する．

　第3章では，(2c)の問題について考察する．先ず，省略文がコピー操作により派生する場合，省略文と先行文に課せられる同一性条件として，省略文中の残留要素に付与された焦点の認可に基づく意味的対比条件が経験的にも理論的にも妥当な条件であることを論じる．その上で，削除操作により派生する動詞句省略文の場合，意味的対比条件に加えて構造上の同一性条件も必要であることを提案する．この提案により，動詞句省略文と間接疑問縮約文に見られる相違点が説明でき，また，動詞句省略文に見られる一般動詞と助動詞の振る舞いの違いが説明できることを論じる．

　第4章では，(2a,c)の問題について考察する．動詞句省略文の派生として，削除による派生以外に，省略された動詞句に発音されない空の代用形が生起する派生も存在することを提案する．具体的には，省略された動詞句に基底生成された空の構造が空の代用形に再分析されることを主張する．この提案によると，省略箇所と先行詞に課せられる構造上の同一性条件に違反する動詞句省略文は再分析された空の代用形により派生される．本章では，この分析の経験的妥当性を動詞句省略文が示す様々な事実から検証する．

第 1 章

省略文の先行分析と問題点

1.1. はじめに

　本章では，生成文法における省略文の先行分析として Hankamer and Sag (1976)，Williams (1977)，Lobeck (1995) の三つの分析を概観し，それぞれの分析の問題点を指摘する．

1.2. Hankamer and Sag (1976) の削除分析

　Hankamer and Sag (1976) は，先行詞の選び方により照応表現を二分することを提案している．具体的には，先行詞が言語的文脈にのみ依存して了解される照応表現と非言語的文脈にも依存して了解される照応表現である．前者の先行詞と照応表現との関係を統語的コントロール (syntactic control)，また，後者の関係を語用論的コントロール (pragmatic control) と呼ぶ．照応表現の一種である代名詞の場合，語用論的コントロールが可能である．

(1) [Hankamer attempts to stuff a 9-inch ball through a 6-inch hoop]
　　Sag: It's not clear that you'll be able to do it.
　　　　　　　　　　　　　　　　　(Hankamer and Sag (1976: 392))

(1) では，括弧の部分が 9 インチのボールを 6 インチの輪に詰め込もうとしている場面を表している．この場面を，(1) における代名詞 it が先行詞とすることができる．同じ場面において，不定詞節内の動詞句を省略した文が次である．

(2) [Hankamer attempts to stuff a 9-inch ball through a 6-inch hoop]
Sag: #It's not clear that you'll be able to.
(Hankamer and Sag (1976: 392))

この文に付けられた # 記号は，動詞句省略 (VP-ellipsis) 自体は文法的であるが，(2) の場面において動詞句を省略することはできないことを示している．(2) とは異なり，動詞句省略の先行詞が対話相手の発話中に存在する場合，動詞句省略は許される．

(3) Hankamer: I'm going to stuff this ball through this hoop.
Sag: It's not clear that you'll be able to.
(Hankamer and Sag (1976: 392))

文 (2) と (3) の対比より，動詞句省略では語用論的コントロールが許されないことが分かる．このように，動詞句省略と代名詞 it は共に照応表現でありながら，語用論的コントロールの点において異なる振る舞いを示す．

動詞句省略以外に，間接疑問縮約 (Sluicing)，空所化 (Gapping)，単一要素残置 (Stripping) の省略表現においても語用論的コントロールは許されない．

(4) 間接疑問縮約
 a. [Hankamer produces a gun, points it offstage and fires, whereupon a scream is heard]
Sag: #Jesus, I wonder who.
 b. Hankamer: Someone's just been shot.
Sag: Yeah, I wonder who.
(Hankamer and Sag (1976: 408))

(5) 空所化
　　a. [Hankamer produces an orange, proceeds to peel it, and just as Sag produces an apple, says:]
　　　 #And Ivan, an apple.
　　b. Hankamer:　Ivan is now going to peel an apple.
　　　 Sag:　And, Jorge, an orange.

(Hankamer and Sag (1976: 410))

(6) 単一要素残置
　　a. [Sag plays *William Tell Overture* on recorder]
　　　 Hankamer: #Yeah, but not very well.
　　b. Hankamer:　Listen, Ivan, he's playing the *William Tell Overture* on the recorder.
　　　 Sag:　Yeah, but not very well.

(Hankamer and Sag (1976: 409))

　これらの文における (b) では，省略箇所の先行詞が先行文脈に言語的に存在するが，(a) では存在しない．例えば，(4b) における省略箇所の先行詞は，対話相手の発話中に存在する has just been shot であるが，(4a) の先行詞は言語的に顕在化されておらず，単に括弧に示された場面において意味的に含意されているに過ぎない．その結果，(4b) の間接疑問縮約文は許されるが，(4a) は許されない．

　このように，動詞句省略，間接疑問縮約，空所化，単一要素残置では，先行詞が必ず言語的文脈に存在しなければならないという点において，代名詞とは異なる．この違いを説明するために，Hankamer and Sag は，これらの省略文は削除規則により派生的に得られるのに対し，代名詞は基底構造に存在するという仮説を提案している．削除規則の適用は文脈中に同一の言語表現が存在することを必要とする．そのため，削除規則により得られるこれらの省略文は，先行詞が文脈中に言語的に存在する環境においてのみ生起する．他方，代名詞は削除規則により得られるのではないため，先行詞が文脈中に言語表現として生起する必要はない．文脈中に生起する言語表現以外

に，文脈において意味的に含意される要素も代名詞の先行詞になる．その結果，代名詞は，先行詞が文脈中に言語的に存在しない環境においても生起する．

　Hankamer and Sag が提案するこの仮説は，照応表現と先行詞における態の一致に関する以下の事実も説明できる．

(7)　Nobody else would take the oats down to the bin,
　　a.　so Bill did.
　　b.　so Bill did it.
(8)　The oats had to be taken down to the bin,
　　a. *so Bill did.
　　b.　so Bill did it.

(Hankamer and Sag (1976: 413))

動詞句省略では，省略を受けた文と先行詞となる文の態が一致しない場合，非文となる．一方，代名詞は同様の環境において生起可能である．能動態と受動態の表す意味がほぼ同じだとすると，(8b) は，代名詞と先行詞との間には意味の同一性が成立すればよいことを示す．これに対して，(8a) は，省略と先行詞の間には，意味の同一性だけでは不十分であり，態の一致までも要求する構造の同一性が成立していなければならないことを示す．この事実は，動詞句省略文は削除規則により派生的に得られ，削除規則の適用には文脈中に同一の統語構造を持つ言語表現が存在しなければいけないと仮定することにより説明される．代名詞の場合は，削除規則により派生するわけではないので，構造の同一性は必要とされず，意味が同じであればよい．

　このように，Hankamer and Sag は，代名詞とは異なり，動詞句省略，間接疑問縮約，空所化，単一要素残置等の省略文は削除操作により派生し，削除操作の適用には文脈内に同一の統語構造を持つ先行詞が言語的に顕在化していなければならないと論じている．

1.3. Williams (1977) のコピー分析

Williams (1977) は,動詞句省略と空所化に見られる以下の違いを指摘している.

(9) 動詞句省略
    A: Did John leave?
    B: Yes, he did.

(10) 空所化
    A: Did Sam go to the store?
    B: *No, Bill to the supermarket.

(Williams (1977: 102))

(9) における B の発話内の動詞句省略は,A の発話内の動詞句を先行詞に取ることができる.他方,(10) における B の発話内の空所化は,A の発話内の動詞を先行詞に取ることができない.この対比は,動詞句省略は発話境界を越えて適用できるが,空所化はできないことを示す.[1]

このような違いに基づき,Williams は,動詞句省略文と空所化文は派生する文法レベルが異なると仮定する.すなわち,空所化文を派生する規則は単一文の派生に関連する文文法 (Sentence Grammar) に属し,動詞句省略文を派生する規則は複数の文に関連する談話文法 (Discourse Grammar) に属する.また,談話文法に属する規則は,文文法に属する規則の後に適用される.

動詞句省略を派生する規則は文文法に属さないため,この規則は文文法内

---

[1] Williams の判断が正しいとすると,Hankamer and Sag (1976) が指摘した (i) (= (5b)) は,空所化が発話境界を越えて適用できることを示す用例ではなく,一つの文であると考えられる.

(i) Hankamer: Ivan is now going to peel an apple.
    Sag: And, Jorge, an orange.

すなわち,等位接続詞 and の第一等位項を Hankamer が発話し,第二等位項を Sag が受け継いで発話していると分析される (中村 (1983: 290), Lobeck (1995: 38, note 9)).

で適用される移動規則を規制する複合名詞制約 (the Complex Noun Constraint) や等位構造制約 (the Coordinate Structure Constraint) に従わない.

(11) The man who didn't leave knows the man who did.
(12) John didn't immediately open the door—first he shut the window, and then he did.

(Williams (1977: 101))

文 (11) では，動詞 know の目的語 the man を修飾する関係詞節内で動詞句省略が適用され，主語の the man を修飾する関係詞節内の leave を主要部とする動詞句を先行詞に取る．また，(12) では，等位接続詞 and で連結された等位構造節の第二等位項内で動詞句省略が適用され，等位構造節の外にある動詞句 open the door を先行詞に取る．したがって，これらの文は，動詞句省略は，文文法ではなく，談話文法において適用されることを示す．

また，Williams は，動詞句省略文と空所化文を派生する規則は，削除操作ではなく，コピー操作であると論じている．この分析によると，(13B) の動詞句省略文の派生は (14), (15) に示される．

(13) A: Who can do it?
　　　 B: John can.
(14) A: Who [[t]$_{NP}$ can [[do]$_V$ [[it]$_N$]$_{NP}$]$_{VP}$]$_S$
　　　 B: [$_S$ John can [[Δ]$_V$ [[Δ]$_N$]$_{NP}$]$_{VP}$]$_S$
(15) A: Who [[t]$_{NP}$ can [[do]$_V$ [[it]$_N$]$_{NP}$]$_{VP}$]$_S$
　　　 B: John can [[do]$_V$ [[it]$_N$]$_{NP}$]$_{VP}$

(Williams (1977: 105-106))

基底構造 (14B) では，省略箇所である動詞句に内部構造を持つが語彙要素が挿入されていない空構造 Δ が存在する (Wasow (1972))．この (14B) に音声解釈規則が適用され，(13B) の語順が派生する．また，解釈部門では，(14B) における Δ に先行詞の語彙要素がコピーされて，(15B) の意味解釈構造が派生する．このような動詞句コピーは談話文法に属し，代名詞の解釈規則と同様に，発話境界を越えて適用できる．また，関係詞節内の代名詞が

関係詞節外の名詞句を先行詞に取ることができると同様に，関係詞節内のΔに関係詞節外の動詞句をコピーすることも可能である．その結果，(9B) や (13B)，また，(11) や (12) の動詞句省略文は許される．他方，空所化の場合，動詞を含む省略された要素をコピーする操作は文文法に属するため，異なる発話文における語彙要素をコピーできない．その結果，(10B) の空所化文は許されない．

談話文法内のコピー操作により派生する省略としては，動詞句省略以外に，間接疑問縮約 (16a) と One's Deletion と呼ばれる名詞句内の省略 (16b) がある．

(16) a.　do you know who [Δ …]$_S$
　　　b.　mine [Δ]$_N$ is fine

(Williams (1977: 112))

他方，文文法におけるコピー操作により派生する省略としては，空所化以外に比較省略 (Comparative Deletion) がある．

(17)　John has more horses than Bill has [ΔΔ]$_{NP}$

(Williams (1977: 133))

実際，比較省略は，空所化と同様，発話境界を越えて適用できない．

(18)　A:　Did John see cows?
　　　B:　Yes, but Sam saw more horses than John saw.

(Williams (1977: 102))

(18B) の動詞 saw の目的語は horses として解釈され，発話 A 内の cows としては解釈されない．

以上，本節では，Williams の提案するコピー分析を概観した．この分析によると，動詞句省略文と空所化文は，削除規則ではなく，省略箇所にある空構造に先行詞をコピーすることにより派生する．[2] また，動詞句省略と空

---

[2] Williams は，動詞句省略文が，削除操作ではなく，コピー操作により派生すると仮定

所化の違いは，コピーが適用される文法のレベルの違いとして説明される．

1.4. Lobeck (1995) の主要部認可分析

Lobeck (1995) は Williams の分析を踏まえ，動詞句省略，間接疑問縮約，名詞句内の省略に共通する特徴を次のようにまとめている．

(19) 省略 (Ellipsis)
   a. 省略は句の最後の位置に生起しうる．
   b. 省略は先行詞を含む節とは切り離された従属節内，または，等位節内に適用する．
   c. 省略は後方照応制約 (the Backwards Anaphora Constraint) に従う．
   d. 省略は句範疇に適用する．
   e. 省略は発話境界を越えて適用する．
   f. 省略は複合名詞制約に従わない．

(Lobeck (1995: 26))

まずは，(19a, b) から見てみよう．これらの特徴を示す具体例が (20)-(22) である．

(20) 動詞句省略
   a. Mary met Bill at Berkeley and Sue did [e] too.
   b. Mary met Bill at Berkeley although Sue didn't [e].
   c. Charlie thinks that Mary met Bill at Berkeley, but Sarah knows that Sue didn't [e].

(Lobeck (1995: 22))

(21) 間接疑問縮約
   a. We know someone bought the Van Gogh, even though we

するさらなる経験的根拠を提示しているが，これについては 3.2.1 節で概観する．

aren't sure who [e].
- b. Linda tells me she is going on vacation, but when [e] is still unclear.

(Lobeck (1995: 23))

(22) 名詞句内の省略
- a. John calls on these students because he is irritated with [$_{NP}$ those [e]].
- b. We tasted many wines, and I thought that [$_{NP}$ some [e]] were extremely dry.

(Lobeck (1995: 23))

文 (20b, c), (21a), (22a) では省略箇所 [e] が句の最後の位置に生起している. また, (20a), (21b) では等位節内に省略が適用し, (20b, c), (21a), (22a, b) では従属節内に適用している.

次に, (19c) の後方照応制約について. この制約によると, 照応形がその先行詞に先行する場合, 必ず従属節内に生起しなければいけない. (23a) の動詞句省略は, 等位節に生起するため, 先行詞に先行することができない. 他方, (23b) の動詞句省略は, 従属節内に生起するので先行詞に先行できる. (24) と (25) の省略が許されるのも, これらが従属節内に生起するためである.

(23) 動詞句省略
- a. *Sue didn't [e] but John ate meat.
- b. Because Sue didn't [e], John ate meat.

(Lobeck (1995: 22))

(24) 間接疑問縮約
- a. Even though we aren't sure who [e], we know that someone bought the Van Gogh.
- b. Although exactly when [e] is unclear, we heard that Linda was going on vacation.

(25)　名詞句内の省略
　　a. Because the professor is irritated with [_NP those [e]], she will only call on these students.
　　b. Even though Lee thought that [_NP most [e]] were extremely dry, we bought the Italian wines anyway.

(Lobeck (1995: 24))

特徴 (19d) の句範疇の省略を示す具体例が (26)-(28) である．(26a) では，動詞のみが省略され，目的語が後に残されている．この場合，省略は動詞句を構成する句範疇 VP 全体に適用されていないので許されない．他方，動詞と目的語を含む VP 全体が省略され，動詞句の外にある前置詞句が後に残される (26b) は許される．(27) の間接疑問縮約と (28) の名詞句内の省略においても同様なパターンが見られる．(27) では疑問詞の後の従属節を構成する句範疇 IP 内の要素が，(28) では名詞句を構成する句範疇 NP 内の要素が省略されず残されている．

(26)　動詞句省略
　　a. *Mary will meet Bill at Berkeley because she didn't [e] John.
　　b. Mary will meet Bill at Berkeley because she didn't [e] at Harvard.
　　c. Mary will meet Bill at Berkeley because she didn't [e].

(Lobeck (1995: 23))

(27)　間接疑問縮約
　　a. *Even though we aren't sure who [e] the painting, we know that someone bought the Van Gogh.
　　b. *Although exactly when [e] to Honolulu is unclear, we heard Linda was going to Hawaii.

(Lobeck (1995: 24))

(28)　名詞句内の省略
　　a. *Because the professor didn't like [_NP those [e] of chemistry], she gave only the students of physics achievement awards.

b. *Lee thinks that [~NP~ most [e] of Italy] are too dry, and that the wines of France are the only ones worth drinking.

(Lobeck (1995: 24))

特徴 (19e) の具体例が次である．動詞句省略 (29Ba)，間接疑問縮約 (29Bc)，名詞句内の省略 (29Bb) のいずれも，発話境界を越えて適用できる．

(29) A: John caught a big fish.
    B: a. Yes, but Mary didn't [e].
       b. Yes, but Mary's [e] was bigger.
       c. Yes, but we don't know how [e].

(Lobeck (1995: 25))

特徴 (19f) は次の例文により示される．これらの例文では，複合名詞を形成する関係詞節内で動詞句省略 (30a)，間接疑問縮約 (30c)，名詞句内の省略 (30b) が適用され，先行詞が関係詞節の外に生起する．したがって，これらの省略はいずれも複合名詞制約に従わない．

(30) a. The man who likes meat met [~NP~ the woman who doesn't [e]].
    b. Mary enjoyed Clinton's speech, but [~NP~ a man who liked Perot's [e]] hated it.
    c. John is often late, but he never tells anyone [~NP~ the reason why [e]].

(Lobeck (1995: 25))

このように，動詞句省略，間接疑問縮約，名詞句内の省略は，(19) に示す共通した特徴を持つ．他方，空所化は (19) の特徴を示さない．まずは，(19a) について見てみよう．

(31) a. Mary met Bill at Berkeley and Sue [e] at Harvard.
    b. *Mary met Bill at Berkeley and Sue [e].

(Lobeck (1995: 21))

空所化文 (31a) では動詞とその目的語である met Bill が省略され，場所を示す前置詞句 at Harvard が省略箇所の後に残る．この前置詞句を省略し，省略箇所が文末に生じる (31b) の空所化文は許されない．

また，(32) が示すように，空所化は従属節内では適用できない．そのため，(33b) が示すように，主節に先行する従属節内においても空所化文は生起できない．

(32) a. *Mary met Bill at Berkeley although Sue [e] at Harvard.
b. *Charlie thinks that Mary met Bill at Berkeley and Sarah knows that Sue [e] at Harvard.
(Lobeck (1995: 22))

(33) a. *Sue [e] meat and John ate fish.
b. *Because Sue [e] meat, John ate fish.
(Lobeck (1995: 22))

次に，(19d) の句範疇の省略について．時制情報を含む動詞が空所化により省略される場合，動詞が単独で省略されなければならない．動詞と目的語から成る句範疇 VP 全体を空所化により省略できない．

(34) Mary met Bill and Sue [e] *(Pete).　　(Lobeck (1995: 23))

また，(35) (=(10)) に示すように，空所化は発話境界を越えて先行詞を取ることができない．

(35) A: Did Sam go to the store?
B: *No, Bill to the supermarket.

さらに，空所化は従属節である関係詞節内において適用できず，複合名詞制約に従う．

(36) *The man who likes meat met [NP the woman who [e] fish].
(Lobeck (1995: 25))

このように，空所化は動詞句省略，間接疑問縮約，名詞句内の省略とは異な

る特徴を示す.

Lobeck は，(19) の特徴を示す動詞句省略，間接疑問縮約，名詞句内の省略が次の統語構造を持つと主張する (SP は SPEC の略で, 指定部を表す).

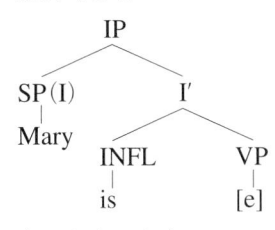

(37) a. 動詞句省略

```
            IP
          /    \
       SP(I)    I'
        |      /  \
       Mary  INFL  VP
              |    |
              is   [e]
```

b. 間接疑問縮約

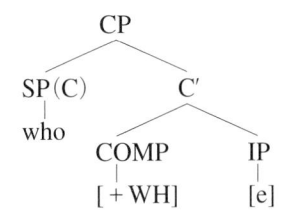

```
            CP
          /    \
       SP(C)    C'
        |      /  \
       who   COMP  IP
              |    |
            [+WH]  [e]
```

c. 名詞句内の省略

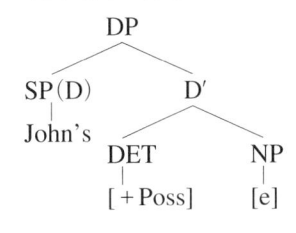

```
            DP
          /    \
       SP(D)    D'
        |      /  \
      John's  DET  NP
              |    |
           [+Poss] [e]
```

(Lobeck (1995: 50))

構造 (37a, b, c) のすべてにおいて，最大投射である句範疇が省略されている．このような省略の条件として，Lobeck は，「最大投射の句範疇が省略されるためには，それと姉妹関係にある機能範疇の主要部が指定部に生起する要素と一致 (Agreement) の関係になければならない」という一般化を提案している．(37a) では，IP 主要部の is が時制情報を持ち，IP 指定部の主語 Mary と一致の関係にある．そのため，IP 主要部の補部にある VP の省略が許される．また，(37b) では，CP 主要部が疑問節を意味する [+WH] 素性を持ち，CP 指定部の疑問詞 who と一致の関係にある．その結果，CP 主要部の補部に生起する IP の省略が認可される．(37c) でも，所有格を意味する [+Poss] 素性を持つ DP 主要部が DP 指定部の John と一致の関係にあり，DP 主要部の補部である NP の省略が許される．[3]

---

[3] 同様の分析が，Saito and Murasugi (1990) によって独立に提案されている．

この分析は，動詞句省略，間接疑問縮約，名詞句内の省略が共に示す (19) の特徴を次のように説明する．まずは，(19a, d) について考えてみよう．(37) の分析によると，省略箇所は一致を引き起こしている機能範疇の補部にある最大投射の句範疇である．そのため，(19d) が自動的に導かれる．また，省略を受ける最大投射の句範疇は，省略を認可する機能範疇の最大投射内において末尾を占める．例えば，(37a) では，動詞句の省略を認可する INFL の最大投射である IP 内の最後の位置に省略を受ける動詞句が現れる．したがって，(19a) が説明される．次に，(19b, f) について見てみよう．Lobeck の分析によると，最大投射である句範疇の省略を認可する機能範疇 I, C, D は等位節内だけではなく，従属節内にも生起する．そのため，省略箇所は等位節内以外に関係節を含む従属節内にも現れることになり，(19b, f) が説明される．最後に，(19c, e) について考えてみよう．Lobeck の分析では，省略箇所には音形を持たない空の要素 [e] が存在し，これに先行詞の統語構造が解釈部門でコピーされる．また，この空の要素は，イタリア語などのロマンス諸語にみられる空の代名詞 (empty pronoun) と同じ特徴を持つと仮定されている．代名詞は，異なる発話内の要素を先行詞に取ることができる．したがって，(19e) の特徴が説明される．また，代名詞は後方照応制約に従うので，(19c) も自動的に導かれる．[4] このように，動詞句省略，間接疑問縮約，名詞句内の省略が (37) の統語構造を持つと仮定することにより，これらの省略が示す (19) の特徴が説明される．

最後に，(19) 以外に，Lobeck が省略の特徴として挙げている (38) について触れておこう．

(38)　省略は語用論的コントロールを許す．

この特徴を示す動詞句省略の具体例が次である．

---

[4] 代名詞が後方照応制約に従うことを示す用例が次である．

(i) a. After he₁ tried LSD, John₁ dropped out.
　　b. *He₁ dropped out after John₁ tried LSD.

(Sag (1976: 341))

(39) a. You shouldn't have [e]!
　　 b. Don't [e].
　　 c. I will [e] if you do [e].

(Lobeck (1995: 26))

しかしながら，(38) を省略の特徴とすることには問題がある．Hankamer and Sag (1976: 409, 注19) や Hankamer (1978) によると，(40) のような動詞句省略文は，命令，懇願，警告，依頼，勧誘，感嘆等を表す発話の力 (illocutionary force) を伴った文であり，語彙化した慣用的な表現である．彼らは，このような特別な発話の力を伴う動詞句省略のみ語用論的コントロールを許すと観察している．

(40) a. (John tries to kiss Mary. She says:)
　　　　John, you mustn't.
　　 b. (John pours another martini for Mary. She says:)
　　　　I really shouldn't.
　　 c. (The band starts playing, and several couples head for the dance floor. Pulling back his chair and half-rising, John says to Mary:)
　　　　Shall we?
　　 d. (John hands Mary the expensive present he has bought for her. She says:)
　　　　Oh, John, you shouldn't have.
　　 e. (John comes to the table where Mary is sitting, makes as if to take one of the spare chairs there, and says:)
　　　　May I?
　　　　(Mary replies:)
　　　　Please do.

(Hankamer (1978: 67))

同じ状況において，特別な発話の力を伴わない動詞句省略は語用論的コント

ロールを許さない.

(41) a. [(40a) と同じ状況で]
    *John, you're the first man who ever has.
  b. [(40b) と同じ状況で]
    *John, are you aware that no one else has?
  c. [(40c) と同じ状況で]
    (John, instead of asking Mary to dance, says:)
    *I certainly admire the way Sue does.
  d. [(40d) と同じ状況で]
    John, that's very nice. *My other boyfriends never do.
  e. [(40e) と同じ状況で]
    John: *Do you mind if I do?

(Hankamer (1978: 70))

同様の区別が間接疑問縮約にも見られる. Lobeck は, (42) の用例に基づき, 間接疑問縮約が語用論的コントロールを許すと主張している.

(42) [John is in a used car lot, and the salesperson approaches with a sales pitch:]
  Salesperson: Look at this beautiful Mustang.
  John: OK, but first tell me how much [e].

(Lobeck (1995: 26))

しかしながら, (42) のような語用論的コントロールを許すと見られる間接疑問縮約は, 慣用句の一種である (Chung, Ladusaw and McCloskey (1995)). 慣用句化されていない次のような間接疑問縮約は語用論的コントロールを許さない.

(43) a. Taxi driver to colleague: ?*She never said where to.
  b. Distraught homeowner starting at ashes of her house:

>　??I just can't understand how.
>
>　　　　　　　　(Chung, Ladusaw and McCloskey (1995: 265))

このように，慣用化されていない通常の動詞句省略と間接疑問縮約は語用論的コントロールを許さず，この点で空所化と同じ振る舞いを示す．したがって，Lobeck の主張とは異なり，(38) を省略の特徴とするのは問題がある．

　以上，本節では，Lobeck の分析を概観した．この分析によると，機能範疇において指定部と一致の関係にある主要部が補部にある最大投射の省略を認可する．Lobeck は，このような分析が動詞句省略，間接疑問縮約，名詞句内の省略が示す特徴に対して統一的な説明を与えると論じている．

1.5. 先行分析の問題点

　前節では，生成文法における省略文の先行分析として Hankamer and Sag (1976) の削除分析，Williams (1977) のコピー分析，Lobeck (1995) の主要部認可分析を概観した．本節では，これらの先行分析の問題点を指摘する．

1.5.1. 削除かコピーか？

　省略文の派生に関して，Hankamer and Sag (1976) は削除分析を，Williams (1977) と Lobeck (1995) はコピー分析を提案している．これらの分析は，動詞句省略文と間接疑問縮約文が同一の操作により派生すると仮定している．しかしながら，これらの分析の下で，動詞句省略文と間接疑問縮約文の違いがどのように説明されるのかが不明である．例えば，動詞句省略と間接疑問縮約は島の制約効果に関して異なる振る舞いを示す．次の動詞句省略文を見てみよう．

>　(44)　*They want to hire someone who speaks a Balkan language, but I
>　　　　don't remember which they do.　　　(Merchant (2008a: 138))

文 (44) では，先行文中の a Balkan language に対応する which が省略さ

れた動詞句内から移動しているが，この文は非文である．このような wh 語の移動を含む動詞句省略は常に非文になるわけではない．例えば，(45) では，省略された動詞句内からの wh 移動が許される．

(45) a. I know what I LIKE and what I DON'T.
 b. I know which books she READ, and which she DIDN'T.
 c. What VP Ellipsis CAN do, and what it CAN'T.
(Merchant (2008a: 140))

したがって，(44) の非文法性は，wh 疑問詞に対応する先行文中の名詞句が島を形成する関係詞節内に生起できないことを示している．他方，間接疑問縮約では，wh 疑問詞に対応する先行文中の名詞句が島を形成する関係詞節内に生起しても構わない (Ross (1967))．

(46) They want to hire someone who speaks a Balkan language, but I don't remember which.　　　(Merchant (2008a: 138))

このような島の制約効果に関する動詞句省略と間接疑問縮約の相違点が，両者を同一の操作により派生させる分析の下でどのように説明されるのかが不明である．例えば，削除分析の下では，(44) と (46) は次の構造を持つ．

(47) They want to hire someone who speaks a Balkan language, but I don't remember which$_1$ [$_{IP}$ they do [$_{VP}$ want to hire someone who speaks t$_1$]]

この構造では，wh 疑問詞 which が関係詞節内の動詞 speaks の目的語の位置より移動している．削除分析によると，この wh 疑問詞の移動の後に削除操作が適用される．IP を削除した場合は (46) の間接疑問縮約が派生し，また，VP を削除した場合は (44) の動詞句省略文が派生する．(47) における wh 疑問詞の移動が島の制約に違反するために (44) の動詞句省略文は許されないと説明した場合，(46) の間接疑問縮約文が許される理由を説明できない．

他方，コピー分析の下では，(46) の間接疑問縮約文は次の基底構造を持つ．

(48) [IP They want to hire someone who speaks a Balkan language], but I don't remember which [IP Δ]

この構造における空の Δ に先行詞の IP がコピーされることにより，(46) の意味解釈が保証される．この場合，wh 疑問詞は関係詞節内から移動していないので，島の制約に違反しない．したがって，(46) の間接疑問縮約が許されることが説明される．しかし，同様の分析が (44) の動詞句省略文にも当てはまり，(44) を文法的な文であると誤って予測してしまう．

このように，Hankamer and Sag の削除分析と Williams や Lobeck のコピー分析は，島の制約効果に関する動詞句省略文と間接疑問縮約文の違いを説明できない．そのため，省略文は削除操作により派生するのか，それともコピー操作により派生するのかという重要な問題が未解決のまま残る．

1.5.2. 空所化と擬似空所化

Williams や Lobeck が指摘するように，動詞句省略と空所化は様々な点で異なる特徴を示す．1.3 節で見たように，Williams は両者の違いをこれらの省略文を派生する規則の適用レベルの違いとして説明する．すなわち，動詞句省略文を派生する規則は談話文法レベルで適用されるのに対して，空所化文を派生する規則は文文法レベルで適用されると仮定する．しかしながら，この分析は次の対比を説明できない．

(49) a. There existed many killer whales 100 years ago, but there no longer do/*does.
b. Although the police deny that there remain any mysteries surrounding Pat's disappearance, the journalists believe that there indeed do/*does.

(Tomioka (1997: 35))

これらの動詞句省略文では，存在を表す虚辞の there が主語位置を占める．

注目すべき点は，主語である there の右に生起する助動詞の形態である．(49) の場合，複数形の主語と一致する do は許されるが，単数形の主語と一致する does は許されない．Williams の分析では，(49) は次の基底構造を持つ．

(50) a. There existed many killer whales 100 years ago, but [$_{IP}$ there no longer [$_{I'}$ I^0 [[Δ]$_V$ [Δ]$_{NP}$]$_{VP}$]]

b. Although the police deny that there remain any mysteries surrounding Pat's disappearance, the journalists believe that [$_{IP}$ there indeed [$_{I'}$ I^0 [[Δ]$_V$ [Δ]$_{NP}$]$_{VP}$]]

これらの構造において，IP 主要部に do を生起されるためには，空の Δ に先行詞をコピーし，IP 主要部と複数形の名詞句との一致を保証しなければならない．しかしながら，一致は文文法に属する操作であり，談話文法に属するコピー操作の後に適用できない．その結果，コピー操作が適用される以前の (50) の段階で IP 主要部に挿入される助動詞を決定しなければならず，IP 主要部に does が生起できない理由が明らかではない．したがって，Williams の分析は (49) の対比を説明できない．

また，Williams の分析は，擬似空所化文 (Pseudogapping) と呼ばれる省略文の特徴を説明できない．擬似空所化文とは次のような文である．

(51) John ate an apple, but he did not [e] an orange.

この文では，時制情報を伴った助動詞と目的語の間で原形動詞 eat が [e] において省略されている．擬似空所化文は，発話境界を越えて適用可能である．

(52) a. Is she suing the hospital?
She is [e] the doctor.
b. Has he sold his collection yet?
He has [e] some of the paintings. I'm not sure about the rest.
c. Gee, I've never seen you on campus before.

Yea! Neither have I [e] you!

(Lobeck (1999: 102, note 3))

Williams の分析によると，(52) は擬似空所化文を派生する規則が談話文法に属することを意味する．したがって，Williams の分析は，動詞句省略文と同様，擬似空所化文も文文法に属する規則を規制する複合名詞制約には従わないと予測する．しかしながら，この予測は経験的に妥当ではない（取消線部分が省略箇所を示す）．

(53) a. *Robin won't fascinate the children, but I believe the claim that she will fascinate the adults.
   b. *Robin can't speak French, but she has a friend who can speak Italian.

(Agbayani and Zoerner (2004: 207))

非文 (53a) では名詞句 the claim と同格を成す that 節内に，また，(54b) では関係詞節内に擬似空所化文が生起しているが，いずれの文も許されない．したがって，これらの非文は，擬似空所化文が複合名詞制約に従うことを意味する．このように，Williams の分析は擬似空所化文の特徴を捉えることができない．以上の点より，省略文の違いを規則の適用レベルの観点から説明しようと試みる Williams の分析は疑わしい．

次に，Lobeck の分析を検討してみよう．1.4 節で見たように，Lobeck は省略に共通する特徴として (54)（=(19)）を挙げている．

(54) 省略 (Ellipsis)
   a. 省略は句の最後の位置に生起しうる．
   b. 省略は先行詞を含む節とは切り離された従属節内，または，等位節内に適用する．
   c. 省略は後方照応制約 (the Backwards Anaphora Constraint) に従う．
   d. 省略は句範疇に適用する．
   e. 省略は発話境界を越えて適用する．

f. 省略は複合名詞制約に従わない.

(Lobeck (1995: 26))

これらの特徴を持つ動詞句省略,間接疑問縮約,名詞句内の省略は (37) の構造を持つと論じている.他方,(54) の特徴を持たない空所化は省略ではないと主張している.しかしながら,Lobeck の分析の下で,空所化文がどのような構造を持つのかは不明である.

また,(54) の観点から,擬似空所化を考察してみよう.まず,動詞句省略と同様,擬似空所化は従属節内で適用可能である.

(55) a. Some had eaten mussels because others had shrimp.
b. Some had eaten mussels and she claims that others had shrimp.

(Johnson (2009: 293))

(55a) では理由を示す because の従属節内で,また,(55b) では動詞 claim の補部の that 節内で過去分詞 eaten が省略されている.さらに,(52) が示すように,擬似空所化は発話境界を越えて適用可能である.他方,擬似空所化文は空所化文とも同じ振る舞いを示す.まず,句範疇の省略については,(51) が示すように,動詞とその目的語を含む句範疇 VP 全体が省略されるわけではない.また,(56) の非文は,主節に先行した従属節内の φ において原形動詞 interview が省略できないことを示す.

(56) *Because John did φ Clinton, Mary interviewed Gingrich.

(Lasnik (1999b: 202))

さらに,(53) が示すように,擬似空所化は複合名詞制約に従う.[5]

---

[5] 語用論的コントロールについては,動詞句省略と空所化と同様に,擬似空所化も許さない.

(i) [Mary is at the toy store checkout counter, buying a skateboard.]
Her friend says: #And Sam should [e] a bicycle. Then your son will be really happy! (Lobeck (1999: 102))

以上，(54) の観点から，動詞句省略，空所化，擬似空所化の特徴を纏めると次のようになる．(なお，表中の番号は，それぞれの特徴を示す例文番号を表す．)

	動詞句省略	空所化	擬似空所化
a. 省略箇所が句の最後の位置に生起できるか？	可能 (20)	不可能 (31b)	不可能 (51)
b. 省略文が従属節内に生起できるか？	可能 (20)	不可能 (32)	可能 (55)
c. 後方照応制約に従い，省略が主節に先行する従属節内で適用できるか？	可能 (23)	不可能 (33)	不可能 (56)
d. 句範疇より小さいレベルで省略が適用できるか？	不可能 (26)	可能 (34)	可能 (51)
e. 発話境界を越えて省略ができるか？	可能 (29Ba)	不可能 (35)	可能 (52)
f. 省略が複合名詞制約に従うか？	従わない (30a)	従う (36)	従う (53)

上記の表が示すように，動詞句省略，空所化，擬似空所化には相違点と共通点がある．Lobeck の分析の下では，動詞句省略文と空所化文の特徴を併せ持つ擬似空所化文がどのように分析されるのかが不明である．説明すべき重要な問題は，このような動詞句省略文との共通点と相違点を持つ空所化文，擬似空所化文の構造である．両者の構造を明らかにした上で，なぜこれらの文が上記の特徴を示すのかを説明しなければならない．

1.6. まとめ

本章では，生成文法における省略文の先行研究として，Hankamer and Sag (1976) の削除分析，Williams (1977) のコピー分析，そして，Lobeck (1995) の主要部認可分析を概観し，次の二つの問題を指摘した．

(57) a. 省略文は削除操作により派生するのか，または，コピー操作により派生するのかを明らかにしなければらならない．
　　 b. 省略は主要部により認可されると仮定した場合，空所化と擬似空所化がどのような構造を持つのかを明らかにし，これらの省略文とその他の省略文の共通点と相違点を説明しなければならない．

次章では，省略文に対する新たな分析を提案することにより，これら二つの問題について考察する．

第 2 章

省略文の派生：コピーと削除[*]

2.1. はじめに

本章では，省略文の派生について考察する．具体的な提案は次である．

(1) a. 音声解釈部門である PF における削除操作と意味解釈部門である LF におけるコピー操作を引き起こす二つの異なる形式素性が存在する．
   b. PF 削除操作と LF コピー操作を引き起こす形式素性が Chomsky (2000, 2001) で仮定されたフェイズ主要部に基底生成される．

提案 (1a) は，生成文法における省略文の先行分析である Hankamer and Sag (1976) で仮定された削除操作と Williams (1977) で仮定されたコピー操作の両方を採用することを意味する．また，(1b) の提案は Lobeck (1995) の主要部認可分析に基づくが，省略を認可する主要部の認定の点で異なる．すなわち，Lobeck の分析では一致を引き起こす機能範疇の主要部が省略を

---

[*] 本章の内容は，島 (2008, 2009, 2010, 2012, 2015a) に大幅に改訂を加えたものである．

認可するが，(1b) では統語構造構築の基点となるフェイズ主要部が省略を認可する．(1) の提案により，動詞句省略は PF 削除操作により，間接疑問縮約，名詞句内の省略，空所化，擬似空所化は LF コピー操作により派生することを主張し，これらの省略が示す様々な特徴が説明されることを論じる．

本章の構成は次である．次節では，Chomsky (2000, 2001) で仮定されているフェイズ仮説を概観し，この仮説に基づく省略文の PF 削除と LF コピー分析を新たに提案する．3 節では，PF 削除と LF コピー分析の経験的妥当性を省略文が示す様々な事実に基づいて検証する．4 節では，省略文の派生について提案されている他の分析を批判的に検討する．5 節はまとめとなる．

2.2. 削除とコピーの認可条件

生成文法の最新モデルである極小主義プログラムでは，統語構造はフェイズと呼ばれる CP と vP を単位に構築される (Chomsky (2000, 2001))．構造構築操作の一種である wh 移動も CP と vP を単位に適用されるが，これは CP と vP の主要部に移動操作を引き起こす Edge 素性が存在するためである．Edge 素性を持つ CP と vP の主要部がそれぞれの指定部に wh 語を移動させる．例えば，(2) の wh 疑問文は (3) の派生を持つ．

(2) What did John say that Mary bought?
(3) a. [$_{vP}$ what$_1$ v<Edge> [$_{VP}$ bought t$_1$]]
  b. [$_{CP}$ what$_1$ C<Edge> that [$_{TP}$ Mary [$_{vP}$ t$_1$ v<Edge> [$_{VP}$ bought t$_1$]]]]
  c. [$_{vP}$ what$_1$ v<Edge> [$_{VP}$ say [$_{CP}$ t$_1$ C<Edge> that [$_{TP}$ Mary [$_{vP}$ t$_1$ v<Edge> [$_{VP}$ bought t$_1$]]]]]]
  d. [$_{CP}$ What$_1$ C<Edge> did [$_{TP}$ John [$_{vP}$ t$_1$ v<Edge> [$_{VP}$ say [$_{CP}$ t$_1$ C<Edge> that [$_{TP}$ Mary [$_{vP}$ t$_1$ v<Edge> [$_{VP}$ bought t$_1$]]]]]]]]

従属節の vP が形成される (3a) の段階で，vP 主要部の Edge 素性が what

をboughtの補部よりvP指定部に移動させる．また，従属節のCPが形成される（3b）の段階で，CP主要部のEdge素性の要請によりwhatがvP指定部よりCP指定部に移動する．同様に，主節の構造もvPとCP単位に造られ，最終的には（3d）の構造が構築される．このように，フェイズを仮定する極小主義プログラムにおいては，動詞boughtの目的語であるwhatが従属節のVP補部から主節のCP指定部へ直接移動するのではなく，途中に介在するvPとCPの指定部を経由して連続循環移動（successive cyclic movement）する．

　フェイズ単位による構造構築を仮定した場合，省略文を作り出す削除操作とコピー操作もCPとvPの主要部に存在する素性により誘発されると考えられる．[1] 本節では，これらの操作を引き起こす素性は（4）の特性を持ち，これらの素性が生起する位置として（5）を提案する．

(4) a. Copy素性（C-F）を持つ主要部は補部に空所を選択する．
　　 b. Deletion素性（D-F）を持つ主要部はD-Fを最大投射まで投射する．
(5) 　C-FとD-Fは，フェイズであるCPとvPの主要部に随意的に基底生成される．

(4a）のC-Fを持つ語彙要素により選択された空所スロットには，完全解釈（Full Interpretation）の要請により適切な構造がLFでコピーされる．一方，(4b）のD-Fを持つ語彙要素Xは，D-Fが最大投射XPまで投射した結果，XPがPFで削除される．また，C-FとD-Fの認可条件として，以下を仮定する．

(6) 　補部に空所を選択するC-Fは，同一の投射内に存在する音形を持つ要素に接辞化しなければならない．
(7) 　最大投射まで投射したD-Fは，機能範疇の補部に生起しなければならない．

---

[1] フェイズに基づいて省略現象を説明する他の試みについては，Emoto（2007）等を参照．

認可条件 (6) と (7) は，Lobeck (1995) で提案された指定部と主要部の一致条件を捉え直したものである．

これらの仮定の下，次の省略文の派生を考えてみよう．

(8) a. Bill is writing, but you can't imagine where.
b. John ate an apple, and Mary did too.
c. John ate an apple, but he did not an orange.
d. John ate an apple and Mary an orange.

まずは，(8a) の間接疑問縮約 (Sluicing) 文を考えてみよう．C-F が CP 主要部に基底生成された場合，(8a) は次の構造を持つ．

(9) [$_{TP}$ Bill is writing], but you can't imagine [$_{CP}$ where C<C-F> [e]]

この構造では，C-F を持つ C が補部に空所スロット [e] を選択する．(9) に音声化 (Spell-Out) が適用され，PF では where 以下の要素は存在しない．また，空所スロットを選択する C-F は CP 指定部に存在する where に接辞化する．他方，LF では括弧で示した先行詞の TP (Bill is writing) が空所にコピーされる．この場合，where に対応する語句が先行詞内に具現化していないので，LF コピーされる際，場所を表す潜在項 (implicit argument) が空範疇 PP としてスプラウトされる (Chung, Ladusaw and McCloskey (1995))．その結果，(9) は次の LF 構造を持つ．

(10) [$_{TP}$ Bill is writing], but you can't imagine [$_{CP}$ where C<C-F> [$_{TP}$ Bill is writing PP]]

この構造において，スプラウトされた PP が where の変項となる．この派生はいかなる条件・制約にも違反しない合法的派生である．

C-F ではなく，D-F が CP 主要部に基底生成される場合，(8a) は次の構造を持つ（取消線部分が省略箇所を示す）．

(11) Bill is writing, but you can't imagine [$_{CP}$ where$_1$ C<D-F> [$_{TP}$ Bill is writing t$_1$]]

この構造では，CP 指定部に where が移動した後で音声化が適用し，PF において D-F を持つ C の最大投射 CP が削除される．しかし，D-F が投射した CP は語彙範疇である動詞 imagine の補部に生起するため，(7) に示す D-F の認可条件が満たされない．また，削除された where に対応する要素が先行文に存在せず，この削除は復元可能性条件にも違反する．その結果，(11) の派生は許されない．したがって，間接疑問縮約文は，CP 主要部の C-F が誘発する LF コピー操作により派生する．

次に，(8b) の動詞句省略 (VP-ellipsis) 文は次の構造を持つ．

(12) John loves Mary, and [$_{TP}$ Tom$_1$ does [$_{vP}$ t$_1$ v<D-F>] [$_{vP}$ love Mary]]] too

この構造では，D-F が vP 主要部に基底生成されている．主語 Tom が vP 指定部から TP 指定部に移動した後で音声化が適用し，D-F を持つ v の最大投射 vP が PF で削除される．vP まで投射した D-F は機能範疇である TP 主要部の補部に生起するため，(7) に示す D-F の認可条件は満たされる．したがって，(12) は合法的派生である．

他方，v が C-F を持つ場合，(8b) の構造は (13) となる．

(13) John loves Mary, and [$_{TP}$ Tom$_1$ does [$_{vP}$ t$_1$ v<C-F> [e]]] too

この構造では，C-F を持つ v の指定部を音形を持たない Tom の痕跡が占め，vP 内に C-F が接辞化できる音形を持つ要素が存在しない．その結果，(6) に示す C-F の認可条件が満たされず，この構造は許されない．したがって，動詞句省略文は vP 主要部の D-F が誘発する PF 削除操作により派生する．

では，(8c) の擬似空所化 (Pseudogapping) 文を考えてみよう．C-F が vP 主要部に基底生成された場合，(8c) は次の構造を持つ．

(14) John loves Mary, but [$_{TP}$ he$_1$ does not [$_{vP}$ t$_1$ [$_{v'}$ Jane [$_{v'}$ v<C-F> [e]]]]]

この構造では，C-F を持つ v が補部に空所スロットを選択する．また，vP

指定部には he と Jane が基底生成され，上位の指定部の he が TP 指定部に移動する．(14) に音声化が適用され，PF では C-F が vP 指定部に存在する Jane に接辞化する．その結果，(6) の C-F の認可条件は満たされる．他方，LF においては空所スロットに先行文内の要素がコピーされる．(14)では，Mary と Jane が対比の関係にあり，両者は焦点化されている．コピーの際に，先行文における焦点化されている要素は変項に置き換えられると仮定しよう．この仮定によると，(14) から次の LF 構造が派生する．

(15) John [$_{VP}$ loves Mary], but [$_{TP}$ he$_1$ does not [$_{vP}$ t$_1$ [$_{v'}$ Jane [$_{v'}$ v<C-F> [love x]]]]]

この構造において，コピーされた要素内の変項 x が Jane に束縛される．この派生は，いかなる条件・制約にも違反しない合法的派生である．
　一方，v が D-F を持つ場合，(8c) は次の構造を持つ．

(16) John loves Mary, but [$_{TP}$ he$_1$ does not [$_{vP}$ t$_1$ [$_{v'}$ Jane$_2$ [$_{v'}$ v<D-F> [$_{vP}$ love t$_2$]]]]] too.

この構造では，目的語の Jane が vP 指定部に移動した後で，D-F を持つ vの最大投射 vP が削除される．vP は does(あるいは否定辞 not) が主要部である機能範疇の補部に生起するため，(7) に示す D-F の認可条件は満たされる．しかし，削除された Jane と同一要素が先行文に存在しないため，この削除は復元可能性条件に違反する．したがって，擬似空所化文は，vP 主要部の C-F が誘発する LF コピー操作により派生される．
　同様に，(8d) の空所化 (Gapping) 文も LF コピー操作により派生する．まずは，C-F が C に基底生成される場合を考えてみよう．

(17) [$_{\&P}$ [$_{CP1}$ [$_{TP}$ John loves Mary]] and [$_{CP2}$ Tom [$_{C'}$ Jane [$_{C'}$ C<C-F> [e]]]]]

この構造では，等位接続詞 and が CP1 と CP2 を連結し，第二等位項における CP 主要部に C-F が存在する．C-F が補部に空所スロットを選択し，CP 指定部には Tom と Jane が基底生成されている．(17) に音声化が適用

第 2 章　省略文の派生：コピーと削除　　　　　　　　　　35

し，PF において C-F が CP 指定部に存在する Jane に接辞化することによ
り，(6) に示す C-F の認可条件は満たされる．また，John と Tom, Mary
と Jane がそれぞれ対比されており，これらの要素すべてが焦点化されてい
る．その結果，第一等位項内の TP が第二等位項内の空所スロットにコピー
される際に，John と Mary が変項に置き換えられ，次の LF 構造が派生す
る．

(18)　[&P [CP1 [TP John loves Mary]] and [CP2 Tom [C' Jane [C' C<C-F> [x loves y]]]]]

この構造において，コピーされた要素内の二つの変項 x と y が Tom と
Jane からそれぞれ束縛される．

　次に，C-F が v に基底生成される場合を考えてみよう．

(19)　[TP John₁ [&P [vP1 t₁ v [VP loves Mary]] and [vP2 Tom [v' Jane [v' v<C-F> [e]]]]]].

この構造では，and が vP1 と vP2 を連結し，and の第二等位項である vP2
の主要部に C-F が存在する．第一等位項である vP1 内の John が TP 指定
部に移動する．この移動は項位置への移動であり，下接の条件の一部である
等位構造制約（the Coordinate Structure Constraint）には従わない．また，
第二等位項内の C-F が空所スロットを補部に選択する．(19) に音声化が適
用され，PF では C-F が vP 内の Jane に接辞化し，(6) の認可条件は満た
される．さらに，LF において第一等位項内の動詞句 VP を第二等位項内の
空所にコピーする際に，Jane と対比の関係にある Mary が変項 x に置き換
えられ，次の LF 構造が派生する．

(20)　[TP John₁ [&P [vP1 t₁ v [VP loves Mary]] and [vP2 Tom [v' Jane [v' v<C-F> [love x]]]]]]

この構造において，コピーされた要素内の変項 x が Jane により束縛される．
また，第一等位項の主語 John と第二等位項の主語 Tom は，基底生成され
た vP 指定部において一致（Agreement）の関係により TP 主要部より主格

が付与される．この派生は，いかなる条件・制約にも違反しない合法的派生である．

また，空所化文を PF 削除操作により派生させることはできない．PF 削除操作を誘発する D-F が v あるいは C に基底生成された場合，(8d) はそれぞれ (21a, b) の構造を持つ．

(21) a. *... and [$_{vP}$ Tom [$_{v'}$ Jane$_2$ [$_{v'}$ v<D-F> [$_{VP}$ loves t$_2$]]]]
 b. *... and [$_{CP}$ Tom$_2$ [$_{C'}$ Jane$_3$ [$_{C'}$ C<D-F> [$_{TP}$ t$_2$ [$_{v'}$ t$_2$ v [$_{VP}$ loves t$_3$]]]]]]

これらの構造において，D-F を持つ最大投射，すなわち，(21a) では vP，(21b) では CP がそれぞれ削除される．and が機能範疇であると仮定すると，これらの構造は (7) に示す D-F の認可条件を満たす．しかし，削除される Tom と Jane に対応する要素が先行文中には存在せず，この削除操作は復元可能性条件に違反する．したがって，空所化文は，CP 主要部または vP 主要部の C-F が誘発する LF コピー操作により派生される．

このように，本論の分析によると，(8) の省略文は LF コピー，または，PF 削除のいずれかの操作により派生する．他方，(22) に示す無形補文照応 (Null Complement Anaphora: NCA) 文はいずれの操作によっても派生できない．

(22) a. I asked Bill to leave, but he refused.
 b. Sue was attempting to kiss a gorilla, and Harry didn't approve.
 c. We needed somebody to carry the oats down to the bin, but nobody volunteered.

(Hankamer and Sag (1976: 411))

これらの文では，動詞の目的語が生起していない．例えば，(22a) の二つ目の文における動詞 refuse の目的語である不定詞 to leave が生起していない．PF 削除による派生を仮定した場合，(22a) は次の構造を持つ．

(23)

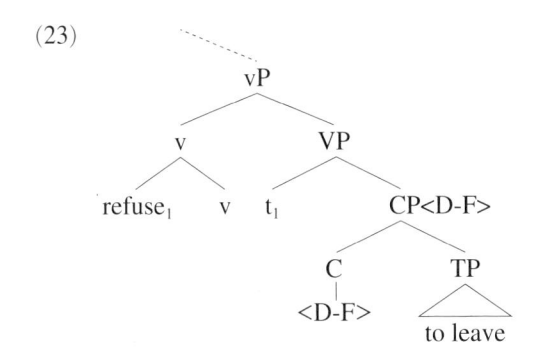

```
           vP
          /  \
         v    VP
       /  \   / \
   refuse₁ v t₁  CP<D-F>
                 /  \
                C    TP
                |    △
              <D-F> to leave
```

　この構造では，D-F が最大投射の CP まで投射することにより，CP 全体が削除される．しかしながら，この構造は (7) に示す D-F の認可条件に違反する．そのため，(22a) を削除操作により派生できない．また，コピー操作により派生させることもできない．コピーによる派生を仮定すると，(22a) は次の構造を持つ．

(24)　I asked Bill to leave, but he refused [_CP C<C-F> [e]]

　この構造では，CP 主要部の C-F が補部に空所スロットを選択している．しかしながら，CP 指定部には音形を持つ要素が存在せず，(6) に示す C-F の認可条件が満たされない．その結果，(22a) を削除とコピーのいずれの操作によっても派生できない．(22b, c) についても同様である．したがって，本論の分析によると，(22) は省略文ではないと予測される．
　実際，(22) のような NCA 文は，動詞句省略文とは異なり，語用論的コントロール (pragmatic control) を許す．

(25)　[Observing Hankamer attempting to stuff 12# ball through 6# hoop]
　　a.　Sag:　I don't see why you even try.
　　b.　　　#I don't see why you even try to.
(26) a.　Hankamer:　Because I'm convinced that I'll succeed.
　　b.　　　　　　#Because I'm convinced that I'll be able to.

(27) Sag: Why don't you stuff that ball through that hoop?
Hankamer: I'm trying.
I'm trying to.

(Hankamer and Sag (1976: 414))

(25) の括弧で示された文脈において，(25a) のように動詞 try の目的語である不定詞節 to stuff 12# ball through 6# hoop が生起しない NCA 文は許されるが，(25b) のように不定詞節内の動詞句 stuff 12# ball through 6# hoop が生起しない動詞句省略文は許されない．(26a, b) も同様の対比を示す．他方，先行文脈に先行詞が存在する (27) においては，NCA 文と動詞句省略文の両方が許される．

また，態の一致に関しても，両者は異なる振る舞いを示す．すなわち，省略を受けた文と先行詞となる文に態の一致が見られない動詞句省略文は許されないが，NCA 文の場合は許される．

(28) Nobody else would take the oats down to the bin,
a. so Bill did.
b. so Bill volunteered.
(29) The oats had to be taken down to the bin,
a. *so Bill did.
b. so Bill volunteered.

(Hankamer and Sag (1976: 413))

さらに，NCA 文が許される環境は，述語の個別の語彙特性により決まる．

(30) Question: Has the Mayor resigned?
Who resigned?
What did the Mayor decide to do?
a. Response: I don't know.
John wouldn't tell me.
Ask Bill.
I haven't found out yet.

             Guess.

             I'm not sure.

             It's obvious.

             It's none of your business.

             They haven't said yet.

    b.   Response: *John wouldn't divulge.

             *John wouldn't disclose.

             *I haven't discovered yet.

             *I haven't figured out yet.

             *Predict.

             *We haven't learned yet.

             *It's apparent.

             *They haven't announced yet.

             *They haven't reported yet.

                               (Grimshaw (1979: 290))

NCA 文を許す (30a) の述語と許さない (30b) の述語には，統語的や意味的な違いはない．例えば，(30a) の find out と (30b) の discover は共に間接疑問文を補部に意味選択でき，両者の意味はほぼ同じである．したがって，述語の個別な語彙特性が NCA 文の生起環境を決めると考えられるが，このような特性は動詞句省略文などの省略文には見られない．このように，NCA 文は (8) の省略文とは異なる特徴を示すため，コピー操作や削除操作により派生する省略現象ではないと考えられる．

　以上，本節では，省略文を派生する操作としてコピーと削除の二つの操作を仮定し，これらの操作を引き起こす形式素性がフェイズ主要部に基底生成されると提案した．この提案によると，(31) (＝(8)) の各省略文は次のように派生する．

(31) a.　Bill is writing, but you can't imagine where.（間接疑問縮約文）
　　　　CP 主要部の C-F が誘発するコピー操作により派生する．

　　 b.　John ate an apple, and Mary did too.（動詞句省略文）

vP 主要部の D-F が誘発する削除操作により派生する．

c. John ate an apple, but he did not an orange.（擬似空所化文）
vP の C-F が誘発するコピー操作により派生する．

d. John ate an apple and Mary an orange.（空所化文）
CP または vP 主要部の C-F が誘発するコピー操作により派生する．

次節では，(31) の経験的妥当性を検証する．

2.3. 仮説の検証

2.3.1. 動詞句省略と間接疑問縮約の相違点
2.3.1.1. 助動詞要素の残留

間接疑問縮約は一般に従属節に適用される省略形だが，主節においても適用される場合がある．

(32) A: Max has invited someone.
     B: Really? Who?

(Merchant (2001: 63))

Merchant (2001) は，(32) が主節に適用された間接疑問縮約であり，(33) のような疑問詞だけから成る問い返し疑問文とは異なること示す二つの証拠を挙げている．

(33) A: Superman tricked Mr Mxyzptlk.
     B: Who?

(Merchant (2001: 64))

第一の証拠はイントネーションに関するものである．(33) の Who の音調曲線は，問い返し疑問文である Superman tricked Mr who? と同様に，上昇調である．他方，(32) の Who は，通常の wh 疑問文である Who has Max invited? と同様に，下降調である．第二の証拠は疑問詞と前置詞の語

順に関するものである．間接疑問縮約の疑問詞が前置詞の目的語である場合，次の語順が許される．

(34) Lois was talking (to someone), but I don't know [who to].

(Merchant (2001: 65))

この文では前置詞 to と目的語 who の語順が倒置している．このような語順はスワイピング (Swiping (sluiced wh-word inversion with preposition in Northern Germanic)) と呼ばれる現象である．スワイピングは (32) のタイプには見られるが，問い返し疑問文では許されない．

(35) A: Lois was talking (to someone).
　　　B: Really? Who to?
(36) A: Lois was talking to Mr Mxyzptlk.
　　　B: *Who to?

(Merchant (2001: 65))

以上の点より，(32) は，問い返し疑問文ではなく，間接疑問縮約が主節で適用された用例と見なすことができる．

文 (32) を間接疑問縮約文と見なした場合，(32) は間接疑問縮約文における残留要素について重要な点を示している．すなわち，(32) のように疑問詞だけが残留要素となる場合は許されるが，疑問詞以外に助動詞要素が残る場合は許されない．

(37) A: Max has invited someone.
　　　B: *Really? Who has?

(Merchant (2001: 63))

同様な現象がドイツ語 (38)，オランダ語 (39)，デンマーク語 (40) においても見られる．

(38) A: Max hat jemand eingeladen.
　　　B: Echt? Wen (*hat)?

(39) A: Max heeft iemand uitgenodigd.
　　　B: Ja? Wie (*heeft)?
(40) A: Max har inviteret en eller anden.
　　　B: Ja? Hvem (*har)?

(Merchant (2001: 63))

また，南スラブ語族の一つであるスロヴェニア語では，同様なパターンが埋め込み節に生起する間接疑問縮約にも見られる．

(41) a. Peter se　je　spraševal, kako₁ je　Špela popravila t₁
　　　　 Peter REFL AUX asked　　what AUX Spela fixed.
　　　　 'Peter wondered what Spela fixed.'
　　 b. Špela je　　popravila nekako,　a　nisem　　　vprašal,
　　　　 Sepela AUX fixed　　something but NEG.AUX.1sg asked
　　　　 kako (*je).
　　　　 what　AUX
　　　　 'Spela fixed something, but I didn't ask what.'

(Merchant (2001: 66))

間接疑問文である (41a) では，完了の助動詞 je が疑問詞 kako の後ろに生起するが，(41b) の間接疑問縮約文においては je が残留要素として生起できない．

　他方，動詞句省略文においては，主語以外に助動詞要素が必ず残留要素となる．例えば，(42a) の従属節に動詞句省略を適用した場合，助動詞 is が生起しなければならない．

(42) a. Mary is learning Japanese because John is learning Japanese.
　　 b. Mary is learning Japanese because John (*is).

　間接疑問縮約文と動詞句省略文に見られるこのような違いは，本論が提案する分析により説明される．(31) によると，間接疑問縮約文は削除操作ではなくコピー操作により派生する．したがって，(32) の間接疑問縮約文は

派生の段階で次の構造を持つ.

(43)　[$_{CP}$ who C<C-F> [e]]

この構造に音声化が適用し，(43) が PF と LF に送られる．LF では，先行詞の Mary has invited someone が空所にコピーされる．また，PF では (43) に基づいて音声情報が決まるが，(43) には has が存在しない．そのため，(37) の語順を持つ間接疑問縮約文は許されない．

　一方，動詞句省略文は PF における削除操作により派生するため，(42b) の従属節は派生の段階で次の構造を持つ．

(44)　[$_{TP}$ John T [$_{VP}$ be [$_{vP}$ v<D-F> [$_{VP}$ learning Japanese]]]]

この構造では，vP と TP の間に助動詞 be の投射 VP が存在し，vP 主要部の D-F が vP の上位の VP まで浸透する．(44) に音声化が適用され，(44) は PF と LF に送られる．PF では，TP 主要部が接辞要素であるため，be が TP 主要部まで繰り上がり，次の構造が派生する．

(45)　[$_{TP}$ John [T + be$_1$] [$_{VP}$ t$_1$ [$_{vP}$ v<D-F> [$_{VP}$ learning Japanese]]]]

この構造では，VP まで D-F が浸透しているため，VP が省略される．その結果，(42b) の動詞句省略文が派生する．このように，本論の分析は，残留要素に関する間接疑問縮約文と動詞句省略文の対比を説明できる．

　残留要素に関する事実は，削除かコピーのいずれか一方の操作のみにより省略文を派生させようとする分析では説明できない．Lasnik (2001) は，間接疑問縮約と動詞句省略が共に削除操作により派生すると仮定し，助動詞要素が間接疑問縮約の残留要素にはならない事実を経済性の条件により説明しようと試みている．Lasnik によると，(32) は派生の段階で次の構造を持つ．

(46)　[$_{CP}$ who$_1$ [C + F$_2$] [$_{TP}$ Max has<t$_2$> invited t$_1$]]

この構造では，助動詞 has 自体ではなく，それに含まれる素性 F が単独で CP 主要部に移動する．このような素性移動が可能になる理由は，語全体の移動よりも，素性単独の移動の方が経済的であるからである．(46) に音声

化が適用され音声解釈が行われるが，has とその素性が切り離されているため，(46) における has を解釈することができない．そのため，削除が起きない場合は，has 全体がそれ自身の素性 F を追いかける形で CP 主要部に移動しなければならない．しかし，間接疑問縮約文では has を含む TP 全体が PF で削除されるため，(46) における has は音声解釈されない．その結果，(46) の has は CP 主要部に移動する必要はなく TP 主要部に留まり，has は残留要素とはならない．

(47)　[CP who₁ [C + F₂] [TP Max has<t₂> invited t₁]]

この分析は，間接疑問縮約の残留要素については有効だが，動詞句省略の残留要素の事実を説明できない．素性移動を仮定すると，(42b) は派生の段階で次の構造を持つ．

(48)　[TP John [T + F] [VP be<t_F> [vP v [VP learning Japanese]]]]

この構造では，助動詞 be に含まれる素性が単独で TP 主要部に移動する．削除が起きない場合は，be が素性 F を追いかける形で TP 主要部に移動しなければならない．一方，動詞句省略文では be の最大投射である VP が削除されるため，be は TP 主要部に移動する必要はない．その結果，次の構造が許されることになり，動詞句省略文では助動詞が残留要素にならないと誤った予測をしてしまう．

(49)　[TP John [T + F] [VP be<t_F> [vP v [VP learning Japanese]]]]

このように，間接疑問縮約文も動詞句省略文も削除により派生すると仮定する Lasnik の分析では，両者の残留要素に関する違いを説明できない．

　他方，両者をコピー操作により派生させる Lobeck (1995: 146) の分析の下では，(42b) は派生の段階で次の構造を持つ．

(50)　[AgrP John [be₁ + Agr] [TP [t₁′ + T] [VP t₁ [e]]]]

この構造では，空所スロットを選択する VP 主要部の be が TP 主要部を経由して AgrP 主要部へ移動している．AgrP 指定部には三人称単数の John

が存在するため，be は is として具現化する．また，音声化適用後の LF において，先行詞である learning Japanese が空所にコピーされる．

(51) [$_{AgrP}$ John [be$_1$ + Agr] [$_{TP}$ [t$_1'$ + T] [$_{VP}$ t$_1$ [$_{VP}$ learning Japanese]]]]

このように，Lasnik の分析にとって問題となる (42b) は，Lobeck の分析の下では問題とはならない．

しかしながら，コピー操作を仮定する Lobeck の分析は，動詞句省略文に見られる次の一致の事実を説明できない．

(52) a. There existed many killer whales 100 years ago, but there no longer do/*does.
   b. Although the police deny that there remain any mysteries surrounding Pat's disappearance, the journalists believe that there indeed do/*does.

(Tomioka (1997: 35))

存在を表す虚辞 there が動詞句省略の残留要素になる場合，もう一つの残留要素である助動詞は後続の名詞句と数の一致を示す．Lobeck の分析によると，(52) は次の構造を持つ．

(53) a. There existed many killer whales 100 years ago, but [$_{AgrP}$ there no longer [do$_1$ + Agr] [$_{TP}$ [t$_1$ + T] [e]]]
   b. Although the police deny that there remain any mysteries surrounding Pat's disappearance, the journalists believe that [$_{AgrP}$ there indeed [do$_1$ + Agr] [$_{TP}$ [t$_1$ + T] [e]]]

これらの構造では，意味を持たない助動詞 do が TP 主要部から AgrP 主要部へ移動している．音声化により (53) が PF に送られるが，PF では虚辞 there に対応する名詞句が存在しない．そのため，(53) の do をそのまま発音するか，それとも，does として発音するかを決めることができない．その結果，(52a, b) にみられる事実を捉えることができない．

動詞句省略文を PF 削除操作により派生させる本論の分析によると，(52)

は次の構造を持つ.

(54) a. There existed many killer whales 100 years ago, but [$_{TP}$ there no longer T^0 [$_{vP}$ v<D-F> [$_{VP}$ exist many killer whales]]]
b. Although the police deny that there remain any mysteries surrounding Pat's disappearance, the journalists believe that [$_{TP}$ there indeed T^0 [$_{vP}$ v<D-F> [$_{VP}$ remain any mysteries surrounding Pat's disappearance]]]

音声化により PF に送られるこれらの構造には，複数形の名詞句が動詞句内に存在する．これらの複数の名詞句と一致の関係にある TP 主要部の数に関する素性は複数の値を持つ．意味を持たない助動詞 do は PF において TP 主要部に挿入されると仮定すると，(54) の TP 主要部には，does ではなく，do が挿入される．このように，本論の分析は，Lobeck の分析にとって問題となる (52) を説明できる．

以上の点より，残留要素に関する事実は，間接疑問縮約文がコピー操作により派生し，また，動詞句省略文が削除操作により派生すると仮定する本論の分析の妥当性を支持する．

2.3.1.2. 島の制約効果

1.5.1 節でも見たように，間接疑問縮約と動詞句省略は島の制約効果に関しても異なる振る舞いを示す．次の文を見てみよう．

(55) *They want to hire someone who speaks a Balkan language, but I don't remember which$_1$ [$_{TP}$ they [$_{vP}$ want to hire someone [who speaks t$_1$]]]

文 (55) における疑問詞 which の移動は，関係詞節内から外への移動であり，複合名詞制約 (the Complex Noun Constraint) に違反するため許されない．しかし，(55) における which 以下の TP を省略することにより間接疑問縮約文とした場合，容認可能性が高まる (Ross (1967))．

(56) They want to hire someone who speaks a Balkan language, but I don't remember which.　　　(Merchant (2008a: 136))

また，(55) における間接疑問文内の vP を省略することにより動詞句省略文とした場合，容認可能性が高まらず，非文のままである (Chung, Ladusaw and McClosky (1995), Merchant (2001), Fox and Lasnik (2003))．

(57) *They want to hire someone who speaks a Balkan language, but I don't remember which they do.　　　(Merchant (2008a: 138))

同様のパターンが複合名詞制約以外の他の島の制約についても見られる．

(58) 等位構造制約
   a. *They persuaded Kennedy and some other senator to jointly sponsor the legislation, but I can't remember which one₁ they persuaded [Kennedy and t₁] to jointly sponsor the legislation.
   　　　(Chung, Ladusaw and McClosky (1995: 273))
   b. They persuaded Kennedy and some other senator to jointly sponsor the legislation, but I can't remember which one.
   　　　(Chung, Ladusaw and McClosky (1995: 273))
   c. *They persuaded Kennedy and some other Senator to jointly sponsor the legislation, but I can't remember which one they did.　　　(Merchant (2008a: 139))

(59) 付加詞条件
   a. *Ben will be mad if Abby talks to one of the teachers, but she couldn't remember which (of the teachers)₁ Ben will be mad [if she talks to t₁].　　　(Merchant (2008a: 136))
   b. Ben will be mad if Abby talks to one of the teachers, but she couldn't remember which.　　　(Merchant (2008a: 136))
   c. *Ben will be mad if Abby talks to one of the teachers, but she couldn't remember which he will.　　　(Merchant (2008a: 139))

48

(60) Wh 島条件
    a.?*Sandy was trying to work out which students would be able to solve a certain problem, but she wouldn't tell us which one₁ she was trying to work out [which students would be able to solve t₁].　　(Chung, Ladusaw and McClosky (1995: 272))
    b.　Sandy was trying to work out which students would be able to solve a certain problem, but she wouldn't tell us which one.
　　　　　　　　　　　　(Chung, Ladusaw and McClosky (1995: 272))
    c. *Sandy was trying to work out which students would be able to solve a certain problem, but she wouldn't tell us which one she was.　　(Merchant (2008a: 139))

文 (58a) では，Kennedy と等位構造を形成している疑問詞 which one が単独で移動しているため等位構造制約に違反する．また，(59a) では，疑問詞 which (of the teachers) が付加詞である if 節内から外へ移動しているので，付加詞条件に違反する．さらに，(60a) では，疑問詞 which one が which student から始まる間接疑問文内から外へ移動しているので，Wh 島条件に違反する．(58) から (60) において，これらの非文に対応する (b) の間接疑問縮約文は文法的であるが，(c) の動詞句省略文は非文のままである．

なお，省略された動詞句内からの wh 移動が許されることは，次の例からも明らかである．

(61) a.　I know what I LIKE and what I DON'T.
    b.　I know which books she READ, and which she DIDN'T.
    c.　What VP Ellipsis CAN do, and what it CAN'T.
　　　　　　　　　　　　　　　　　　　(Merchant (2008a: 140))

このように，間接疑問縮約文では島の制約効果が消失するのに対し，動詞句省略文では島の制約効果が消失しない．

この島の制約効果に関する間接疑問縮約文と動詞句省略文の違いは，これ

ら二つの省略文の派生の違い，つまり，コピー操作と省略操作の違いの帰結である (Chung, Ladusaw and McClosky (1995))．まずは，(56) の間接疑問縮約文の派生を考えてみよう．(56) の派生は次である．

(62) a. [$_{TP}$ They want to hire someone who speaks a Balkan language], but I don't remember [$_{CP}$ which C<C-F> [e]]
b. [$_{TP}$ They want to hire someone who speaks a Balkan language], but I don't remember [$_{CP}$ which C<C-F> [they want to hire someone who speaks a Balkan language]]

構造 (62a) では，which が CP 指定部に基底生成されている．(62a) から (62b) へ派生において，先行文の TP が C-F に選択された空所にコピーされ，不定名詞句の a Balkan language が which の変項となる．この派生においては，which が関係詞節内から外へ移動しているわけではないので，複合名詞制約に違反しない．その結果，(56) は文法的である．

他方，(57) の動詞句省略文の派生は次である．

(63) a. They want to hire someone who speaks a Balkan language, but I don't remember [$_{CP}$ which$_1$ [$_{TP}$ they [$_{vP}$ v<D-F> [$_{vP}$ want to hire someone who speaks t$_1$]]
b. They want to hire someone who speaks a Balkan language, but I don't remember [$_{CP}$ which$_1$ [$_{TP}$ they [$_{vP}$ ~~v<D-F>~~ [$_{vP}$ ~~want to hire someone who speaks t$_1$~~]]

構造 (63a) の段階までに，which が関係詞節内から CP 指定部に移動する．その後，D-F を持つ主要部の最大投射である vP が PF で削除され，(63b) が派生する．この派生においては，which が関係詞節内から移動するため複合名詞制約に違反する．その結果，(57) は非文である．(58) から (60) における (b) と (c) の違いも同様に分析できる．このように，島の制約効果に関する間接疑問縮約文と動詞句省略文の違いは，コピー操作と省略操作の違いとして説明できる．

間接疑問縮約文と動詞句省略文が示す島の制約に関する対比について，両者ともに削除操作により派生すると仮定する Merchant (2008a: 144-146) は (64) に基づく説明を試みている．

(64) a. 移動操作は vP と TP を経由して適用される．
　　　b. 島の制約に違反した中間痕跡には * が付与される．
　　　c. * が付与された痕跡は，PF において解釈不可能である．

この仮定によると，(55) は次の構造を持つ．

(65)　They want to hire someone who speaks a Balkan language, but I don't remember [$_{CP}$ which$_1$ [$_{TP}$ *t''''$_1$ [$_{TP}$ they [$_{vP}$ *t'''$_1$ [$_{vP}$ want to hire [someone who$_2$ [$_{TP}$ t''$_1$ [$_{TP}$ t$_2$ [$_{vP}$ t'$_1$ [$_{vP}$ speaks t$_1$]]]]]]]]]]

構造 (65) では，which が関係詞節内の TP と vP，そして，関係詞節外の TP と vP に付加移動した後に CP 指定部に移動している．その結果，t'$_1$ から t''''$_1$ までの四つの中間痕跡が作られる．この四つの中間痕跡のうち，関係詞節内から外へ移動した後に作られた二つの中間痕跡，つまり，t'''$_1$ と t''''$_1$ に対して * が付与される．これら二つの中間痕跡は PF において解釈不可能であるため，(65) の構造は許されず，(55) は非文となる．一方，(56) の間接疑問縮約文は，(65) における t''''$_1$ を含む TP を省略することにより派生する．この場合，省略により * が付与された t'''$_1$ と t''''$_1$ は無視される．その結果，(56) の間接疑問縮約文は許される．また，(57) の動詞句省略文は，(65) における t'''$_1$ を含む vP を省略することにより派生する．この派生では，t''''$_1$ が省略されずに残るため (57) は許されない．

このように，Merchant は，間接疑問縮約文と動詞句省略文が示す島の制約に関する対比を (64) の仮定に基づいて説明している．この説明の妥当性は，(64) がより一般的原理から導き出されるかどうかにかかっている．(64a) は移動操作に課せられる局所性原理から導き出される可能性がある．他方，(64b, c) は，現段階では独立した根拠が無く，間接疑問縮約文と動詞句省略文が示す島の制約効果の有無を説明するためだけに必要な規定であるように思える．したがって，(64b, c) を仮定せずに両者の違いを説明す

る本論の分析のほうが Merchant の分析よりも理論的に優れていると考えられる．

2.3.2. 動詞句省略，空所化，擬似空所化の相違点
2.3.2.1. 残留要素の焦点化

動詞句省略文では，残留要素の主語は先行文の主語と必ずしも対比の関係にあるわけではない．

(66) a.　John likes Mary, but Tom doesn't.
　　 b.　John₁ liked Mary, but he₁ doesn't.

文 (66a) では，動詞句省略文の残留主語である Tom が先行文の John と対比の関係にあり焦点化される．他方，(66b) では，残留主語の he は先行文の John と同一人物であり，対比の関係にはなく焦点化されていない．(66b) において対比されているのは，「過去においては Mary のことが好きであったが，現在は好きではない」という時制に関する対比である．

他方，空所化文における残留要素は必ず焦点化されなければいけない (Kuno (1976))．

(67) a.　John likes Mary, and Tom Jane.
　　 b.　*John₁ likes Mary, and he₁ Jane.
　　 c.　*John likes Mary₁, and Tom her₁.

文 (67a) では，空所化文の残留要素である Tom と Jane が先行文の John と Mary とそれぞれ対比の関係にあり焦点化される．一方，(67b) と (67c) では，残留要素の一つが先行文の要素と同一人物であるため，対比の関係にはなく焦点化されない．その結果，これらの文は許されない．

また，擬似空所化文においては，残留要素の主語は焦点化される必要はないが，それ以外の残留要素は必ず焦点化されなければならない (Levin (1979: 30), Jayaseelan (1990), Lasnik (1999a))．

(68) a. John likes Mary, and Tom does Jane.
   b. John₁ likes Mary, but he₁ doesn't Jane.
   c. *John likes Mary₁, and Tom does her₁.

文 (68a) では，残留要素である Tom と Jane が先行文の John と Mary とそれぞれ対比の関係にあり焦点化される．また，(68b) では，残留主語は先行文の要素と同一人物であり焦点化されないが，残留目的語である Jane は先行文中の Mary と対比の関係にあり焦点化される．(68c) では，残留目的語の her が先行文中の Mary と同一人物であり焦点化されず，この文は許されない．

焦点化に関する上記の事実は，本論が提案する分析により説明される．まずは，動詞句省略が示す (66) を考えてみよう．本論の分析によると，(66) の構造は次である．

(69) a. John likes Mary, but [TP Tom₁ doesn't [vP t₁ [v' v<D-F> [vP like Mary]]]]
   b. John liked Mary, but [TP he₁ doesn't [vP t₁ [v' v<D-F> [vP like Mary]]]]

この構造では，vP 主要部に基底生成された D-F により vP 全体が PF において削除される．この場合，主語は，焦点化の有無にかかわらず，vP 指定部から TP 指定部に移動することにより残留要素となる．そのため，動詞句省略文における残留要素の主語は，必ずしも焦点化される必要はない．

次に，擬似空所化が示す (68) を考えてみよう．本論の分析によると，(68) の構造は次である．

(70) a. John likes Mary, and [TP Tom₁ does [vP t₁ [v' Jane [v' v<C-F> [e]]]]]
   b. John₁ likes Mary, but [TP he₁ doesn't [vP t₁ [v' Jane [v' v<C-F> [e]]]]]

c. *John likes Mary₂, but [_TP he₁ doesn't [_vP t₁ [_v' her₂ [_v' v<C-F> [e]]]]]

これらの構造では，vP 主要部に基底生成された C-F がその補部に空所スロットを選択する．この場合，空所スロットに適切な統語構造を先行文から LF においてコピーしなければいけない．(70a, b) においては，残留要素の Jane と先行文中の Mary が対比の関係にあり，両者は焦点化されている．その結果，(70a, b) における Mary を変項 x に置き換えた後で，その変項と動詞を含む動詞句 [_vP like x] を空所スロットにコピーできる．

(71) a. John likes Mary, and [_TP Tom₁ does [_vP t₁ [_v' Jane [_v' v<C-F> [_VP like x]]]]]
    b. John₁ likes Mary, but [_TP he₁ doesn't [_vP t₁ [_v' Jane [_v' v<C-F> [_VP like x]]]]]

構造 (71) では，コピーされた VP 内の x が残留要素である Jane の変項として機能するため，これらの構造は適格である．他方，(70c) における Mary は残留要素の her と同一人物であり焦点化されないため，変項に置き換えることができない．そのため，Mary がそのままの形で空所スロットにコピーされることになり，次の LF 構造が派生する．

(72) John likes Mary₂, and [_TP Tom₁ does [_vP t₁ [_v' her₂ [_v' v<C-F> [_VP like Mary₂]]]]]

構造 (72) では，コピーされた VP 内の Mary を残留要素である her の変項として解釈できない．その結果，her を動詞 like の目的語として解釈することができず，(72) は許されない．したがって，擬似空所化文においては，主語以外の残留要素は必ず焦点化されなければならない．

最後に，空所化文が示す (67) について考えてみよう．本論の分析によると，擬似空所化文と同様，空所化文は LF コピー操作により派生する．ただし，空所化文の場合，コピー操作を誘発する C-F は vP 主要部または CP 主要部に基底生成される．CP 主要部に C-F が基底生成された場合，(67)

は音声化適用時に次の構造を持つ．

(73) a. [&P [CP1 [TP John likes Mary]] and [CP2 Tom [C' Jane [C' C<C-F> [e]]]]]
  b. [&P [CP1 [TP John₃ likes Mary]] and [CP2 he₃ [C' Jane [C' C<C-F> [e]]]]]
  c. [&P [CP1 [TP John likes Mary₃]] and [CP2 Tom [C' her₃ [C' C<C-F> [e]]]]]

LFにおいて，(73) の空所スロットに先行文中の TP がコピーされ，次の構造が派生する．

(74) a. [&P [CP1 [TP John likes Mary]] and [CP2 Tom [C' Jane [C' C<C-F> [TP x likes y]]]]]
  b. [&P [CP1 [TP John₃ likes Mary]] and [CP2 he₃ [C' Jane [C' C<C-F> [TP John likes y]]]]]
  c. [&P [CP1 [TP John likes Mary₃]] and [CP2 Tom [C' her₃ [C' C<C-F> [TP x likes Mary]]]]]

構造 (74a) では，二つの残留要素と対比の関係にある先行文中の John と Mary が変項に置き換えられた [TP x likes y] が空所スロットにコピーされ，x と y は残留要素 Tom と Jane の変項として機能する．その結果，Tom は動詞 like の主語として，また，Jane は目的語として適確に解釈される．

他方，(74b) と (74c) においては，先行文中の要素と対比の関係にない残留要素が存在し，これらの構造から二つの変項を含む TP を派生できない．(74b) では，[TP John likes y] が空所スロットにコピーされるが，残留要素 he の変項が存在しない．その結果，he を likes の主語として解釈することができない．また，(74c) では，[TP x likes Mary] が空所スロットにコピーされるが，残留要素 her の変項が存在しない．その結果，her を likes の目的語として解釈することができない．したがって，(74b, c) の構造は許されない．

また，vP 主要部に C-F が基底生成された場合，(67) は音声化適用時に

第 2 章　省略文の派生：コピーと削除

次の構造を持つ．

(75) a. [TP John₃ [&P [vP1 t₃ v [VP likes Mary]] and [vP2 Tom [v′ Jane [v′ v<C-F> [e]]]]]]
　　 b. [TP John₃ [&P [vP1 t₃ v [VP likes Mary]] and [vP2 he₃ [v′ Jane [v′ v<C-F> [e]]]]]]
　　 c. [TP John₃ [&P [vP1 t₃ v [VP likes Mary₄]] and [vP2 Tom [v′ her₄ [v′ v<C-F> [e]]]]]]

これらの構造の空所スロットに先行文の VP が LF コピーされ，次の構造が派生する．

(76) a. [TP John₃ [&P [vP1 t₃ v [VP likes Mary]] and [vP2 Tom [v′ Jane [v′ v<C-F> [VP likes x]]]]]]
　　 b. [TP John₃ [&P [vP1 t₃ v [VP likes Mary]] and [vP2 he₃ [v′ Jane [v′ v<C-F> [VP likes x]]]]]]
　　 c. [TP John₃ [&P [vP1 t₃ v [VP likes Mary₄]] and [vP2 Tom [v′ her₄ [v′ v<C-F> [VP likes Mary₄]]]]]]

構造 (76a) では，残留要素の Jane と対比の関係にある先行文中の Mary が変項に置き換えられ，変項を含む VP が空所スロットにコピーされる．この構造では，コピーされた VP 内の x が Jane の変項として機能し，動詞 like の目的語として解釈される．また，残留要素の Tom は vP 指定部に基底生成されているため，それに対応する変項がなくとも，like の主語として解釈される．その結果，(76a) は適格な構造である．

次に，(76c) では，残留要素の her と先行文中の Mary が同一人物なので，Mary は焦点化されず変項に置き換えることができない．そのため，空所スロットには [VP likes Mary] がコピーされるが，コピーされた VP 内には残留要素 her に対応する変項が存在せず，her は likes の目的語として解釈できない．したがって，(76c) からは適格な LF 構造が派生しない．

最後に，(76b) では，(76a) と同様に，残留要素の Jane と先行文中の Mary が対比の関係にあるため，Mary が変項に置き換えられ，空所スロッ

トには [vP likes x] がコピーされる．コピーされた VP 内の変項により Jane は likes の目的語として解釈される．また，残留要素 he は vP 指定部に基底生成されているため，それに対応する変項がなくとも，like の主語として解釈される．しかしながら，(76b) では，同一指標を持つ John が he を束縛する．he の束縛領域が TP であると仮定すると，(76b) は束縛原理（B）に違反し，(76b) からは適格な LF 構造が派生しない．このように，空所化文において適格な LF 構造を派生するのは，残留要素が先行文中の要素と対比の関係にあり焦点化される (73a) と (75a) の構造のみである．

　以上，本節では，動詞句省略文，擬似空所化文，空所化文における残留要素が示す焦点化の事実について考察した．本論の分析によると，これらの省略文に見られる焦点化のパターンの違いは，省略文の派生の違いとして説明される．

2.3.2.2.　分離先行詞

　動詞句省略は一つの構成素を形成しない複数の要素を分離先行詞として取れる．

(77) Wendy is eager to sail around the world and Bruce is eager to climb Kilimanjaro, but neither of them can because money is too tight.　　　　　　　　　　　　　　　　　　　　　　(Webber (1978))

文 (77) は，「Wendy は船で世界一周することができず，また，Bruce はキリマンジャロに登ることができない」と解釈される．この場合，助動詞 can の後の省略箇所は先行文における二つの切り離された動詞句（sail around the world と climb Kilimanjaro）を先行詞に取る．一方，擬似空所化文 (78a) と空所化文 (78b) ではこのような分離先行詞の読みは許されない．

(78) a.　John teaches Mathematics and Mary studies Physics, but neither of them does Economics.

b. John teaches Mathematics and Mary studies Physics, but neither of them Economics.

インフォーマントの判断によると，これらの省略文には分離先行詞がもたらす「経済学については，John は教えていなく，また，Mary も学んでいない」という解釈がない．許される解釈は，「経済学については，John も Mary も学んでいない」である．

まずは，(77) の動詞句省略文の構造を見てみよう．本論の分析によると，(77) は次の構造を持つ．

(79) Wendy is eager to [$_{vP}$ sail around the world] and Bruce is eager to [$_{vP}$ climb Kilimanjaro], but neither of them can [$_{\&P}$ [$_{vP1}$ v<D-F> [$_{VP1}$ sail around the world]] & [$_{vP2}$ v<D-F> [$_{VP2}$ climb Kilimanjaro]]] because money is too tight

構造 (79) において，音形を持たない等位接続詞 & が sail around the world から成る動詞句 vP1 と climb Kilimanjaro から成る動詞句 vP2 を結合している．それぞれの動詞句に対応する先行詞が存在するため，PF において vP1 と vP2 が削除される．その結果，(77) の動詞省略文が派生する．

一方，(78a) の擬似空所化文は，派生のある段階で次の構造を持つ．

(80) John [$_{VP1}$ teaches Mathematics] and Mary [$_{VP2}$ studies Physics], but neither of them$_1$ does [$_{vP}$ t$_1$ [$_{v'}$ Economics [$_{v'}$ v<C-F> [e]]]]

構造 (80) から，「経済学については，John は教えていなく，また，Mary も学んでいない」という解釈を得るためには，残留要素である Economics が VP1 内の Mathematics と VP2 内の Physics と対比の関係になければならない．しかしながら，Economics は近い位置にある Physics と対比されることができるが，より遠くの Mathematics とは対比させることができない．その結果，VP2 内の Physics を変項に置き換えた study x が空所スロットに LF でコピーされる．

(81) John [$_{VP1}$ teaches Mathematics] and Mary [$_{VP2}$ studies Physics], but neither of them$_1$ does [$_{vP}$ t$_1$ [$_{v'}$ Economics [$_{v'}$ v<C-F> [$_{VP}$ study x]]]]

したがって，(77) は「経済学については，John も Mary も学んでいない」と解釈される．

同様の分析が，(78b) の空所化文についても当てはまる．本論の分析によると，(78b) は次の二つの構造を持つ．

(82) a. John [$_{VP1}$ teaches Mathematics] and Mary [$_{VP2}$ studies Physics], but [$_{vP}$ neither of them [$_{v'}$ Economics [$_{v'}$ v<C-F> [e]]]]
   b. [$_{TP1}$ John teaches Mathematics] and [$_{TP2}$ Mary studies Physics], but [$_{CP}$ neither of them [$_{C'}$ Economics [$_{C'}$ C<C-F> [e]]]]

構造 (82a) では vP 主要部が C-F を持ち，(82b) では CP 主要部が C-F を持つ．いずれの構造においても，残留要素の Economics と対比の関係に入ることができる要素は Physics であり，Mathematics ではない．その結果，(82a) の空所スロットには study x が，また，(82b) の空所スロットには x studies y が LF でコピーされる．

(83) a. John [$_{VP1}$ teaches Mathematics] and Mary [$_{VP2}$ studies Physics], but [$_{vP}$ neither of them [$_{v'}$ Economics [$_{v'}$ v<C-F> [$_{VP}$ study x]]]]
   b. [$_{TP1}$ John teaches Mathematics] and [$_{TP2}$ Mary studies Physics], but [$_{CP}$ neither of them [$_{C'}$ Economics [$_{C'}$ C<C-F> [$_{TP}$ x studies y]]]]

したがって，(78) の空所化文は分離先行詞の解釈を許さない．

最後に，次の空所化の用例を考えてみよう．

(84) a. Wendy wants to sail around the world because she loves travel, and Bruce wants to climb Kilimanjaro in order to prove to himself that he can, but neither in order to show off for anyone.

b. Fred bought Suzy flowers in order to thank her, and Bob took her out to eat because they both like sushi, but neither because they want to date her.
　　c. John calls home on Sundays, and Jill balances her checkbook every other week, but neither very consistently.

これらの空所化文に対して，Coppock (2001: 140) は分離先行詞の解釈が可能であると判断し，他方，Johnson (2009: 303, note 11) は不可能であると判断している．このような分離先行詞に関する判断の揺れの原因は，(84) の空所化文における残留要素が占める統語構造上の位置の違いにあると考えられる．(84) に対して分離先行詞の解釈を許さない話者は，(84a) に対して次の構造を与えている．

(85)　[CP1 [TP1 Wendy wants to sail around the world because she loves travel]], and [CP2 [TP2 Bruce wants to climb Kilimanjaro in order to prove to himself that he can]], but [CP3 neither [C' in order to show off for anyone C^0<C-F> [e]]]

この構造では，残留要素である neither と in order to show off for anyone は CP 指定部に基底生成されている．neither は語彙的性質より，TP1 の主語である Wendy と TP2 の主語である Bruce に対比させることができる．他方，理由を表す in order to show off for anyone は，近い位置にある TP2 内の in order to prove to himself that he can とのみ対比させることができる．そのため，(85) の構造は，分離先行詞の解釈を許さない．

一方，(84a) に対して分離先行詞の解釈を許す話者は，(84a) に対して次の構造を与えている．

(86)　[CP1 [TP1 Wendy wants to sail around the world because she loves travel]], and [CP2 [TP2 Bruce wants to climb Kilimanjaro in order to prove to himself that he can]], but [CP3 [CP3 neither [C' C^0<C-F> [e]]] in order to show off for anyone]

この構造では，neither が CP 指定部に基底生成され，in order to show off for anyone は CP に右方付加している．neither と Wendy, Bruce を対比させることにより，TP1 からは x wants to sail around the world が得られ，また，TP2 からは y wants to climb Kilimanjaro が得られる．この二つを音形を持たない等位接続詞 & で連結をした要素を空所スロットにコピーさせることにより，次の構造が派生する．

(87) [CP1 [TP1 Wendy wants to sail around the world because she loves travel]], and [CP2 [TP2 Bruce wants to climb Kilimanjaro in order to prove to himself that he can]], but [CP3 [CP3 neither [C' C^0<C-F> [TP1 x wants to sail around the world] & [TP2 y wants to climb Kilimanjaro]]] in order to show off for anyone]

この構造は，分離先行詞の解釈を示す．このように，(84) のような空所化における分離先行詞の可能性に関する判断の揺れは，残留要素が占める統語位置の違いとして説明できる．

このように，本論の分析の下では，分離先行詞に関する動詞句省略文，擬似空所化文，空所化文の違いは，これらの省略文の派生の違いとして説明できる．

2.3.3. 二種類の空所化

本論の分析によると，空所化には CP 主要部と vP 主要部の C-F が駆動する 2 つの派生が存在する．本節では，この分析の経験的妥当を考察する．

2.3.3.1. 場面設定の副詞句

空所化の残留要素として，場所や時間を示す副詞句が生起する場合がある．

(88) a. At Marshall Field's, Melissa saw a classmate, and at J.C. Penney's, Sabrina.　(Carlson, Dickey and Kennedy (2005: 210))

b. In the morning, Jason called a plumber, and in the afternoon, Brain. (Carlson, Dickey and Kennedy (2005: 216))

これらの文における文頭の副詞句は，場面設定（scene-setting）の役割を果たしている (Hageman and Guéron (1999: 530))．このような文頭に生じる副詞句は，文末に現れる副詞句とは異なる意味を持つ．

(89) a. In 1821, Napoleon died.
  b. Napoleon died in 1821.

(Cinque (1990: 90))

文 (89a) は 1821 年という年代について述べられた文であるのに対し，(89b) はナポレオンという人物について述べられた文である (Kuno (1975))．同様な対比が次の命令文でも見られる．

(90) a. At the restaurant, please eat!
  b. Please eat at the restaurant!

(Cinque (1990: 90))

文 (90a) における文頭の副詞句は please で示される命令の演算子の作用域内に含まれないが，(90b) における文末の副詞句は作用域内に含まれる (Geis (1986))．これらの違いは，(89), (90) における文頭の副詞は文全体を作用域に取るのに対し，(89), (90) における文末の副詞句は動詞句を作用域に取ることを示す．したがって，(88a, b) における文頭の副詞句も文全体を作用域に取ると考えられる．

また，これらの副詞句が wh 疑問詞と共起する場合，wh 疑問詞の左に現れなければならない．

(91) a. In the morning, who did John call?
  b. *Who in the morning did John call?

(Carlson, Dickey and Kennedy (2005: 215))

さらに，文頭の副詞句は基底生成されていることが次の例から分かる (Rein-

(92) a. In Kissinger's₁ hometown, he₁ is a hero.
　　 b. *In Kissinger's₁ office, he₁ put a couch.

(Carlson, Dickey and Kennedy (2005: 215))

非文である (92b) の副詞句 in Kissinger's office は動詞 put に意味選択されているので，動詞句内から文頭に移動している．LF では副詞句が元位置に再構築 (reconstruction) され，Kissinger が同一指標を持つ主語 he に束縛されることにより束縛原理 (C) に違反する．一方，(92a) における in Kissinger's office は文頭に基底生成されているため，LF においても主語 he に束縛されることはない．

以上の点より，(88) における文頭の副詞句は節の左端である CP 指定部に基底生成されていることが分かる．[2] したがって，このような文頭の副詞句に対応する第二等位項内の残留要素である副詞句もまた CP 指定部に存在する．そのため，本論の分析によると，(88) の構造は次である．

(93) a. [CP At Marshall Field's, [TP Melissa saw a classmate]], and [CP at J.C. Penney's, [C' Sabrina [C' C⁰<C-F> [e]]]]
　　 b. [CP In the morning, [TP Jason called a plumber]] and [CP in the afternoon, [C' Brain [C' C⁰<C-F> [e]]]]

これらの構造において，第二等位項内の二つ目の残留要素である名詞句が第一等位項内の主語に対比させられる場合，(93a) の Melissa と (93b) の Jason を変項に書き換えた x saw a classmate と x called a plumber が空所スロットに LF コピーされる．

---

　[2] このような副詞句は，話者の視点を特定し，後に続く節の命題内容が真であると断定しうる領域を与えることから，領域の副詞類 (domain adverbials) と呼ばれることもある (Bellert (1977))．なお，金子 (2009: 205ff.) は，このような副詞類に属する認識様態の if 節の生起位置として，TP の外に機能範疇の遂行句 (performative phrase) を仮定する分析を提案している．

(94) a. [$_{CP}$ At Marshall Field's, [$_{TP}$ Melissa saw a classmate]], and [$_{CP}$ at J.C. Penney's, [$_{C'}$ Sabrina [$_{C'}$ C^0<C-F> [$_{TP}$ x saw a classmate]]]]

b. [$_{CP}$ In the morning, [$_{TP}$ Jason called a plumber]] and [$_{CP}$ in the afternoon, [$_{C'}$ Brain [$_{C'}$ C^0<C-F> [$_{TP}$ x called a plumber]]]]

また，(93) における第二等位項内の二つ目の残留要素である名詞句が第一等位項内の目的語に対比させられる場合，(94a) の a classmate と (94b) の a plumber を変項に書き換えた Melissa saw x と Jason called x が空所スロットに LF コピーされる．

(95) a. [$_{CP}$ At Marshall Field's, [$_{TP}$ Melissa saw a classmate]], and [$_{CP}$ at J.C. Penney's, [$_{C'}$ Sabrina [$_{C'}$ C^0<C-F> [$_{TP}$ Melissa saw x]]]]

b. [$_{CP}$ In the morning, [$_{TP}$ Jason called a plumber]] and [$_{CP}$ in the afternoon, [$_{C'}$ Brain [$_{C'}$ C^0<C-F> [$_{TP}$ Jason called x]]]]

このように，本論の分析の下では，場面設定の副詞句を残留要素とする空所化文は CP 主要部の C-F により派生する．

2.3.3.2. 束縛関係

空所化文の主語に代名詞が生起した場合，束縛代名詞の解釈が得られる．

(96) a. No one's duck was moist enough or his mussels tender enough.
b. *No one's duck was moist enough or/and his mussels were tender enough.

(McCawley (1993: 248))

文 (96a) において先行文の主語 no one が省略文の主語の一部である his を束縛する．一方，省略されていない (96b) においては，no one が his を束縛できない．同様な現象が次の文においても見られる．

(97) a. Not every girl₁ ate a GREEN banana and her₁ mother, a RIPE one.
  b. No boy₁ joined the navy and his₁ mother, the army.
(98) a. *Not every girl₁ ate a GREEN banana and her₁ mother ate a RIPE one.
  b. *No boy₁ joined the navy and his₁ mother joined the army.

(Johnson (2006: 429))

また，同じ省略文でありながら，擬似空所化文はこのような束縛を許さない．

(99) a. No woman can join the army and her girlfriend the navy.
  b. No woman can join the army and/but her girlfriend can the navy.

(Johnson (2009: 293))

(99a) の空所化文では no woman は her を束縛できるが，(99b) の擬似空所化文では no woman は her を束縛できない．その結果，(99b) の her は指示代名詞として機能する．

束縛に関する空所化文と擬似空所化文の違いは，両者の構造の違いとして説明できる．本論の分析によると，空所化文は CP 主要部または vP 主要部の C-F が誘発するコピー操作により派生するが，C-F が vP 主要部に基底生成された場合，(99a) の空所化文は次の構造を持つ．

第 2 章　省略文の派生：コピーと削除　　　　　　　　　　　　65

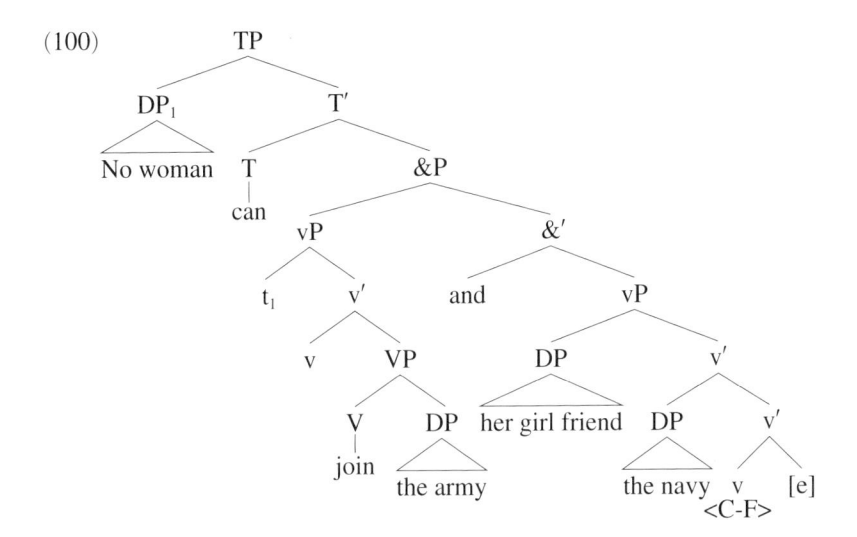

(100)

```
                    TP
                   /  \
                 DP₁   T'
                 |    /  \
              No woman T   &P
                       |  /  \
                      can vP   &'
                         / \  / \
                        t₁  v' and vP
                           / \     / \
                          v  VP   DP  v'
                            / \  /  \
                           V  DP her girl friend
                           |  / \        DP    v'
                         join the army  / \   / \
                                      the navy v [e]
                                             <C-F>
```

この構造では，等位接続詞 and が動詞句 vP を接続している．第一等位項の vP から先行文の主語 no woman が TP 指定部に移動する．省略文の主語である her girl friend は第二等位項の vP 指定部にとどまる．この移動の結果，no woman は her girl friend を束縛できる．一方，(99b) の擬似空所化文は次の構造を持つ．

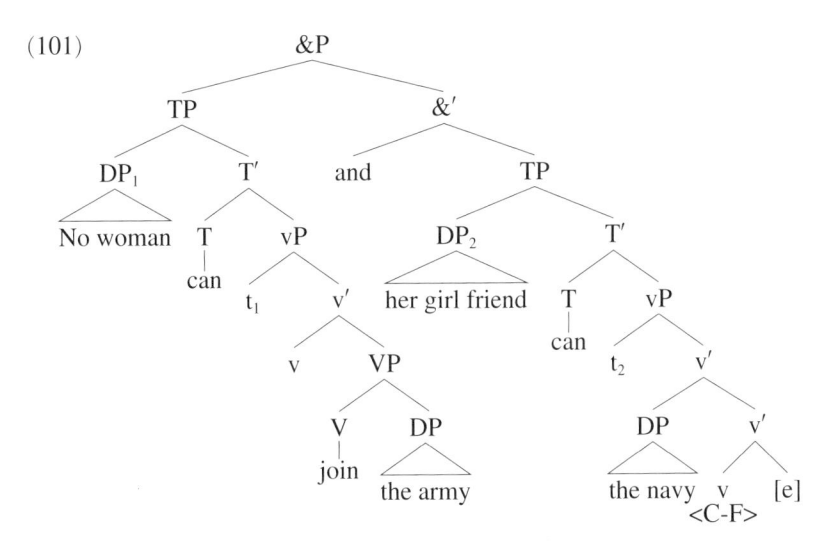

(101)

```
                         &P
                        /  \
                       TP   &'
                      /  \  / \
                    DP₁  T' and  TP
                    |   /  \    /  \
                No woman T  vP DP₂  T'
                        |  / \  |   / \
                       can t₁ v' her girl friend T  vP
                              / \              |  / \
                             v  VP            can t₂ v'
                                / \                  / \
                               V  DP                DP  v'
                               |  / \              / \ / \
                             join the army       the navy v [e]
                                                        <C-F>
```

この構造では，等位接続詞 and が TP を接続している．先行文の主語も省略文の主語も共に等位項内部で移動する．したがって，先行文の主語 no woman は省略文の主語 her girl friend を構成素統御できる位置まで移動しないので，no woman は her girl friend を束縛できない．

このように，本論の分析の下では，先行文の主語により束縛される (96a) や (97) のような空所化文は vP 主要部の C-F により派生する．

2.3.3.3. 否定辞

次の文を見てみよう．

(102) a. Pete hasn't got a video and John a DVD.
b. Pete didn't clean the whole flat and John laze around all afternoon.

(Repp (2009: 2))

文 (102a) の第二等位項においては，否定辞を含む助動詞 hasn't と動詞 got の両方が省略されている．一方，(102b) では，否定辞を含む助動詞 didn't のみが省略されている．(102a) の解釈は多義的であり，否定辞が第一等位項の意味内容と第二等位項の意味内容をそれぞれ否定する読み（否定の分配的作用域の読み）と否定辞が第一等位項の意味内容と第二等位項の意味内容を含む全体を否定する読み（否定の広い作用域の読み）がある (Oehrle (1987), Siegel (1987), and McCawley (1993)).[3] それぞれの読みをパラフレーズすると次のようになる．

(103) a. 分配的作用域の読み：$(\neg A) \wedge (\neg B)$
It is not the case that Pete has a video and it is not the case that John has a DVD.
b. 広い作用域の読み：$\neg (A \wedge B)$
It is not the case that Pete has a video and John has a DVD.

---

[3] 先行詞に否定辞を含む (102a) のような空所化を許さない話者も存在する (Ross (1970), Jackendoff (1971), Sag (1976)).

一方，(102b) には，(104a) に示す分配的作用域の読みはなく，(104b) に示す広い作用域の読みしかない．

(104) a. *分配的作用域の読み：(¬A)∧(¬B)
It is not the case that Pete cleaned the whole flat and it is not the case that John lazed around all afternoon.
　　　b. 広い作用域の読み：¬(A∧B)
It is not the case that Pete cleaned the whole flat and John lazed around all afternoon.

まずは，(102b) から考えてみよう．(102b) における等位接続詞 and が vP を結合していると仮定した場合，この文の構造は次である．

(105) [$_{TP}$ Pete$_1$ didn't [$_{vP}$ t$_1$ clean the whole flat] and [$_{vP}$ John laze around all afternoon]]

構造 (105) では，Pete が第一等位項の vP 内から TP 指定部へ移動している．この構造では，否定辞を含む didn't が and を C 統御するので，否定辞が and により結合された二つの vP 全体を作用域に取る．否定辞は一つしか存在しないので，分配的作用域の読みは生じない．

次に，(102a) を考えてみよう．vP 主要部が C-F を持つ場合，(102a) の構造は次である．

(106) [$_{TP}$ Pete$_1$ hasn't [$_{vP}$ t$_1$ got a video] and [$_{vP}$ John [$_{v'}$ a DVD [$_{v'}$ v<C-F> [e]]]]]

この構造では，(102b) と同様に，and が vP を結合している．a video と a DVD を対比させることにより，先行文の VP 内の a video を変項に置き換えた get x が得られる．これを空所スロットに LF コピーすると，次の構造が派生する．

(107) [$_{TP}$ Pete$_1$ hasn't [$_{vP}$ t$_1$ got a video] and [$_{vP}$ John [$_{v'}$ a DVD [$_{v'}$ v<C-F> [$_{VP}$ get x]]]]]

この構造では，(105) と同様，否定辞を含む hasn't が and で結合された二つの vP 全体を作用域に取る．その結果，否定辞の広い作用域の読みが得られる．

他方，(102a) が否定辞の分配的作用域の読みを持つためには，第二等位項内においても否定辞が存在しなければならない．そのためには，第二等位項内の空所スロットにコピーされる要素は vP ではなく，否定辞を含む TP でなければならない．すなわち，コピー操作を引き起こす C-F が vP ではなく CP の主要部に基底生成されなければならない．

(108) [CP [TP Pete₁ hasn't [vP t₁ got a video]]] and [CP John [v' a DVD [v' C<C-F> [e]]]]

この構造において，先行文の TP 内の Pete と a video を変項に置き換えた x hasn't got y を空所スロットに LF コピーすることにより，次の構造が派生する．

(109) [CP [TP Pete₁ hasn't [vP t₁ got a video]]] and [CP John [v' a DVD [v' C<C-F> [TP x hasn't got y]]]]

この構造では，第一等位項と第二等位項の両方に否定要素が存在する．その結果，否定の分配的作用域の読みが得られる．

このように，本論の分析は，先行文に否定辞が含まれた (102) の空所化文の解釈を捉えることができる．

2.3.3.4. 極性表現

本論の分析は，極性表現に関する次の事実も説明できる．

(110) a. John didn't give any books to Mary, but Tom did.
　　　b. John₁ didn't give any books to Mary, but he₁ did to Susan.
　　　c. *John didn't give any books to Mary, but Tom to Susan.

これらすべての文では，否定文が先行詞となっている．インフォーマントの判断によると，(110a) の動詞句省略文と (110b) の擬似空所化文には，そ

れぞれ「トムはメアリーに何冊かの本をあげた」，「ジョンがスーザンに何冊かの本をあげた」という肯定文の解釈が許される．他方，(110c)の空所化文には「トムがスーザンに何冊かの本をあげた」という肯定文の解釈が許されない．この事実は，先行文中の否定極性表現 any books が，動詞句省略文と擬似空所化文では肯定極性表現 some books として解釈できるが，空所化文では解釈できないことを示している．

極性表現に関するこの違いは，本論の提案と次の仮定により説明できる．

(111) a. TP と vP の間には，文が肯定 (affirmative) か否定 (negative) かを決定する機能範疇 Σ が存在する．肯定文の Σ は素性 [+Aff(irmative)] を含み，否定文の Σ は素性 [+Neg(ative)] を含む． (Laka (1990))
　　　b. 統語部門に導入される時点では肯定極性表現と否定極性表現の区別はなく，両者共に Σ の素性により束縛されなければならない P(orarity) 素性を持つ．この P 素性が Σ の素性 [+Aff] により束縛されると肯定極性表現として，また，[+Neg] により束縛されると否定極性表現としてそれぞれ解釈される．

以上を仮定し，まずは動詞句省略文の派生を考えてみよう．本論の分析によると，(110a)の動詞句省略文は次の構造を持つ．

(112) [$_{\&P}$ [$_{TP}$ John$_1$ didn't [$_{\Sigma P}$ Σ [+Neg] [$_{vP}$ t$_1$ v [$_{vP}$ give any books<P> to Mary]]]], but [$_{TP}$ Tom$_2$ did [$_{\Sigma P}$ Σ [+Aff] [$_{vP}$ t$_2$ v<D-F> [$_{vP}$ give any books<P> to Mary]]]]

この構造では，第二等位項内の vP 主要部に D-F が存在し，vP 全体が PF で削除される．第一等位項内の極性表現は +Neg に束縛されることにより否定極性表現として，また，第二等位項内の極性表現は +Aff に束縛されることにより肯定極性表現としてそれぞれ解釈される．

次に，擬似空所化文の派生を考えてみよう．(110b)の擬似空所化文は派生の段階で次の構造を持つ．

(113) [&P [TP John didn't [ΣP Σ [+Neg] [vP v [VP give any books<P> to Mary]]]], but [TP he₁ did [ΣP Σ [+Aff] [vP t₁ [v' to Susan v<C-F>[e]]]]]]

この構造では，等位接続詞 but が TP を接続している．そのため，それぞれの等位項内部に ΣP が存在する．LF において第一等位項内の to Mary が変項に置き換えられた後に先行詞の VP が第二等位項の空所にコピーされ，次の構造が派生する．

(114) [&P [TP John didn't [ΣP Σ [+Neg] [vP v [VP give any books<P> to Mary]]]], but [TP he₁ did [ΣP Σ [+Aff] [vP t₁ [v' to Susan v<C-F>[VP give any books<P> x]]]]]]

この構造において，第一等位項内の books が持つ P 素性は同じ等位項内に存在する Σ の素性 [+Neg] により束縛されるため，否定極性表現として解釈される．また，第二等位項内の books が持つ P 素性は同じ等位項内に存在する Σ の素性 [+Aff] により束縛されるため，肯定極性表現として解釈される．その結果，(110b) の擬似空所化文の解釈が保証される．

最後に，(110c) の空所化文について考えてみよう．本論の分析によると，空所化文は CP 主要部または vP 主要部の C-F が誘発するコピー操作により派生する．C-F が vP 主要部に基底生成された場合，(110c) の空所化文は派生のある段階において次の構造を持つ．

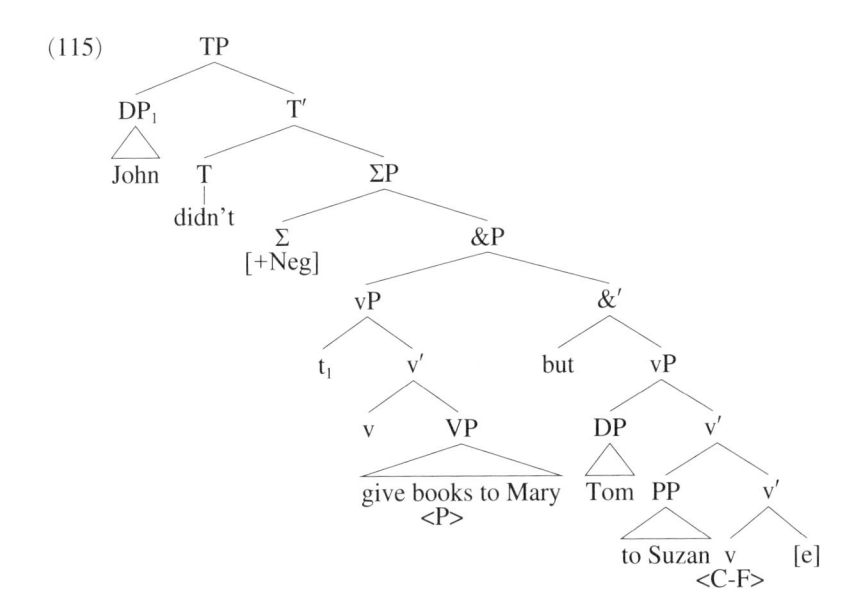

(115)
```
                TP
             /      \
           DP₁       T'
           △      /      \
          John   T         ΣP
                 |       /     \
               didn't   Σ       &P
                      [+Neg]   /   \
                              vP    &'
                            /   \  /  \
                          t₁    v' but  vP
                              /  \    /    \
                             v   VP  DP    v'
                                 △   △   /  \
                        give books to Mary Tom PP  v'
                              <P>           △   /  \
                                         to Suzan v [e]
                                              <C-F>
```

この構造では，等位接続詞 but が vP を接続している．そのため，ΣP が等位構造の外に存在する．LF において，第一等位項内の to Mary が変項に置き換えられた後に先行詞の VP が第二等位項の空所にコピーされ，次の構造が派生する．

(116) [_TP John didn't [_ΣP Σ [+Neg] [_&P [_vP v [_VP give any books<P> to Mary]], but [_vP Tom [_v' to Suzan v [_VP give any books<P> x]]]]]]

この構造において，第一等位項内の books が持つ P 素性も，また，第二等位項内の book が持つ P 素性も Σ の素性 [+Neg] により束縛されるため，両方の books 共に否定極性表現として解釈される．したがって，(110c) の空所化が vP 主要部の C-F が誘発するコピー操作により派生する場合，省略文中の books を肯定極性表現として解釈できない．

次に，空所化文が CP 主要部に基底生成された C-F が誘発するコピー操作により派生する場合を考えよう．この場合，(110c) の空所化文は LF コピーが適用する前の段階で次の構造を持つ．

(117)

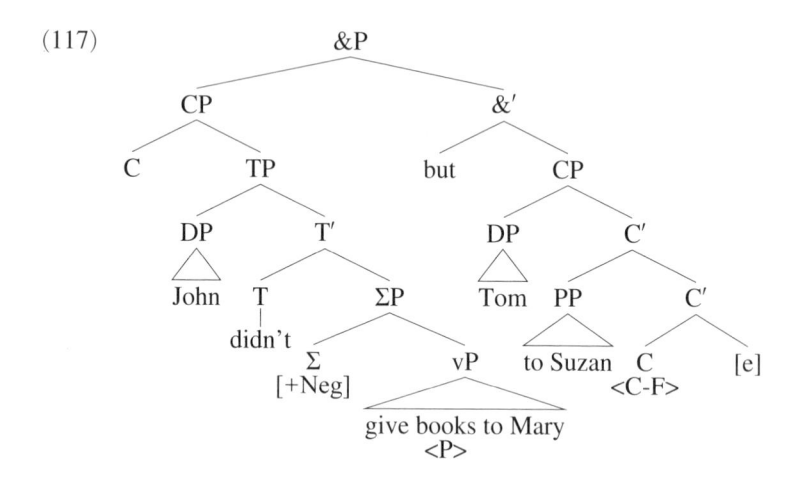

```
                    &P
              ┌──────┴──────┐
              CP            &'
           ┌──┴──┐       ┌──┴──┐
           C     TP      but    CP
              ┌──┴──┐         ┌──┴──┐
              DP    T'        DP    C'
              △  ┌──┴──┐      △  ┌──┴──┐
            John  T    ΣP    Tom  PP    C'
                  │  ┌──┴──┐      △  ┌──┴──┐
               didn't Σ    vP  to Suzan C   [e]
                   [+Neg]  △          <C-F>
                        give books to Mary
                              <P>
```

この構造では，等位接続詞 but が CP を接続している．LF において，第一等位項内の John と to Mary が変項に置き換えられた後に先行詞の TP が第二等位項の空所にコピーされ，次の構造が派生する．

(118) [&P [CP [TP John didn't [ΣP Σ [+Neg] [vP give any books<P> to Mary]]]], but [CP Tom [C' to Susan C [TP x didn't [ΣP Σ [+Neg] [vP give any books<P> y]]]]]]

この構造において，第一等位項内の books が持つ P 素性も，また，第二等位項内の book が持つ P 素性も Σ の素性 [+Neg] により束縛されるため，両方の books 共に否定極性表現として解釈される．その結果，(110c) の空所化が CP 主要部の C-F が誘発するコピー操作により派生する場合も，省略文中の books を肯定極性表現として解釈できない．

このように，極性表現に関する動詞句省略文，擬似空所化文，空所化文の違いは，これらの省略文の派生の違いとして説明できる．

2.3.3.5. 動詞と that 節を含む省略

動詞句省略，擬似空所化，空所化は，目的語の that 節を含む複文を先行詞に取ることができるかどうかという点においても異なる．

(119) a. Max claimed that he gave Lucy flowers before John did.
b. Max claimed that he gave Lucy flowers before John did chocolates.

(Lappin (1996: 152))

動詞句省略文 (119a) は多義的であり，John gave Lucy flowers の解釈と，John claimed that he gave Lucy の解釈がある．他方，(119b) の擬似空所化文は，John gave Lucy chocolates とは解釈できるが，John claimed that he gave Lucy chocolates とは解釈できない (Fiengo and May (1994: 257))．また，次の文を見てみよう．

(120) a. *The first letter will say that you should pay tax and the second one will V.A.T.
b. *The first letter₁ will say that you should pay tax, but it₁ will not V.A.T.
c. The first letter will say that you should pay tax and the second one V.A.T.

インフォーマントの判断によると，(120a, b) の擬似空所化文における省略箇所は say that you should pay として解釈できないが，(120c) の空所化文における省略箇所はそのような解釈が可能である．このように，動詞句省略と空所化は目的語の that 節を含む複文を先行詞に取ることができるが，擬似空所化はできない．

なお，Neijt (1979: 142-143) は (120c) を非文としているが，談話状況を整えることにより，複雑な解釈を要求する空所化文の容認可能性が高まることが報告されている (Kuno (1976: 308, note 15))．例えば，次の用例を見てみよう．

(121) a. What did each man each claim that hedgehogs eat?
b. Harry claimed that hedgehogs eat mushrooms and Barry, frogs.

(Steedman (1990: 248))

(122) a. Everybody₁ said he₁'d bring something different to the pot-luck.
   b. Jack₁ said that he₁'d bring wine, Bob beer, and Sam, whisky.

(Merchant (2001: 113))

文 (121), (122) では，それぞれ (a) の発話の後に，空所化を含む (b) の発話が続く．(121b) の空所箇所は claimed that hedgehogs eat と解釈され，また，(122b) の空所箇所は say that he'd bring と解釈される．

動詞句省略，空所化，擬似空所化に見られるこの違いは，本論の分析により説明できる．まずは，(119) について見てみよう．本論の分析によると，(119a) は次の二つの構造を持つ．

(123) a. Max claimed that he gave Lucy flowers before [_TP John₁ did [_vP t₁ [_v v<D-F> [_VP give Lucy flowers]]]]
   b. Max claimed that he gave Lucy flowers before [_TP John₁ did [_vP t₁ [_v v<D-F> [_VP claim that he gave Lucy flowers]]]]

これら二つの構造は共に合法的であり，(119a) の多義性が保証される．

他方，(119b) は派生の段階で次の構造を持つ．

(124) Max claimed that he gave Lucy flowers before [_TP John₁ did [_vP t₁ [_v chocolates [_v v<C-F> [e]]]]]

この構造において，残留要素 chocolates と対比の関係あるのは，先行文内の flowers である．flowers を変項 x に置き換えた give Lucy x が空所スロットにコピーされた場合，次の構造が派生する．

(125) Max claimed that he gave Lucy flowers before [_TP John₁ did [_vP t₁ [_v chocolates [_v v<C-F> [give Lucy x]]]]]

この構造では，chocolates と give Lucy x が C-F を持つ vP 主要部を通じて局所関係にある．その結果，chocolates が give の項として解釈され，(125) は適格な LF 構造となる．

また，(124) の空所に claim that he gave Lucy x がコピーされた場合，次の構造が派生する．

(126) Max claimed that he gave Lucy flowers before [_TP John_1 did [_vP t_1 [_v' chocolates [_v' v<C-F> [claim that he gave Lucy x]]]]]

この構造では，C-F を持つ vP 主要部を通じて局所的関係にあるのは，chocolates と claim that he gave Lucy x である．その結果，chocolates が claim の項として解釈され，(126) は不適格な LF 構造となる．したがって，(125) だけが適格な構造となり，(119b) の擬似空所化文は John gave Lucy chocolates としてのみ解釈される．

擬似空所化文 (120a, b) の非文の理由も同様に説明できる．これらの文は，次の構造を持つ．

(127) a. The first letter will say that you should pay tax and [_TP the second one_1 will [_vP t_1 [_v' V.A.T [_v' v<C-F> [e]]]]]
 b. The first letter_1 will say that you should pay tax, but [_TP it_1 will not [_vP t_1 [_v' V.A.T [_v' v<C-F> [e]]]]]

これらの構造においては，V.A.T と tax が対比される以外に，(127a) では the first letter と the second one，また，(127b) では will と will not が対比される．その結果，空所スロットには，先行文内の that 節を含む主節の動詞句がコピーされる．

(128) a. The first letter will say that you should pay tax and [_TP the second one_1 will [_vP t_1 [_v' V.A.T [_v' v<C-F> [say that you should pay x]]]]]
 b. The first letter_1 will say that you should pay tax, but [_TP it_1 will not [_vP t_1 [_v' V.A.T [_v' v<C-F> [say that you should pay x]]]]]

これらの構造は，(126) と同様に不適格である．なぜなら，V.A.T と局所的な関係にある動詞は，埋め込み節の動詞 pay ではなく，主節動詞 say であ

り，V.A.T は pay の目的語としては解釈されないためである．

他方，(120c) の空所化文は次の二つの構造を持つ．

(129) a. The first letter will say that you should pay tax and [$_{CP}$ the second one [$_{C'}$ V.A.T [$_{C'}$ C<C-F> [e]]]]
b. The first letter will say that you should pay tax and [$_{vP}$ the second one [$_{v'}$ V.A.T [$_{v'}$ v<C-F> [e]]]]

構造 (129a) では C-F が CP 主要部に，(129b) では vP 主要部に生起している．どちらの構造においても，the first letter と the second one，また，tax と V.A.T が対比されていることにより，that 節を含む複文が空所スロットにコピーされる．ただし，コピーされる部分が異なる．(129a) では，主節の主語 the first letter と埋め込み節の目的語 tax をそれぞれ変項 x と y に置き換えた x will say that you should pay y がコピーされる．一方，(129b) では，埋め込み節の目的語 tax を変項 x に置き換えた say that you should pay x がコピーされる．

(130) a. [$_{TP}$ The first letter will say that you should pay tax] and [$_{CP}$ the second one [$_{C'}$ V.A.T [$_{C'}$ C<C-F> [x say that you should pay y]]]]
b. The first letter will [$_{vP}$ say that you should pay tax] and [$_{vP}$ the second one [$_{v'}$ V.A.T [$_{v'}$ v<C-F> [say that you should pay x]]]]

構造 (130b) は，(128a) と同様に不適格である．しかしながら，V.A.T. が CP 指定部に生起する (130a) では，V.A.T が，主節動詞 say ではなく，埋め込み節の動詞 pay の目的語として解釈される．その結果，(130a) は適格な構造であり，この構造を持つ (120c) の空所化文は文法的である．このように，空所化文においては，残留要素が CP 指定部に基底生成された場合，省略箇所の先行詞として that 節を含む複文を取ることができる．

なお，残留要素を CP 指定部に基底生成する点において，空所化文は間接疑問縮約文と同じである．2.3.1.2 節でも見たように，間接疑問縮約文は移動操作に課せられる島の制約の効果を示さない．このことから，空所化文も

島の制約の効果を示さないと予測されるが，この予測は正しい．

(131) a. Robin knows a lot of reasons why dogs are good pets, and Leslie, cats.
b. Robin believes that everyone pays attention to you when you speak French, and Leslie, German.

(Culicover and Jackendoff (2005: 273))

空所化文 (131a) において，残留要素の一つである cats に対比されるのは，関係詞節内に生起する pets である．また，(131b) では，残留要素の German に対比されるのは，副詞節内に生起する French である．関係詞節も副詞節も内部からの移動操作の摘出を許さない島を形成する．また，Wh 島を形成する間接疑問文内にも残留要素と対比される要素が生起できる．

(132) Robin was trying to work out which students would be able to speak French, and Leslie Spanish.

インフォーマントの判断によると，残留要素の Leslie と Spanish を先行文内の Robin と French にそれぞれ対比させることができる．[4]

本論の分析によると，(132) の派生は次である．

(133) a. Robin was trying to work out which students would be able to speak French, and [$_{CP}$ Leslie [$_{C'}$ Spanish [$_{C'}$ C<C-F> [e]]]]
b. Robin was trying to work out which students would be able to speak French, and [$_{CP}$ Leslie [$_{C'}$ Spanish [$_{C'}$ C<C-F> [x was trying to work out which students would be able to speak y]]]]

構造 (133a) では，CP 主要部が C-F を持ち，CP 指定部には残留要素の Leslie と Spanish が基底生成されている．(133a) から (133b) において，

---

[4] なお，Culicover and Jackendoff (2005) やインフォーマントの判断とは異なり，Neijit (1979) は，空所化の適用は島の制約に従い，空所化文の残留要素に対応する先行文中の要素は関係詞節内，副詞節内，間接疑問節内に生起できないと判断している．

これらの残留要素と対比する先行文内の Robin と French が変項 x と y にそれぞれ置き換えられた構造が，空所スロットにコピーされる．この派生においては，移動操作が一切適用されていないため，島の制約の効果は生じない．(131a, b) についても同様の分析が成り立つ．このように，(131) と (132) の空所化の用例は，本論の分析の妥当性を示す．[5]

以上，本節では，省略箇所が目的語の that 節を含む複文を先行詞に取ることができるかどうかを考察した．本論の分析によると，動詞句省略と空所化は目的語の that 節を含む複文を先行詞に取ることができるが，擬似空所化はできない事実が説明される．

2.3.4. Lobeck (1995) が指摘する「省略」の特徴

1.4 節で見たように，Lobeck (1995) は「省略」の特徴として次を挙げている．

(134) 省略 (Ellipsis)
　a. 省略は句の最後の位置に生起しうる．
　b. 省略は先行詞を含む節とは切り離された従属節内，または，等位節内に適用する．
　c. 省略は後方照応制約 (the Backwards Anaphora Constraint) に従う．
　d. 省略は句範疇に適用する．
　e. 省略は発話境界を越えて適用する．

---

[5] インフォーマントの判断によると，次の空所化文の残留要素 a novel を先行文において等位構造を形成する第二等位項内の目的語 a magazine に対応させ，省略文を Leslie ate dinner and read a novel として解釈することはできない．

(i) *Robin [ate dinner and read a magazine] that night, and Leslie a novel.

この事実は，(ii) (= (58b)) の間接疑問縮約とは異なり，空所化の適用が等位構造制約に従うことを意味するが，この違いについては今後の研究課題とする．

(ii) They persuaded Kennedy and some other senator to jointly sponsor the legislation, but I can't remember which one.

f. 省略は複合名詞制約に従わない．

(Lobeck (1995: 26))

本節では，(134) に関する動詞句省略，空所化，擬似空所化の違いについて考察する．

2.3.4.1. 省略箇所と句範疇

まずは，(134a) の特徴から考えてみよう．この特徴を示す具体例は次である（下線部分が省略箇所を示す）．

(135) a. Mary met Bill at Berkeley and Sue did ___ (*Bill at Berkeley) too.
  b. Mary met Bill and Sue ___ *(Pete).
  c. John ate an apple, but he did not ___ *(an orange).

(135a) の動詞句省略文では，動詞 met の目的語である Bill と前置詞句 at Berkeley を含む動詞句全体が省略される場合は許されるが，目的語と前置詞句を残す場合は許されない．本論の分析によると，(135a) は次の構造を持つ．

(136) Mary met Bill at Berkeley, and [$_{TP}$ Sue$_1$ did [$_{vP}$ t$_1$ v<D-F> [$_{vP}$ meet Bill at Berkeley]]] too

この構造では，vP 主要部の D-F が最大投射である vP まで浸透し，vP 全体が削除される．目的語と前置詞句は vP に含まれるので，これらの要素は必ず削除される．

他方，vP 主要部の C-F により (135a) を派生させる場合，(135a) の構造は次のようになる．

(137) Mary met Bill at Berkeley, and [$_{TP}$ Sue$_1$ did [$_{vP}$ t$_1$ [$_{v'}$ Bill [$_{v'}$ at Berkeley v<C-F> [e]]]]] too

この構造では，vP 主要部の C-F が補部に空所スロットを選択する．この場

合，C-F の接辞化のために vP 指定部には音形を伴う要素が存在する．しかし，残留要素である Bill と at Berkeley は先行文の要素と同一であり，焦点化されない．そのため，先行文内の Bill と at Berkeley を変項に置き換えることができず，適格な構造を空所スロットにコピーできない．したがって，(135a) をコピー操作により派生できない．

次に，(135c) の擬似空所化文を考えてみよう．(135a) の動詞句省略文とは異なり，(135c) の擬似空所化文では，必ず動詞 eat の後に目的語の an orange が生起しなければならない．本論の分析によると，(135c) は次の構造を持つ．

(138)　John ate an apple, but [$_{TP}$ he$_1$ did not [$_{vP}$ t$_1$ [$_{v'}$ an orange v<C-F> [e]]]]

この構造では，vP 主要部の C-F が補部に空所スロットを選択し，vP 指定部には C-F の接辞化のために音形を伴う要素として an orange が存在する．この場合，残留要素の an orange と先行文内の an apple が対比されており，an apple が変項に置き換えられる．その結果，空所スロットには [$_{vP}$ eat x] がコピーされ，x が an orange の変項として機能する．

他方，vP 主要部の C-F ではなく D-F により (135c) を派生させる場合，(135c) の構造は次のようになる．

(139)　John ate an apple, but [$_{TP}$ he$_1$ did not [$_{vP}$ t$_1$ [$_{v'}$ v<D-F> [$_{vP}$ ate an orange]]]]

この構造では，vP 主要部の D-F により目的語を含む vP 全体が削除される．しかし，an orange と同一な要素が先行文中に存在しないので，この削除操作は復元可能性条件に違反し許されない．

最後に，(135b) の空所化文を考えてみよう．(135c) の擬似空所化文と同様，(135b) の空所化文においても，動詞 met の後に目的語の Pete が生起しなければならない．本論の分析によると，空所化文は vP 主要部または CP 主要部の C-F が誘発するコピー操作により派生する．C-F が vP 主要部に基底生成された場合，(135b) は次の構造を持つ．

(140) Mary met Bill and [$_{vP}$ Sue [$_{v'}$ Pete v<C-F> [e]]]

この構造では，vP 主要部の C-F が補部に空所スロットを選択し，vP 指定部には C-F の接辞化のために音形を伴う要素が存在する．この場合，残留要素の Pete と先行文内の Bill が対比されており，Bill が変項に置き換えられる．その結果，空所スロットには [$_{vP}$ met x] がコピーされ，x が Pete の変項として機能する．また，vP 指定部に Sue のみが存在する場合は，次の構造となる．

(141) Mary met Bill and [$_{vP}$ Sue v<C-F> [e]]

この構造では，C-F の接辞化のために音形を伴う要素として vP 指定部に Sue が存在する．この場合，空所スロットにコピーされる要素は [$_{vP}$ met Bill] であり，Pete が met の目的語となる解釈はない．CP 主要部に C-F が基底生成された場合も同様の分析が当てはまる．

他方，C-F ではなく D-F により (135b) を派生させる場合を考えてみよう．D-F が vP 主要部に基底生成された場合，(135b) の構造は次のようになる．

(142) Mary met Bill and [$_{vP}$ ~~Sue~~ [$_{v'}$ ~~v<D-F>~~ [$_{vP}$ ~~met Pete~~]]]

この構造では，vP 主要部の D-F により目的語を含む vP 全体が削除される．しかし，削除される要素と同一な要素が先行文中に存在しないので，この削除操作は復元可能性条件に違反し許されない．D-F が CP 主要部に基底生成された場合も同様である．

このように，本論の分析によると，(134a) に関する動詞句省略，擬似空所化，空所化の違いは，派生の違いとして説明される．また，(134d) の句範疇の省略については，これら三つの省略には違いがないことになる．すなわち，動詞句省略は vP レベルでの省略，擬似空所化は VP レベルの省略，そして，空所化は TP，または，VP レベルの省略であり，すべて句範疇が省略されていることになる．

2.3.4.2. 従属節における適用

次に，(134b) について考えてみよう．動詞句省略文は従属節内に生起できる．

(143) a. John will eat an apple and Tom says that Mary will too.
     b. John will eat an apple because Mary will.

本論の分析によると，(143) の動詞句省略文は次の構造を持つ．

(144) a. ... and Tom said that Mary₁ will [~~vP~~ ~~t₁~~ ~~v<D-F>~~ [~~vP~~ ~~eat an apple~~]] too
     b. ... because Mary₁ will [~~vP~~ ~~t₁~~ ~~v<D-F>~~ [~~vP~~ ~~eat an apple~~]]

これらの構造では，埋め込み節内の vP 主要部に D-F が存在し，最大投射である vP 全体が PF において削除される．この構造はいかなる条件にも違反しない．そのため，(143) の動詞句省略文は許される．

では，擬似空所化文と空所化文について見てみよう．擬似空所化文は従属節に生起できるが，空所化文は従属節には生起できない (Jackendoff (1971), Koutsoudas (1971), Hudson (1976), Hankamer (1979), Wilder (1994) and Williams (1997))．

(145) a. Some had eaten mussels because others had shrimp.
     b. *Some had eaten mussels because others shrimp.
(146) a. Some had eaten mussels and she claims that others had shrimp.
     b. *Some had eaten mussels and she claims that others shrimp.
                                               (Johnson (2009: 293))

まずは，擬似空所化文の (145a) と (146a) を考えてみよう．本論の分析によると，これらの文は次の構造を持つ．

(147) a. Some had eaten mussels because [$_{TP}$ others₁ had [$_{vP}$ t₁ [$_{v'}$ shrimp v<C-F> [e]]]]

b. Some had eaten mussels and she claims that [$_{TP}$ others$_1$ had [$_{vP}$ t$_1$ [$_{v'}$ shrimp v<C-F> [e]]]]

これらの構造においては，残留要素の shrimp と対比の関係にある mussels を変項 x に置き換えた eaten x が空所スロットにコピーされる．

(148) a. Some had eaten mussels because [$_{TP}$ others$_1$ had [$_{vP}$ t$_1$ [$_{v'}$ shrimp v<C-F> [eaten x]]]]
b. Some had eaten mussels and she claims that [$_{TP}$ others$_1$ had [$_{vP}$ t$_1$ [$_{v'}$ shrimp v<C-F> [eaten x]]]]

この派生は合法的であり，(145a) と (146a) の擬似空所化文は許される．

次に，(145b) と (146b) の空所化文を考えてみよう．本論の分析の下では，これらは次の二つの構造を持つ．

(149) a. Some had eaten mussels because [$_{CP}$ others [$_{C'}$ shrimp C<C-F> [e]]]
b. Some had eaten mussels and she claims that [$_{CP}$ others [$_{C'}$ shrimp C<C-F> [e]]]

(150) a. Some had eaten mussels because [$_{vP}$ others [$_{v'}$ shrimp v<C-F> [e]]]
b. Some had eaten mussels and she claims that [$_{vP}$ others [$_{v'}$ shrimp v<C-F> [e]]]

構造 (149) では空所スロットを選択する C-F が CP 主要部に生起し，(150) では vP 主要部に生起する．これらの構造では，従属接続詞 because と補文標識 that の選択関係が満たされない．すなわち，従属接続詞と補文標識は補部に TP を選択するが，これらの補部には CP と vP が生起する．その結果，これらの構造は許されず，(145b) と (146b) は非文となる．[6]

---

[6] (146b) では補文標識 that が生起するが，生起しない場合は次の構造を持つ．

(i) *Some had eaten mussels and she claims [$_{CP}$ others [$_{C'}$ shrimp C<C-F> [e]]]

なお，空所化は比較節においても適用される．

(151) a. Robin speaks French better than Leslie, German.
   b. ?Robin thinks that it is harder to speak French than Leslie, German.
   c. ?Robin thinks that it is more fun to speak French than Leslie, German.
   d. Robin tried harder to learn French than Leslie, German.
   e. Robin no more speaks French than Leslie, German.

   (Culicover and Jackendoff (2005: 278))

これらの文は，比較を表す than が補部に CP を選択すると仮定することにより説明できる．この仮定によると，(151a) は次の構造を持つ．

(152) Robin speaks French better than [$_{CP}$ Leslie [$_{C'}$ German C<C-F> [e]]]

この構造では，Leslie と German が Robin と French とそれぞれ対比の関係にある．その結果，Robin と French を変項に置き換えた x speaks y が空所スロットにコピーされ，(151a) の空所化文は許される．

このように，空所化とは異なり，動詞句省略と擬似空所化は従属節内において適用可能であるが，両者は不定詞節において異なる振る舞いを示す．

(153) a. Maybe I should read *Ivanhoe,* but I don't have to ~~read Ivanhoe~~.
   b. I don't play chess as often as I would like to ~~play chess~~.

   (Agbayani and Zoerner (2004: 205))

(154) a. *I have to read *Lady in the Lake*, but I don't have to ~~read~~ *Ivan-

---

この構造では，動詞 claim が補部に CP を選択している．この構造が許されない理由は，次の文が許されない理由と同じであると考えられる．

   (ii) *Mary claims [$_{CP}$ John$_1$ (that) [$_{TP}$ Jane loves t$_1$]]

   hoe.
 b. *I don't play chess as often as I would like to ~~play~~ checkers.

         (Agbayani and Zoerner (2004: 206))

文 (153) と (154) の対比は，動詞句省略文は不定詞節内に生起できるが，擬似空所化文は生起できないことを示す (Levin (1979: 53))．(153) と (154) に示される動詞句省略と擬似空所化の違いは，PF 削除と LF コピーに基づく本論の分析と次の仮定により説明できる．

(155) a. 不定詞節における TP 主要部は，補部に不定詞句 (Infinitival Phrase (InfP)) を選択し，InfP 主要部には音形を持たない接辞 φ が生起する．
  b. InfP 主要部に生起した接辞 φ は vP 主要部と結合しなければならない．

この仮定によると，(153a) の動詞句省略文における不定詞節は (156) の構造を持つ．

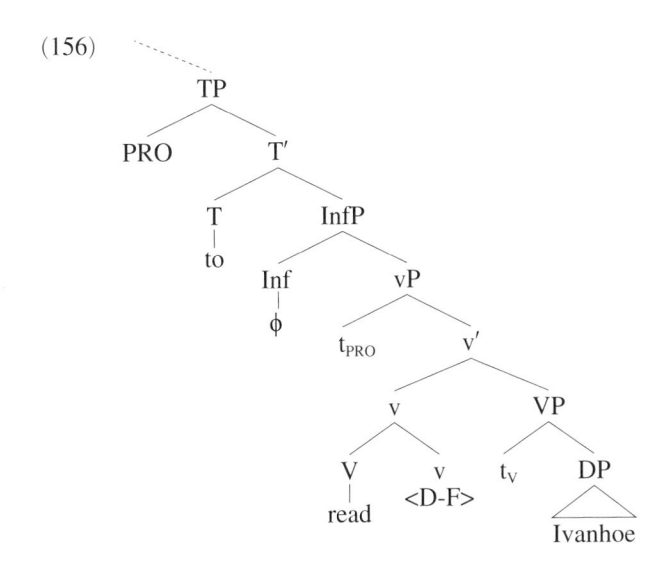

(156)

```
              TP
            /    \
          PRO     T'
                /    \
               T      InfP
               |     /    \
               to  Inf     vP
                    |    /   \
                    φ  t_PRO  v'
                            /    \
                           v      VP
                         /   \   /  \
                        V    v  t_v  DP
                        |  <D-F>     △
                       read        Ivanhoe
```

この構造に音声化が適用された後，PF において接辞 φ が vP 主要部と結合する．その結果，(156) は合法的な PF 表示に至る．

他方，(154a) の擬似空所化文における不定詞節は，(157) の構造を持つ．

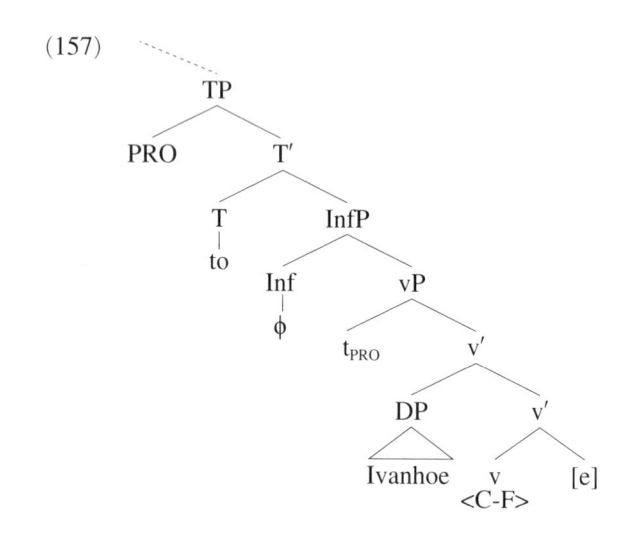

(157)

```
            TP
         /      \
       PRO       T'
              /      \
             T        InfP
             |       /    \
             to    Inf     vP
                   |      /   \
                   φ    t_PRO   v'
                               /   \
                              DP    v'
                              |    /  \
                          Ivanhoe  v   [e]
                                 <C-F>
```

この構造では，vP 主要部が C-F を持ち，vP 指定部には残留要素 Ivanhoe が生起する．(157) が音声化により PF に送られるが，接辞 φ と vP 主要部の間に残留要素が介在するため，φ と vP 主要部は隣接せず，両者は結合できない．その結果，(157) は合法的な PF 表示に至らない．

このように，不定詞節内の生起に関する動詞句省略文と擬似空所化文の違いは，両者の派生の違いとして説明できる．

2.3.4.3. 後方照応制約と複合名詞制約

次に，(134c) と (134f) の特徴について考えてみよう．(134c) の後方照応制約とは，省略が先行詞に先行できるのは，省略が従属節内に生起する場合に限られるという制約である．動詞句省略はこの制約に従い，主節に先行する従属節内に適用できる．

(158) a. After Bill did try, John tried LSD.

b. *John did ~~try~~ after Bill tried LSD.

(Sag (1976: 341))

このような後方照応制約効果は，代名詞と先行詞の関係においても見られる．

(159)　a.　After he₁ tried LSD, John₁ dropped out.
　　　b.　*He₁ dropped out after John₁ tried LSD.

(Sag (1976: 341))

代名詞と省略文は共に照応表現であるため，(158)は動詞句省略文固有の特徴ではなく，照応表現一般の特徴を示していると考えられる．

　他方，空所化文と擬似空所化文も照応表現であるにもかかわらず，両者は主節に先行する従属節内に生起できない．

(160)　空所化
　　　*Because Sue ~~ate~~ meat, John ate fish.　　(Lobeck (1995: 22))
(161)　擬似空所化
　　　*Because John did ~~interview~~ Clinton, Mary interviewed Gingrich.

(Lasnik (1999b: 202))

(160)の非文の理由は，前節でも見たように，従属接続詞 because の選択関係が満たされないためである．本論の分析によると，空所化の残留要素である Sue と meat は CP もしくは vP 指定部に存在するが，CP も vP も TP を選択する because の補部には生起できない．したがって，(160)の空所化文は許されない．

　また，(161)の擬似空所化文は派生の段階で次の構造を持つ．

(162)　Because John₁ did [_vP t₁ [_v' Clinton [_v' v<C-F> [e]]]], Mary interviewed Gingrich.

この構造において，空所スロットにコピーされる要素を形成するためには，残留要素である Clinton が主節内の Gingrich と対比されなければならない．

しかし，主節内の目的語と従属節内の目的語は，主節が従属節に先行する (163a) に比べると，従属節が主節に先行する (163b) のほうが対比されにくい．

(163) a. Fred likes eggplants, although he likes RUTABAGAS too.
  b. Although he likes RUTABAGAS too, Fred likes eggplants.

(Johnson (2001: 463))

したがって，(162) においても Clinton と Gingrich は対比されにくく，Gingrich を変項 x に置き換えた interview x を得ることが困難である．その結果，(160a) の擬似空所化文は許されない．

次に，(134f) の複合名詞制約について見てみよう．

(164) 動詞句省略
  The man who likes meat met [$_{DP}$ the woman who doesn't like meat].

(165) 空所化
  *The man who likes meat met [$_{DP}$ the woman who likes fish].

(Lobeck (1995: 25))

(166) 擬似空所化
  a. *Robin won't fascinate the children, but I believe [$_{DP}$ the claim that she will fascinate the adults].
  b. *Robin can't speak French, but she has [$_{DP}$ a friend who can speak Italian].

(Agbayani and Zoerner (2004: 207))

文 (164) が示すように動詞句省略は複合名詞制約を形成する関係詞節内で適用できるが，(165) と (166) が示すように空所化と擬似空所化は適用できない．関係詞節の繰り上げ分析を仮定すると，(164) は次の構造を持つ．

(167) … [$_{DP}$ the [$_{CP}$ woman$_1$ [$_{C'}$ who [$_{TP}$ t′$_1$ doesn't [$_{vP}$ t$_1$ [$_{v'}$ v<D-F>] [$_{VP}$ like meat]]]]]]

第 2 章　省略文の派生：コピーと削除　　　　　　　　　　　　　　89

この構造では，定冠詞 the が補部に CP を選択し，CP 主要部に who が生起する．また，woman は基底生成された vP 指定部から TP 指定部を経由し CP 指定部へ移動する．vP 主要部の D-F により vP 全体が削除されるが，この構造はいかなる条件にも違反しない．そのため，(164) の動詞句省略文は許される．

　他方，(165) の派生は次である．

(168) a.　The man who likes meat met [$_{DP}$ the [$_{CP}$ woman [$_{C'}$ who [$_{C'}$ fish [$_{C'}$ C<C-F> [e]]]]]]
　　　b.　The man who likes meat met [$_{DP}$ the [$_{CP}$ woman [$_{C'}$ who [$_{C'}$ fish [$_{C'}$ C<C-F> [x likes y]]]]]]

構造 (168a) では，定冠詞 the の補部に選択された CP の主要部に C-F が生起し，CP 指定部には woman, who, fish が生起する．また，(168b) では，残留要素のうち，woman と fish を先行詞文内の man と meat にそれぞれ対応させ，x likes y が空所スロットにコピーされる．しかしながら，この構造では，コピーされた要素内の変項 x と y は woman と fish にそれぞれ対応するが，who に対応する変項が存在しない．そのため，(168) の派生は許されず，(165) の空所化文は非文となる．

　また，(166) の擬似空所化文は次の構造を持つ．

(169) a.　Robin won't fascinate the children, but I believe the claim that she$_1$ will [$_{vP}$ t$_1$ [$_{v'}$ the adult [$_{v'}$ v<C-F> [e]]]]
　　　b.　Robin can't speak French, but she has a friend [$_{CP}$ who$_1$ [$_{TP}$ t$'_1$ can [$_{vP}$ t$_1$ [$_{v'}$ Italian [$_{v'}$ v<C-F> [e]]]]]]

これらの構造において，vP 指定部の残留要素とそれに対応する要素を先行文中から見つけ出すことは文解析上困難である．そのため，(166) の擬似空所化文は許されないと考えられる．

　なお，残留要素とそれに対応する先行文内の要素との対比関係が明確になれば，関係詞節内においても擬似空所化文の容認度が若干高まることが報告されている．

(170) a.??I believe the claim that Robin won't fascinate the children, but I don't believe the claim that she will ~~fascinate~~ the adults.
　　　b.??Robin has a friend who can speak French, but she doesn't have a friend who can ~~speak~~ Italian.

(Agbayani and Zoerner (2004: 208, note 18))

文 (170) では，等位接続詞 but で連結された二つの文が対比の関係にあり，擬似空所化による残留要素に対応する要素を先行文中から見つけ出すことが容易である．そのため，(170) のほうが (166) よりも容認度が高くなると考えられる．

2.3.4.4. 発話境界

最後に，(134e) について考えてみよう．動詞句省略と擬似空所化は，発話境界を越えて適用できる．

(171) 動詞句省略
　　　A: John caught a big fish.
　　　B: Yes, but Mary didn't ~~catch a big fish~~.

(Lobeck (1995: 25))

(172) 擬似空所化
　　　A: Is she suing the hospital?
　　　B: She is ~~suing~~ the doctor.

(Lobeck (1999: 102, note 3))

本論の分析によると，(171B) と (172B) はそれぞれ (173a, b) の構造を持つ．

(173) a. ... Mary$_1$ didn't [$_{vP}$ t$_1$ ~~v<D-F>~~ [$_{vP}$ ~~catch a big fish~~]]
　　　b. She$_1$ is [$_{vP}$ t$_1$ [$_{v'}$ the doctor [$_{v}$ v<C-F> [e]]]]

構造 (173a) では，vP 主要部の D-F により vP 全体が PF 削除されるが，先行詞は (A) の発話における動詞句である．また，(173b) では，vP 主要

部の C-F により選択された空所スロットに，残留要素の the doctor と対比される (A) の発話の the hospital を変項に置き換えた suing x がコピーされる．したがって，(B) の動詞句省略文と (B) の擬似空所化文は許される．

次に，空所化を見てみよう．Williams (1977) や Lobeck (1995) の判断によると，空所化は発話境界を越えて適用できない．

(174) A: Did Sam go to the store?
       B: *No, Bill ~~go~~ to the supermarket.

(Williams (1977: 102))

(175) A: John likes fish.
       B: *Yes, and Mary ~~likes~~ meat.

(Lobeck (1995: 25))

しかしながら，(174) のような文脈において空所化の適用を許す話者も存在する．

(176) A: Does Robin speak English?
       B: No, Leslie ~~speak~~ German.

(Culicover and Jackendoff (2005: 276))

また，次のような発話境界を越える空所化文の判断にも話者の間で判断の揺れが見られる．

(177) A: George blasted the press. He's going to pay a big price for that.
       B: And Al ~~blasted~~ the newspaper reporters. In his case, the fallout will be minimal, however.

二人のインフォーマントのうち，一人は (177B) の省略箇所を blasted として解釈できると判断し，もう一人は解釈できないと判断した．このように，発話境界を越えて空所化を適用できるかどうかについての事実は明確ではなく，この問題については今後の研究課題とする．

2.3.4.5. まとめ

　以上，本節では，Lobeck (1995) が指摘する「省略」の特徴の点から，動詞句省略，空所化，擬似空所化の違いについて考察してきた．これらの違いは次の表に纏められる．(なお，表中の番号は，それぞれの特徴を示す例文番号を表す．)

	動詞句省略	空所化	擬似空所化
省略箇所が句の最後の位置に生起できるか？	可能 (135a)	不可能 (135b)	不可能 (135c)
省略が従属節内で適用できるか？	可能 (143)	不可能 (145b, 146b)	可能 (145a, 146a)
省略が主節に先行する従属節内で適用できるか？	可能 (158)	不可能 (160)	不可能 (161)
省略が複合名詞制約に従うか？	従わない (164)	従う (165)	従う (166)

1.4 節でも述べたように，Lobeck は，動詞句省略と空所化が全く異なる振る舞いを示す事実に基づいて，空所化文を「省略文」とは見なしていない．この場合，空所化をどのように分析するのかという問題が残る．また，擬似空所化については，一切考慮していない．他方，本論の分析によると，上記の違いは，動詞句省略，空所化，擬似空所化の派生の違いとして統一的に説明できる．

2.3.5. その他の省略文

　ここまでは，間接疑問縮約文，動詞句省略文，空所化文，擬似空所化文の共通点と相違点が本論の分析の下でどのように説明されるかを見てきた．本節では，その他の省略文について考察する．

2.3.5.1. 単一要素残置

　次の省略文を見てみよう．

(178) a.　Jane loves to study rocks, and John too.

b. John studies rocks, but not Jane.

(Lobeck (1995: 27))

(179) a. Max gave flowers to Lucy, and chocolates too.

(Lappin (1996: 159))

b. John sings, and well too. (Lappin (1996: 160))

文 (178a, b) では，それぞれ John と Jane が唯一の残留要素であり，これらは先行文内の主語と対応関係にある．他方，(179a) では，残留要素の chocolates が先行文内の目的語 flowers と対応する．また，(179b) では，副詞 well が残留要素として生起している．このような省略文は，単一要素残置 (Stripping) と呼ばれる．

本論の分析によると，単一要素残置は，空所化と同様に，CP または vP 主要部に生起する C-F が駆動する LF コピー操作により派生する．例えば，C-F が CP 主要部に生起した場合，(178a) と (179a) は次の構造を持つ．

(180) a. [CP [TP Jane loves to study rocks]], and [CP John C<C-F> [e]] too

b. [CP [TP Max gave flowers to Lucy]], and [CP chocolates C<C-F> [e]] too

構造 (180a) では John と Jane が，また，(180b) では chocolates と flowers が対比の関係にある．そのため，(180a) の Jane と (180b) の flowers を変項に置き換えた先行詞 TP が空所スロットにコピーされ，次の構造が派生する．

(181) a. [CP [TP Jane loves to study rocks]], and [CP John C<C-F> [x loves to study rocks]] too

b. [CP [TP Max gave flowers to Lucy]], and [CP chocolates C<C-F> [Max gave x to Lucy]] too

構造 (181a) では x が John の変項として，また，(181b) では x が chocolates の変項として解釈される．

文 (178b) も同様に分析できる. but not は, CP を形成する that 節を補部に選択できる.

(182)　Ozzie thinks that Harriet is beautiful, but not that she is without fault.　　　　　　　　　(Culicover and Jackendoff (2005: 280))

したがって, (178b) は次の構造を持つ.

(183)　[CP [TP John studies rocks]], but not [CP Jane C<C-F> [e]]

この構造では, but not が選択する CP 主要部に C-F が生起する. Jane と John の対比関係により, 先行文の John を変項で置き換えた x studies rocks が空所スロットにコピーされる.

(184)　[CP [TP John studies rocks]], but not [CP Jane C<C-F> [x studies rocks]]

この構造では, x が Jane の変項として解釈される.
　最後に, (179b) の派生を見てみよう. (179b) は次の構造を持つ.

(185)　[CP [TP John sings]], and [CP well C<C-F> [e]] too

この構造では, and の第二等位項を形成する CP 主要部に C-F が存在し, 指定部には副詞 well が基底生成される. 第一等位項内の TP が第二等位項内の空所スロットにコピーされ, 次の LF 構造が派生する.

(186)　[CP [TP John sings]], and [CP well C<C-F> [John sings]] too

この構造において, 副詞 well がコピーされた動詞句を修飾する. また, C-F が vP 主要部に生起する場合も同様に分析できる. このように, 単一要素残置文は, CP または vP 主要部の C-F が駆動する LF コピー操作により派生する.
　本論の分析は, 単一要素残置文の特徴を捉えることができる. まず, 1.2 節でも見たように, 単一要素残置の先行詞は語用論的コントロールを許さず, 必ず言語的文脈に存在しなければならない.

(187) a. Hankamer: Listen, Ivan, he's playing the *William Tell Overture* on the recorder.
　　　　Sag: Yeah, but not very well.
　　b. [Sag plays *William Tell Overture* on recorder]
　　　　Hankamer: #Yeah, but not very well.
(Hankamer and Sag (1976: 409))

文 (187a) の単一要素残置文は次の構造を持つ.

(188)　Yeah, but not [$_{CP}$ very well C<C-F> [e]]

この構造における空所スロットには, 先行文脈に存在する he is playing the William Tell Overture on the recorder がコピーされる. 他方, 同じ構造を持つ (187b) の単一要素残置文では, 空所スロットにコピーされる要素が存在しない. したがって, 単一要素残置文は, 語用論的コントロールを許さない.

また, 単一要素残置の適用は主節に限られ, 従属節内では許されない.

(189) a. *John studied rocks even though not Jane.
　　b. *Jane loves to study rocks, and John says that geography too.
(Lobeck (1995: 27))

本論の分析によると, これらの文はそれぞれ次の二つの構造を持つ.

(190) a.　John studied rocks even though [$_{CP}$ not [$_{CP}$ Jane C<C-F> [e]]
　　b.　Jane loves to study rocks, and John says that [$_{CP}$ geography C<C-F> [e]] too
(191) a.　John studied rocks even though [$_{vP}$ not [$_{vP}$ Jane v<C-F> [e]]
　　b.　Jane loves to study rocks, and John says that [$_{vP}$ geography v<C-F> [e]] too

構造 (190) では残留要素が CP 指定部に生起し, (191) では vP 指定部に生起する. しかしながら, これらの構造は選択関係に違反する. すなわち,

従属接続詞の even though や補文標識の that は補部に TP を選択し，CP や vP を選択しない．その結果，これらの構造は許されず，単一要素残置文は従属節に生起できない．

さらに，空所化文と擬似空所化文と同様，単一要素残置文は分離先行詞を取れない．

(192) John teaches Mathematics and Mary studies Physics, but not Economics.

インフォーマントの判断によると，この文には，分離先行詞がもたらす「経済学については，John は教えていなく，また，Mary も学んでいない」という解釈がない．(192) は，「経済学については，Mary は学んでいない」と解釈される．本論の分析によると，(192) は次の構造を持つ．

(193) [TP1 John teaches Mathematics] and [TP2 Mary studies Physics], but not [CP Economics [C' C<C-F> [e]]]

この構造では，CP 主要部が C-F を持つ．残留要素の Economics と対比されるのは，近い位置にある Physics であり，より遠い位置にある Mathematics ではない．その結果，空所スロットには x studies y が LF でコピーされる．

(194) [TP1 John teaches Mathematics] and [TP2 Mary studies Physics], but not [CP Economics [C' C<C-F> [TP x studies y]]]

したがって，(192) の単一要素残置は分離先行詞の解釈を許さない．

最後に，単一要素残置は移動操作の適用に課せられる島の制約の効果を示さない．

(195) a. John enjoyed reading the articles which appeared in the *New York Times* last week, but not the *Daily Telegraph*.
　　　b. Dancing with Mary in the garden is a pleasure, but not the park.

c. John agreed to the request that he submit articles to the journal, but not book reviews.

(Lappin (1996: 161))

　これらの文では，残留要素に対応する先行文内の要素が島を形成する構成素に含まれる．すなわち，(195a) では the *Daily Telegraph* に対比される the *New York Times* が関係詞節内に，(195b) では the park に対される the garden が主語の内部に，また，(195c) では book reviews に対比される articles が同格節内に生起する．本論の分析の下では，(195a) は次の構造を持つ．

(196) [CP [TP John enjoyed reading the articles which appeared in the *New York Times* last week]], but not [CP the *Daily Telegraph* C<C-F> [e]]

　この構造において，the *New York Times* を変項に置き換えた TP 全体が空所スロットにコピーされ，次の構造が派生する．

(197) [CP [TP John enjoyed reading the articles which appeared in the *New York Times* last week]], but not [CP the *Daily Telegraph* C<C-F> [John enjoyed reading the articles which appeared in x last week]]

　この構造では，コピーされた TP 内の x が the *Daily Telegraph* の変項として解釈される．(195a) の派生において残留要素の the *Daily Telegraph* が島を形成する関係詞節内から外へ移動することはない．このように，本論の分析は (195a) が島の効果を示さない事実を説明できる．(195b, c) についても同様に分析できる．

　以上，本節では，単一要素残置が CP または vP 主要部の C-F が駆動するコピー操作により派生すると仮定し，単一要素残置文が示す四つの特徴を説明した．

2.3.5.2. 名詞句内の省略

次に，名詞句内の省略について考えてみよう．名詞句の最大投射はフェイズを形成する nP であり，nP は補部に DP を選択すると仮定する．

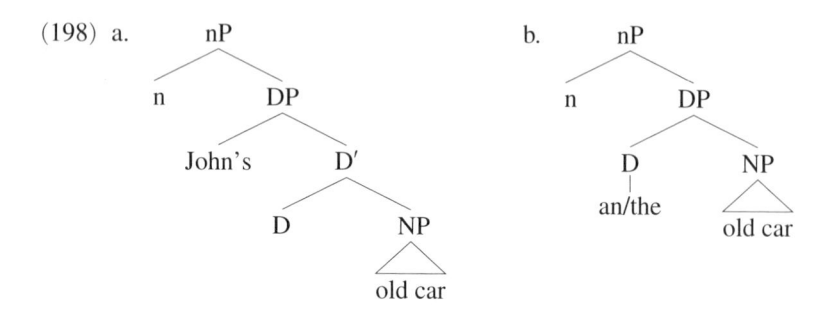

(198) a.
```
        nP
       /  \
      n    DP
         /    \
      John's   D'
              /  \
             D    NP
                  △
                old car
```
b.
```
        nP
       /  \
      n    DP
          /  \
         D    NP
       an/the  △
              old car
```

構造 (198a) では DP 指定部に所有格を持つ名詞句が生起し，(198b) では DP 主要部に冠詞が生起する．この仮定によると，フェイズ主要部である nP 主要部に D-F と C-F が基底生成される．C-F が nP 主要部に基底生成された場合，名詞句の構造は次である．

(199) John calls on [$_{nP}$ n [$_{DP}$ these students]] because he is irritated with [$_{nP}$ those [$_{n'}$ n<C-F> [e]]]

この構造では，残留要素の those が nP 指定部に基底生成され，C-F を持つ n が補部に空所スロット [e] を選択する．(199) に音声化が適用され，PF において C-F が nP 指定部の those に接辞化する．また，LF では，those と these との対比関係により，先行文内の DP 指定部に生起する these が変項に置き換えられた DP が空所スロットにコピーされる．

(200) John calls on [$_{nP}$ n [$_{DP}$ these students]] because he is irritated with [$_{nP}$ those [$_{n'}$ n<C-F> [x students]]]

この構造では，コピーされた要素内の x が those の変項として解釈される．

他方，D-F が nP 主要部に基底生成された場合，名詞句の構造は次である．

(201) *John calls on [nP n [DP these students]] because he is irritated with [nP n<D-F> [DP those students]]

この構造では，DP 指定部の those を含む nP 全体が削除される．しかしながら，those は先行文中には存在せず，この削除操作は復元可能性条件に違反する．このように，名詞句内の省略は，フェイズを形成する nP 主要部の C-F が誘発する LF コピー操作により派生される．

本論の分析は，次のような名詞句内の省略現象も説明できる．

(202) a. Bill's story about Sue and Max's about Kathy both amazed me.
 b. I bought three quarts of wine and two of Clorox.
 c. Scientists at the South Hanoi Institute of Technology have succeeded in raising one dog with five legs, another with a cow's liver, and a third with no head.

(Jackendoff (1971: 27-28))

これらの文においては，二つの句が名詞句内の省略の残留要素として存在する．例えば，(202a) では，名詞句内の主要部である story が省略され，Max's と about Kathy の二つが残留要素である．本論の分析によると，(202a) は次の構造を持つ．

(203) [nP n [DP Bill's story about Sue]] and [nP Max's [n' about Kathy n<C-F> [e]]] both amazed me

この構造では，Max's と about Kathy が nP 指定部に基底生成される．Max's と Bill's，about Kathy と about Sue がそれぞれ対比関係にあることにより，Bill's と about Sue を変項に置き換えた DP が空所スロットにコピーされる．

(204) [nP n [DP Bill's story about Sue]] and [nP Max's [n' about Kathy n<C-F> [x story y]]] both amazed me

この構造では，コピーされた要素内の x と y がそれぞれ Max's と about Kathy の変項として解釈される．(202b, c) についても同様の分析が成り立つ．[7]

また，本論の分析は，次の名詞句内の省略が許されない事実も説明できる．

(205) a. *A single protester attended the rally because the ~~protester~~ apparently felt it was important.
b. *Mary toyed with the idea of buying a windsurfer, then decided she didn't want a ~~windsurfer~~ after all.

(Lobeck (1995:44))

非文 (205) では，不定冠詞と定冠詞が名詞句内の残留要素である．本論の分析によると，これらは次の構造を持つ．

(206) a. A single protester attended the rally because [$_{nP}$ [$_{n'}$ the <C-F>] [e]] apparently felt it was important
b. Mary toyed with the idea of buying a windsurfer, then decided she didn't want [$_{nP}$ [$_{n'}$ a <C-F>] [e]] after all

これらの構造では，冠詞が nP 主要部に基底生成されている．そのため，C-F が接辞化できる用素が nP 指定部に存在せず，これらの構造は許されない．

なお，本論の分析の下では，主語と目的語の名詞句全体を省略することも

---

[7] 名詞句内の省略の残留要素の数が語用論的コントロールの可否に影響を及ぼすことが報告されている．

(i) [John brings a cup of tea for himself and a cup of coffee for Mary]
Do you want sugar in yours＿？
(ii) [Looking at the dogs running in the garden]
#I'd like to see yours＿ with three legs.　　　(今西・浅野 (1990: 217))

括弧内で示した文脈を受けて，(i) の省略箇所を cup of coffee として解釈できるが，(ii) の省略箇所を dog として解釈できない．この違いについては，今後の研究課題とする．

許されない.

(207) a. *John likes the book, but Mary does not like ~~the book~~.
b. *John likes Mary's teacher, but ~~Mary's teacher~~ does not like John.

これらの省略が許されないのは，PF 削除操作を引き起こす D-F が (208)(=(7)) の条件に違反するためである．

(208) 最大投射まで投射した D-F は，機能範疇の補部に生起しなければならない．

本論の分析によると，(207a, b) は次の構造を持つ．

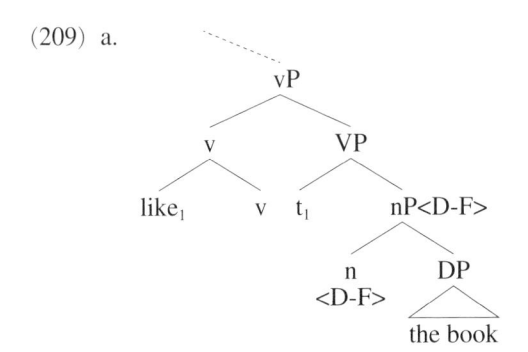

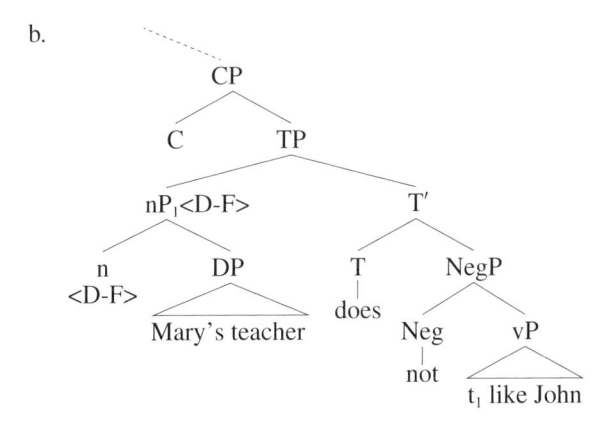

(209) a.

```
            vP
           /  \
          v    VP
         / \   / \
      like₁ v t₁  nP<D-F>
                  /    \
                 n      DP
               <D-F>    /\
                     the book
```

b.

```
                    CP
                   /  \
                  C    TP
                      /  \
              nP₁<D-F>   T'
               /  \      /  \
              n   DP    T    NegP
            <D-F>  |   does   /  \
              Mary's teacher Neg  vP
                             |    /\
                            not  t₁ like John
```

構造 (209a) では，投射した D-F が語彙範疇 VP の補部に生起し，また，(209b) では，機能範疇 TP の指定部に生起する．その結果，これらの構造における D-F は (7) の認可条件に違反し，(207) の省略は許されない．

以上，本節では，名詞句内の省略は nP 主要部の C-F が駆動するコピー操作により派生することを論じた．

2.4. 他の分析の検討

前節まで，間接疑問縮約文，空所化文，擬似空所化文が LF コピーにより派生することを論じてきた．本節では，間接疑問縮約文と擬似空所化文を PF 削除，また，空所化文を移動により派生させる分析の経験的妥当性を検討する．

2.4.1. 間接疑問縮約文の削除分析：Merchant (2001)

Merchant (2001) は，i) ドイツ語等における格の一致現象と ii) 英語とドイツ語に見られる前置詞残留に関する違いに基づいて，間接疑問縮約文は PF 削除操作により派生すると主張している．

まずは，格の一致現象に基づく議論について検討しよう．ドイツ語における間接疑問縮約文の疑問詞の格は対応する名詞句の格と一致しなければならない (Ross (1969))．

(210) a. Er will jemandem   schmeicheln,
         he wants someone.DAT flatter
         aber sie wissen nicht, {*wen   / wem}.
         but they know   not   who.ACC who.DAT
         'He wants to flatter someone, but they don't know who.'
    b. Er will jemanden   loben,
         he wants someone.ACC praise
         aber sie wissen nicht, {wen   /*wem}.
         but they know   not   who.ACC who.DAT

'He wants to praise someone, but they don't know who.'

(Merchant (2001: 89))

同様の対比が，省略が起きていない間接疑問文においても見られる．

(211) a. Sie wissen nicht, {*wen　　　/wem}
　　　　they know not　　 who.ACC　who.DAT
　　　　er schmeicheln will
　　　　he flatter　　　 wants.
　　　　'They don't know who he wants to flatter.'
　　b. Sie wissen nicht, {wen　　　/*wem}
　　　　they know not　　 who.ACC　who.DAT
　　　　er loben will.
　　　　he praise wants.
　　　　'They don't know who he wants to praise.'

(Merchant (2001: 90))

　Merchant (2001) は，(210) の現象を間接疑問縮約文の PF 削除分析により説明する．Merchant によると，(210a) の間接疑問縮約文は次の構造を持つ．

(212)　… aber sie wissen nicht, [$_{CP}$ wem$_1$ [$_{TP}$ er will t$_1$ schmeicheln]]

この構造では，疑問詞の wem が動詞 schmeicheln の目的語位置から CP 指定部に移動し，PF において TP が削除される．基底生成された目的語位置において動詞 schmeicheln から与格を付与されるため，残留要素の疑問詞は wem として具現化する．したがって，間接疑問縮約文を wh 移動と PF 削除により派生させる分析によると，(210a) の現象を (211a) の間接疑問文と同様に説明できる．このように，疑問詞の格の一致現象に基づいて，Merchant は間接疑問縮約文を PF 削除により派生させる分析の妥当性を主張している．

　他方，間接疑問縮約文を LF コピー操作により派生される本論の分析で

は，(210) の現象をコピー操作後の LF 構造に課せられる認可条件により説明する．本論の分析によると，(210a) はコピー操作後において次の LF 構造を持つ．

(213) a. [$_{TP}$ Er will jemandem schmeicheln], aber sie wissen nicht, [$_{CP}$ wem$_1$ C<C-F> [$_{TP}$ Er will jemandem schmeicheln]]
     b. *[$_{TP}$ Er will jemandem schmeicheln], aber sie wissen nicht, [$_{CP}$ wen$_1$ C<C-F> [$_{TP}$ Er will jemandem schmeicheln]]

構造 (213a) において，不定名詞句 jemandem と疑問詞 wem は共に同じ与格を持つので，jemandem は wem の変項となる．一方，(213b) では，不定名詞句 jemandem が与格を持ち，疑問詞 wen は対格を持つ．その結果，jemandem は wen の変項になれない．したがって，(213a) の LF 表示は適格であるが，(213b) は不適格であり許されない．(210b) についても同様に分析できる．このように，間接疑問縮約文を LF コピー操作により派生させる本論の分析においても，(210) のような疑問詞の格の一致現象を説明できる．そのため，この現象は間接疑問縮約文の PF 削除分析を支持する強い証拠とは考えられない．

　次に，英語とドイツ語の間接疑問縮約文に見られる前置詞残留に関する違いについて検討しよう．

(214) Peter was talking with someone, but I don't know (with) who.
(Merchant (2001: 92))
(215) Anna hat mit jemandem gesprochen, aber ich weiß nicht,
     Anna has with someone spoken   but I know not
  *(mit) wem.
    with who
  'Anna has spoken with someone, but I don't know who.'
(Merchant (2001: 94))

文 (214) における残留要素の who は先行文中の with の目的語 someone に対応する．この場合，who は with と共に生起するか，または，単独で生

起する．このように，英語の前置詞は随意的に間接疑問縮約文の残留要素になる．他方，(214) に対応するドイツ語の (215) では，wem が単独で生起できず，必ず mit も共起しなければならない．そのため，ドイツ語の前置詞は義務的に間接疑問縮約文の残留要素になる．

　Merchant は，英語とドイツ語に見られる (214) と (215) の対比を，間接疑問縮約文の PF 削除分析により説明する．削除分析によると，これらの間接疑問縮約文は，疑問詞が単独で生起した場合，次の構造を持つ．

(216) a.　... I don't know [$_{CP}$ who$_1$ [$_{TP}$ ~~he was talking with t$_1$~~]]
　　　b.　... ich weiß nicht, [$_{CP}$ wem$_1$ [$_{TP}$ ~~ha sie mit t$_1$ gesprochen~~]]

これらの構造では疑問詞が前置詞の目的語位置から CP 指定部に移動している．このような wh 移動は，英語では許されるが，ドイツ語では許されない．

(217) a.　Who$_1$ was he talking with t$_1$?　　　(Merchant (2001: 92))
　　　b.　*Wem$_1$ hat sie mit t$_1$ gesprochen?
　　　　　who　has she with　spoken
　　　　　'Who has she spoken with?'　　　(Merchant (2001: 94))

このように，削除分析の下では，間接疑問縮約文に関する (214) と (215) の対比は wh 移動に関する (217a, b) の対比に還元される．なお，Merchant によると，間接疑問縮約文において前置詞の目的語が単独で残留でき，また，wh 移動において前置詞残留を許す言語には，英語以外に，フリジア語，スウェーデン語，ノルウェー語，デンマーク語，アイスランド語がある．他方，間接疑問縮約文において前置詞の目的語が単独で残留できず，また wh 移動において前置詞残留を許さない言語には，ドイツ語以外に，ギリシア語，フランス語，イタリア語，ロシア語等々がある．[8] 以上の点より，

---

[8] なお，この一般化に反し，間接疑問縮約文において前置詞の目的語が単独で残留できるが，wh 移動において前置詞残留を許さない言語として，ブラジルポルトガル語とインド

Merchant は，間接疑問縮約文は PF 削除操作により派生すると結論づけている．

他方，間接疑問縮約文をコピー操作により派生する分析の下では，(214) と (215) の対比は次の条件により説明される．

(218) 意味解釈部門において先行文よりコピーされた TP 内の要素 B が，CP 指定部に基底生成された疑問詞 W の変項として機能できるのは，B と W が同じ統語範疇の場合に限られる．

この条件によると，名詞句の疑問詞は名詞句の変項を必要とし，前置詞句の疑問詞は前置詞句の変項を必要とする．また，素性の投射に関して次を仮定する．

(219) 名詞句 DP が前置詞 P に選択された場合，DP の持つ wh と不定性を示す素性が P を通じて前置詞句 PP に投射される．

前置詞による素性の投射は各言語により異なり，ドイツ語では義務的に投射されるのに対し，英語では随意的に投射されると仮定しよう．この仮定により，(217) における英語とドイツ語の違いが説明される．ドイツ語においては，前置詞の目的語が疑問詞の場合，疑問詞の wh 素性が義務的に前置詞句まで投射される．その結果，wh 移動が適用されるのは，目的語ではなく，前置詞句全体であり，(217b) の wh 移動は許されない．一方，英語の場合，wh 素性の前置詞までの投射は随意的であり，投射されない場合は，wh 素性を持つ目的語が単独で移動する．そのため，(217a) の wh 移動は許される．

次に，(214) と (215) の対比について考えてみよう．(215) における jemandem が持つ不定性素性は前置詞 mit を通して前置詞句に義務的に投射する．不定性素性を持つ要素が疑問詞の変項として機能するため，(215) における変項の候補は名詞句ではなく前置詞句である．しかし，(218) による

ネシア語が存在することが Aleida and Yoshida (2007) と Sato (2008) でそれぞれ報告されている．

と，前置詞句 mit jemandem は名詞句である疑問詞 wem の変項になれず，(215) は許されない．一方，英語における前置詞句への素性の投射は随意的であるため，(214) における someone の不定性素性が with を通して前置詞句まで投射せず，名詞句に留まることが許される．someone の不定性素性が名詞句に留まる場合，名詞句 someone が名詞句である疑問詞 who の変項として機能するため，(218) には違反しない．このように，間接疑問縮約文をコピー操作により派生する本論文の分析の下では，英語とドイツ語に見られる (214) と (215) の対比は (218) と (219) により説明される．

さらに，(218) と (219) を仮定することにより，次の対比も説明できる．

(220) a.　Joan ate dinner but I don't know with whom.
　　　　　　　　　　　　　　　(Chung, Ladusaw and McCloskey (1995: 246))
　　　 b.　*Joan ate dinner but I don't know who.
　　　　　　　　　　　　　　　(Chung, Ladusaw and McCloskey (1995: 247))
(221) a.　She served the soup, but I don't know to whom.
　　　 b.　*She served the soup, but I don't know who.
　　　　　　　　　　　　　　　(Chung, Ladusaw and McCloskey (1995: 248))

LF において (220) の先行文を空のスロットにコピーする際に，前置詞句のスプラウトは許されるが，名詞句のスプラウトは許されない．なぜなら，動詞 eat の後に名詞句と前置詞句が共起する文は許されるが，二つの名詞句が共起する文は許されないためである．

(222) a.　Joan ate dinner with Bill.
　　　 b.　*Joan ate dinner Bill.

したがって，LF コピー操作の適用後，(220) は次の構造を持つ．

(223) a.　Joan ate dinner but I don't know [$_{CP}$ with whom [$_{TP}$ Joan ate dinner PP]]
　　　 b.　*Joan ate dinner but I don't know [$_{CP}$ who [$_{TP}$ Joan ate dinner PP]]

条件 (219) によると，(223a) の with whom はコピーされた PP を変項とすることができるが，(223b) の who は PP を変項とすることができない．その結果，(220a) のみが許される．

　対比 (221) についても同様な分析ができる．動詞 serve には次の用法がある．

(224) a.　Mary served the soup to Tom.
　　　b.　Mary served Tom the soup.

文 (224a) では，serve される物が名詞句として，また，serve される人が前置詞句として生起する．一方，(224b) では，serve される物と人が共に名詞句として生起する．(221) の先行文は (224a) の用法であり，LF コピーされる際にスプラウトされるのは前置詞句のみである．その結果，コピー操作の適用後，(221) は次の構造を持つ．

(225) a.　She served the soup, but I don't know [$_{CP}$ to whom [$_{TP}$ she served the soup PP]]
　　　b. *She served the soup, but I don't know [$_{CP}$ who [$_{TP}$ she served the soup PP]]

条件 (218) の下，(225a) の to whom は PP を変項とすることができるが，(225b) の who はできない．したがって，(221a) は許されるが，(221b) は許されない．このように，(218) と (219) を仮定する本論の分析は，(220) と (221) における対比を説明できる．

　一方，間接疑問縮約文を PF 削除により派生する Merchant の分析の下では，(220) と (221) は次の構造を持つ．

(226) a.　[$_{TP}$ Joan ate dinner] but I don't know [$_{CP}$ with whom$_1$ [$_{TP}$ ~~Joan ate dinner t$_1$~~]]
　　　b. *[$_{TP}$ Joan ate dinner] but I don't know [$_{CP}$ who$_1$ [$_{TP}$ ~~Joan ate dinner with t$_1$~~]]

(227) a. [_TP She served the soup], but I don't know [_CP to whom₁ [~~TP~~ ~~she served the soup t₁~~]]

b. *[_TP She served the soup], but I don't know [_CP who₁ [~~TP~~ ~~she served the soup to t₁~~]]

　これらの構造において，削除される TP には痕跡（t₁）が含まれるが，先行詞の TP には含まれない．そのため，削除される TP と先行詞となる TP は同一構造を持たない．その結果，構造の同一性に基づく PF 削除分析を仮定する場合，これらの構造はすべて許されないはずである．他方，先行詞と省略された TP の間には意味に基づく同一性が成立するため，(226a) と (227a) における削除が許されると仮定しよう．この場合，(226b) と (227b) にも同様に意味の同一性が成立する．その結果，これらの文における削除も許されるはずである．しかし，実際は許されない．したがって，意味の同一性に基づく PF 削除分析の下でも，(220) と (221) における対比は説明されない．

　このように，(214) と (215) に見られる英語とドイツ語における間接疑問縮約の違いは，(220) と (221) を説明するために独立に必要となる (218) と (219) の仮定により説明される．その結果，Merchant の主張とは異なり，両言語に見られるこのような違いは，間接疑問縮約文が PF 削除操作により派生することを支持する強い証拠とは考えられない．

2.4.2. 擬似空所化文の削除分析：Jayaseelan (1990) と Lasnik (1999a)

　Jayaseelan (1990) と Lasnik (1999a) は，擬似空所化文を移動と PF 削除により派生させる分析を提案している．それぞれの分析で仮定されている移動操作は異なるが，両者共に PF 削除を仮定している点では同じである．

2.4.2.1. Jayaseelan (1990) の重名詞句移動分析

　まずは，Jayaseelan (1990) の分析を検討してみよう．Jayaseelan は，擬似空所化文における主語以外の残留要素が動詞句内より重名詞句移動により動詞句 VP の外に移動し，その後の PF において VP が削除されるという

分析を提案している．重名詞句移動とは，重い名詞句を VP に右方付加する移動操作である．

(228) John [$_{VP}$ [$_{VP}$ brought t$_1$ into the room] [the man who was being interrogated]$_1$].

この分析によると，(229a) の擬似空所化文は (229b) の構造を持つ．

(229) a. John will select me, and Mary will you.
　　　 b. John will select me, and Mary will [$_{VP}$ [$_{VP}$ select t$_1$] you$_1$]

Jayaseelan は，重名詞句移動を仮定することにより，擬似空所化に見られる前置詞残留に関する次の事実を説明している．

(230) a. You can't count on a stranger; but you can count on a friend.
　　　 b. You can't count on a stranger; but you can on a friend.
　　　 c. *You can't count on a stranger; but you can a friend.

(Jayaseelan (1990: 66))

文 (230a) に対応する擬似空所化文が (230b, c) である．これらのうちで，助動詞 can の後に前置詞句 on a friend が残る (230b) は許されるが，前置詞の目的語 a friend のみが残る (230c) は許されない．Jayaseelan の分析の下では，(230b, c) は次の構造を持つ．

(231) a. You can't count on a stranger, but you can [$_{VP}$ [$_{VP}$ count t$_1$] [$_{PP}$ on a friend]$_1$]
　　　 b. *You can't count on a stranger, but you can [$_{VP}$ [$_{VP}$ count [$_{PP}$ on t$_1$]] [$_{NP}$ a friend]$_1$]

構造 (231a) では前置詞句 on a friend が，VP に付加移動している．また，(231b) では前置詞の目的語 a friend が重名詞句移動により VP に付加移動している．これらの移動操作のうち，(231a) の移動は許されるが，(231b) の重名詞句移動は許されない．なぜなら，前置詞句全体を右側に移動できるが，前置詞句内の目的語に重名詞句移動を適用できないからである．

(232) a.　John counted on a total stranger for support.
　　　b.　John counted for support on a total stranger.
　　　c. *John counted on for support a total stranger.

(Jayaseelan (1990: 66))

このように，Jayaseelan は，擬似空所化文を重名詞句移動と PF 削除により派生させる分析を支持する証拠として，(230) の現象を挙げている．

しかし，Lasnik (1999a) が指摘するように，擬似空所化と重名詞句移動は必ずしも一致しない．次の例文を見てみよう．

(233) a. ?John gave Bill a lot of money, and Mary will Susan.
　　　b. *John gave t₁ a lot of money [the fund for the preservation of VOS languages]₁.

(Lasnik (1999a: 153-154))

文 (233a) は，二重目的語構文の間接目的語が擬似空所化文の残留要素となることを示している．Jayaseelan の分析によると，擬似空所化文の残留要素は重名詞句移動により動詞句に付加移動するので，二重目的語構文の間接目的語が重名詞句移動の適用を受けることができると予想される．しかし，(233b) の非文が示すように，二重目的語構文の間接目的語は重名詞句移動により文末に移動できない．また，次の文も Jayaseelan の分析にとって問題となる．

(234) a.　John will select me, and Bill will you.
　　　b. ?*Bill will select t₁ tomorrow you₁.

(Lasnik (1999a: 155))

文 (234a) では代名詞 you が擬似空所化文の残留要素であるが，(234b) の非文が示すように，you は重名詞句移動を受けることができない．

さらに，擬似空所化文の残留要素と重名詞句移動により移動した要素は対比の強勢の点においても異なる．

(235) Speaker A: Is she suing the hospital that bungled the operation?
Speaker B: Yes, she is suing t₁ in federal court [the hospital that bungled the operation]₁.

(Lasnik (1999a: 154))

文 (235) の話者 B の発話における重名詞句移動を受けた the hospital that bungled the operation は, 話者 A の発話内の要素と同じである. このことは, 重名詞句移動を受けた要素は, 前の文脈に出てきた要素と必ずしも対比の関係にあるわけではないことを示している. 一方, 擬似空所化文の残留要素は, 前の文脈に出てきた要素と必ず対比の関係にある.

(236) Speaker A: Is she suing the hospital that bungled the operation?
Speaker B: *Yes, she is suing the hospital that bungled the operation.

(Lasnik (1999a: 155))

文 (236) の話者 B の発話における擬似空所化文の残留要素 the hospital that bungled the operation は, 話者 A の発話内の要素と同じであり, 両者は対比の関係にない. その結果, (236) における擬似空所化文は許されない. このように擬似空所化と重名詞句移動は様々な点で異なる特徴を示し, 擬似空所化文を重名詞句移動により派生させる Jayaseelan の分析には問題がある.

2.4.2.2. Lasnik (1999a) の Agr 分析

次に, Lasnik (1999a) の分析を検討しよう. Lasnik は, Jayaseelan (1990) と同様に, 擬似空所化文を残留要素の移動と PF 削除により派生させる分析を提案している. しかし, 残留要素は重名詞句移動とは異なる移動操作により動詞句を抜け出る. Lasnik の分析によると, (237) の第一文は (238) の構造を持つ.

(237) John will select me, and Mary will you.

(238)

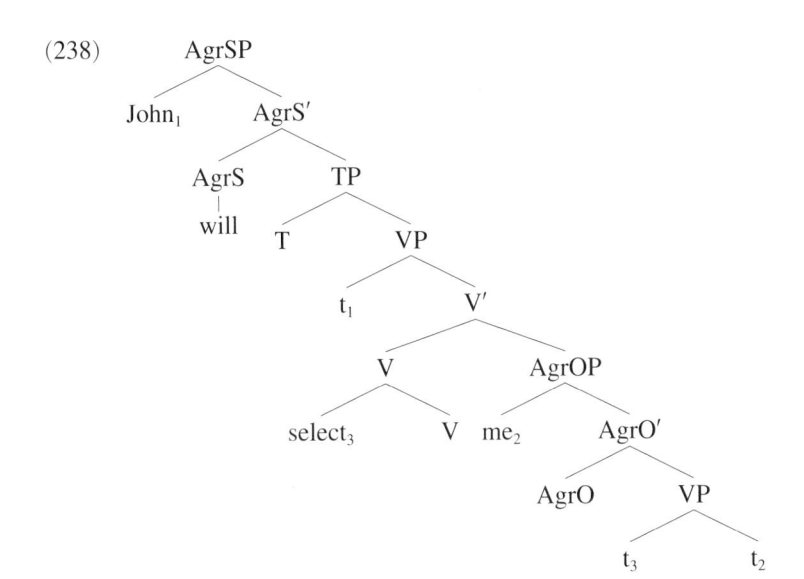

```
         AgrSP
        /     \
    John₁    AgrS′
            /     \
         AgrS      TP
          |       /  \
         will    T    VP
                    /    \
                   t₁     V′
                        /    \
                       V     AgrOP
                      /   \  /      \
                 select₃  V me₂    AgrO′
                                  /      \
                                AgrO      VP
                                         /  \
                                        t₃   t₂
```

構造 (238) において，主語が基底生成される動詞句と目的語が基底生成される動詞句の間に目的語を認可する機能範疇 AgrOP が介在する (Koizumi (1995))．目的語 me は動詞の補部から AgrOP 指定部に移動することにより，動詞より対格が付与される．一方，主語 John は上位の動詞句の指定部から主語を認可する機能範疇 AgrSP に移動する．また，動詞 select は基底生成された位置から AgrOP 主要部を経由して上位の動詞句 VP 主要部に移動する．これに対し，(237) の擬似空所化文は次の構造を持つ．

(239)

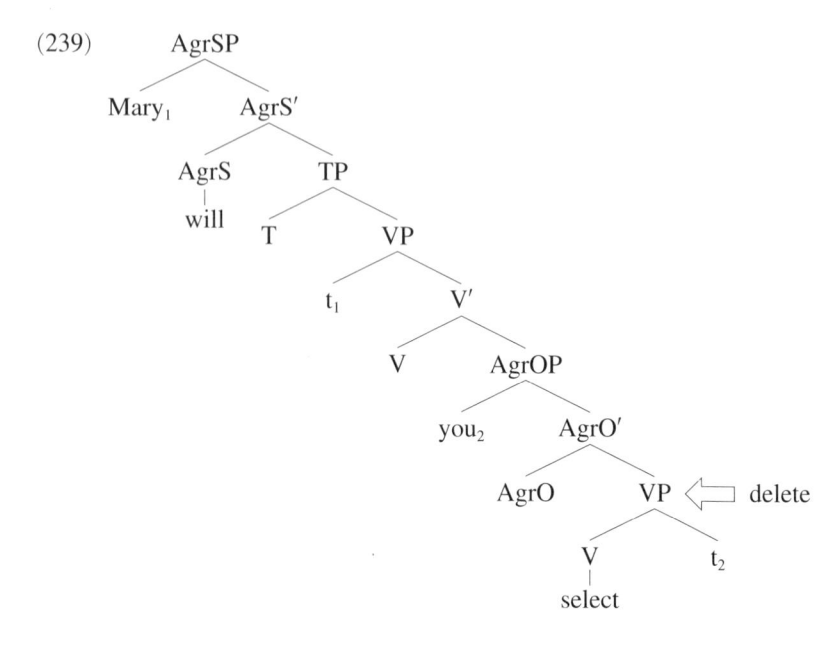

```
         AgrSP
        /      \
    Mary₁     AgrS'
             /      \
          AgrS       TP
           |        /  \
          will     T    VP
                       /  \
                      t₁   V'
                          /  \
                         V   AgrOP
                            /     \
                         you₂     AgrO'
                                 /      \
                              AgrO       VP  ⇐ delete
                                        /  \
                                       V    t₂
                                       |
                                    select
```

構造（239）では，主語 Mary と目的語 you が基底生成された位置よりそれぞれ AgrSP と AgrOP の指定部に移動しているが，動詞 select が基底生成された下位の動詞句に止まる．動詞を含む下位の動詞句に対して削除操作が適用され，(237) の擬似空所化文が派生する．このように，Lasnik は，残留要素が AgrOP 指定部に移動し，その後，下位の動詞句が PF で削除されることにより，擬似空所化文を派生させる分析を提案している．

　この分析は，重名詞句移動を受けない名詞句が残留要素となる（233a）と（234a）の擬似空所化文を派生できる．さらに，Lasnik は，AgrOP 分析を支持する証拠として次の事実を挙げている．

(240) a.　John spoke to Bill and Mary should Susan.
　　　b.　John talked about linguistics and Mary will philosophy.
　　　c. *John swam beside Bill and Mary did Susan.
　　　d. *John stood near Bill and Mary should Susan.

(Lasnik (1999a: 158))

文 (240a, b) では前置詞の目的語が擬似空所化文の残留要素になれるが，(240c, d) では前置詞の目的語が擬似空所化文の残留要素になれない．Lasnik は，この違いを下記の擬似受動化 (pseudopassivization) の適用の可否と関連付けている．

(241) a. Bill₁ was spoken to t₁ by John.
　　　b. Linguistics₁ was talked about t₁ by John.
　　　c. *Bill₁ was swum beside t₁ by John
　　　d. *Bill₁ was stood near t₁ by John.

(Lasnik (1999a: 158))

擬似受動文が許される (241a, b) では，動詞と前置詞が一つの他動詞として再分析 (reanalysis) される．そのため，これらの受動文に対応する (241a, b) の擬似空所化文では，残留要素が再分析された他動詞の目的語であり，AgrOP 指定部に移動できる．他方，受動文が許されない (241c, d) では，動詞と前置詞が再分析されない．その結果，これらの受動文に対応する (240c, d) では，残留要素が動詞の目的語を認可する位置である AgrOP 指定部に移動できない．このように，Lasnik は，前置詞の目的語に関する (240) の事実を説明している．

しかしながら，擬似空所化文と擬似受動文の対応関係は，Lasnik が主張するほど明確なものではないと思われる．(240) の残留要素の主語を先行文の主語を指す代名詞に換え，また，肯定の先行文と否定の省略文を接続詞 but で連結した次の用例を見てみよう．

(242) a. John spoke to Susan, but he didn't Mary.
　　　b. John talked about linguistics, but he didn't philosophy.
　　　c. John swam beside Mary, but he didn't Susan.
　　　d. John stood near Mary, but he didn't Susan.

インフォーマントの判断によると，(242a, b) と (242c, d) の間には違いはなく，これらすべての擬似空所化文は許される．

また，Lasnik の分析には少なくとも二つの経験的問題がある．第一に，

擬似空所化文の残留要素に見られる対比の強勢に関する事実を説明できない．(236) が示すように，擬似空所化文の残留要素は前の文脈に出てきた要素と必ず対比の関係になければならない．しかし，残留要素がなぜこのような特徴を持つのかが Lasnik の分析の下では不明である．

第二に，次のような用例が Lasnik の分析にとって問題になると思われる．

(243) a. Although John wouldn't complain that he's angry, he would that he's tired.
  b. Although I wouldn't prefer for Sally to leave, I would for her to be quiet.

(Baltin (2003: 225, note 6))

文 (243a) では that 節，また，(243b) では意味上の主語を含む不定詞節が残留要素であり，どちらも省略された動詞の目的語である．Lasnik の分析によると，これらの擬似空所化文を派生させるためには，that 節と不定詞節が動詞の補部より AgrOP 指定部に移動しなければならないが，このような移動操作は疑わしい．

他方，Lasnik の分析にとって問題となる (236) と (243) の用例は，本論の分析の下では次のように説明される．まず，本論の分析によると，(236) の構造は次である．

(244) Yes, she is [$_{vP}$ the hospital that bungled the operation [$_{v'}$ v<C-F> [e]]]

この構造では，vP 主要部がコピー素性を持ち，指定部には残留要素の the hospital that bungled the operation が生起している．空所スロットにコピーされるべき要素は，先行文内の the hospital that bungled the operation を変項 x に置き換えた suing x である．しかしながら，残留要素は先行文内の要素と対比の関係にないため，コピーされるべき要素を先行文から形成できない．その結果，(244) の擬似空所化文は許されない．

また，本論の分析によると，(243) は次の構造を持つ．

(245) a. Although John wouldn't complain [$_{CP}$ that he's angry], he would [$_{vP}$ [$_{CP}$ that he's tired] [$_{v'}$ v<C-F> [e]]]
   b. Although I wouldn't prefer [$_{CP}$ for Sally to leave], I would [$_{vP}$ [$_{CP}$ for her to be quiet] [$_{v'}$ v<C-F> [e]]]

これらの構造では，残留要素の CP が vP 指定部に基底生成されている．(245a) では，tired と angry が対比されることにより，これらを含む CP 全体が対比の関係にある．その結果，先行文中の CP を変項 x に置き換えた complain x が LF において空所スロットにコピーされ，残留要素の CP がコピーされた変項を束縛する．したがって，(245a) の構造から適格な LF 表示に至り，(243a) の擬似空所化文は許される．(243b) の擬似空所化文の構造である (245b) についても同様の分析が成り立つ．

このように，本論の分析は，Lasnik の分析にとって問題となる (236) と (243) の擬似空所化文の用例を説明できる．

2.4.3. 空所化文の移動分析：Johnson (1994, 2009) と Winkler (2005)
2.4.3.1. Johnson (1994, 2009) の全域的移動分析

Johnson (1994, 2009) は，空所化文を移動により派生させる分析を提案している．この分析によると，(246) の空所化文は (247) の構造を持つ．

(246) Some will eat beans and others rice.

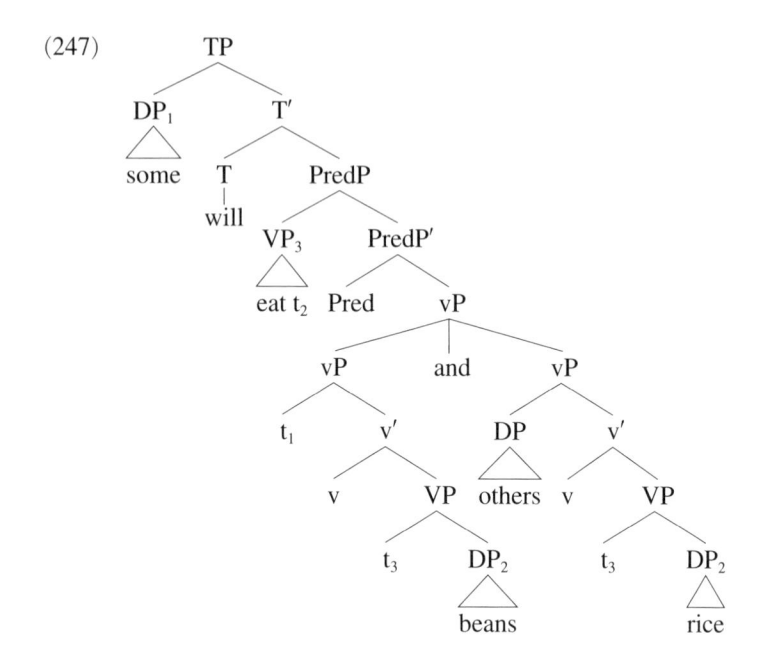

(247)
```
              TP
           /     \
         DP₁      T'
         /\      /  \
       some    T    PredP
              |    /     \
             will VP₃    PredP'
                  /\    /      \
                eat t₂ Pred    vP
                             /  |  \
                           vP  and  vP
                          /  \     /  \
                         t₁   v'  DP   v'
                             / \  /\   / \
                            v  VP others v  VP
                              /  \        /  \
                             t₃  DP₂     t₃  DP₂
                                  /\         /\
                                beans       rice
```

構造 (247) において，等位接続詞 and は動詞句 vP を連結し，それぞれの等位項内で目的語 DP₂ が VP に付加移動する．目的語の痕跡と動詞 eat を含む動詞句 VP₃ が移動操作の全域的適用によりそれぞれの等位項内から述語を認可する機能範疇投射 PredP の指定部に繰り上がる．さらに，TP 指定部には，第一等位項の主語である some が移動する．これらの移動操作の結果，(246) の語順が派生する．また，この分析によると，(248) の空所化文の構造は (249) である．

(248) Some will eat poi for breakfast and others for lunch.

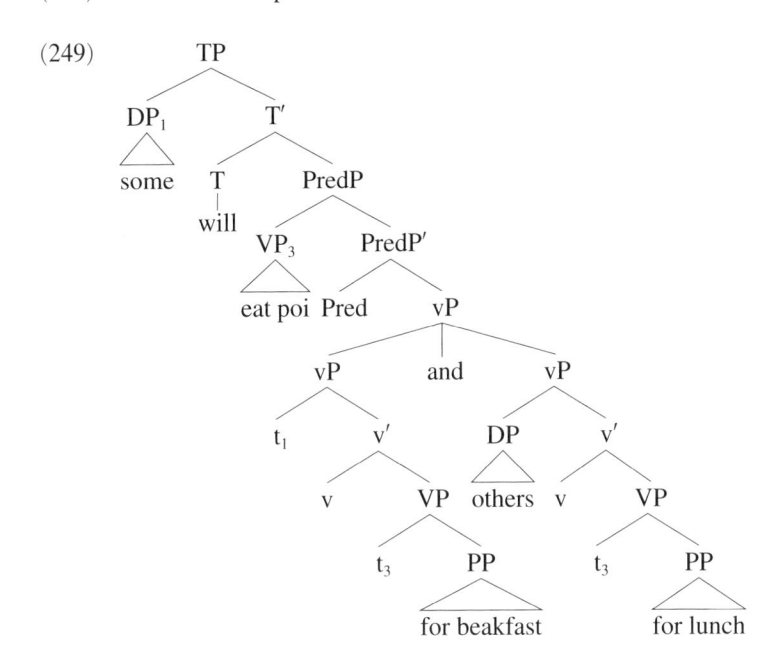

(249)
```
                TP
             /      \
          DP₁        T'
          /\       /    \
        some     T      PredP
                 |     /      \
                will VP₃       PredP'
                     /\       /      \
                  eat poi   Pred      vP
                            /    |    \
                          vP    and    vP
                         /  \         /  \
                        t₁   v'      DP   v'
                            /  \    /\   /  \
                           v   VP others v   VP
                              /  \         /  \
                             t₃   PP      t₃   PP
                                 /\           /\
                          for beakfast    for lunch
```

構造 (249) では，動詞とその目的語を含む動詞句がそれぞれの等位項内から PredP 指定部へ全域的に移動している．

Johnson の分析では，(246) が (250) の構造を持つことは許されない．

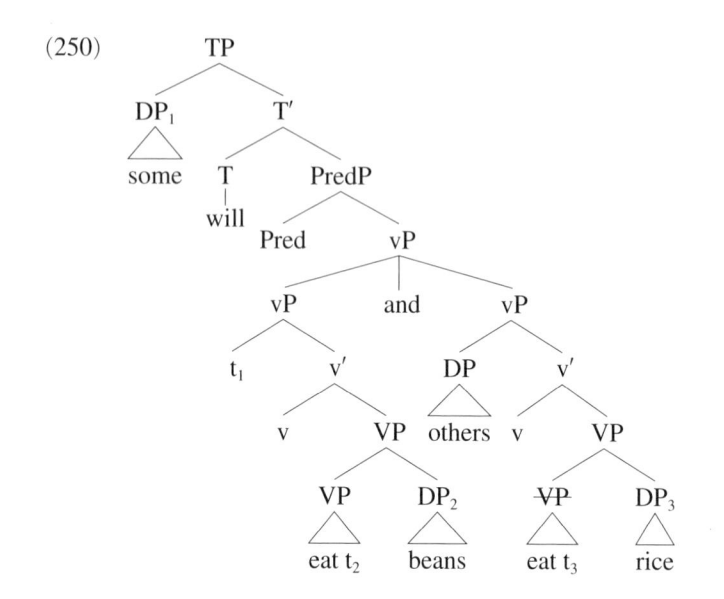

(250) [tree diagram]

```
              TP
           /     \
         DP₁      T'
          |      /  \
         some   T    PredP
                |    /   \
              will Pred   vP
                       /  |  \
                      vP and vP
                     / \     / \
                    t₁  v'  DP  v'
                       / \  |   / \
                      v  VP others v VP
                        / \        / \
                       VP DP₂    V̶P̶  DP₃
                       |   |     |    |
                     eat t₂ beans eat t₃ rice
```

この構造では，第二等位項内の動詞句が削除されている．しかし，PredP 指定部に述語が存在しないため，(250) は許されない．仮に，第一等位項の動詞句が PredP 指定部に移動した場合，この移動操作は等位構造制約に違反する．したがって，(250) に示される削除操作は許されず，空所化は移動操作の全域的適用により派生する．

Johnson が提案する空所化の分析の下では，空所化を受ける動詞と先行詞は全域的適用により PredP 指定部に移動するため，空所化を受ける動詞を含む vP と先行詞を含む vP は等位構造を形成しなければならない．その結果，この分析によると，次の空所化文は許されない．

(251) a. *[Carrie hasn't eaten kale], but [I met a man who ___ asparagus].　　　　　　　　　　　　　　　(Johnson (2008: 76))
　　　b. *[She's said Peter has eaten his peas], and [Sally ___ her green beans], so now we can have dessert.　(Johnson (2009: 300))

非文 (251a) では，接続詞 but の第二等位項における関係詞節内で空所化が適用されている．この場合，空所化を受けた eaten を含む vP とその先行詞

を含む vP が but の等位項ではないので，eaten を PredP 指定部に全域的移動できない．また，(251b) では，接続詞 and が she's said Peter has eaten his peas と Sally her green beans を結びつけているため，空所化を受けた eaten を含む vP と先行詞を含む vP は等位項ではない．その結果，eaten を全域的操作適用により PredP 指定部に移動できない．このように，Johnson の分析は，(251) の非文を排除できる．

さらに，Johnson の分析は，空所化と先行詞との隣接性も説明できる．

(252)　John invited Sue, Peter kissed Mary, and Max ___ Betsy.
(Neijt (1979: 71, note 7 (iv)))

文 (252) における空所化を受けた動詞の先行詞は，空所化を受けた節に隣接する kissed であり，より遠くに位置する invited ではない．Johnson の分析によると，kissed を含む動詞句と空所化を含む動詞句は and の等位構造を形成するので，kissed を全域的操作適用により PredP 指定部に移動できる．一方，invited を含む動詞句と空所化を受けた動詞句は等位構造を形成しないので，invited を全域的操作適用により PredP に移動できない．したがって，(252) における空所化の先行詞は kissed であることが説明される．

このように，Johnson の分析は，空所化の基本的特徴を説明することができる．しかし，この分析には経験的問題と理論的問題がある．まず，経験的な問題としては，次のような空所化文を派生できない．

(253)　John took Harry to the movies, and Bill Mike.
(Sag (1976: 218))

文 (253) の第二等位項では，動詞 took と前置詞句 to the movies が省略されている．Johnson の分析の下では，動詞と前置詞句を含む VP が全域的操作適用により PredP 指定部に移動する．

(254)

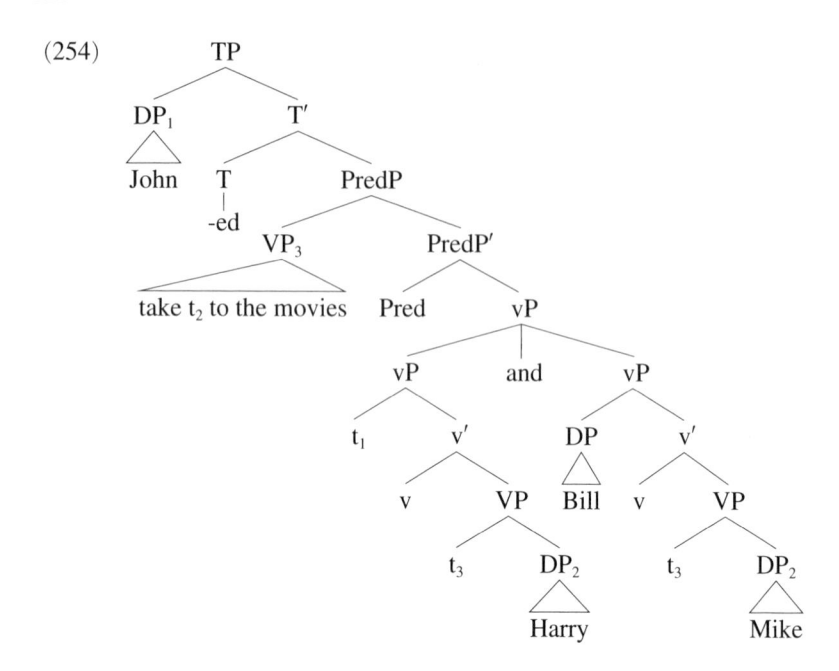

```
              TP
            /    \
          DP₁     T′
          |      /  \
         John   T    PredP
                |    /    \
               -ed  VP₃   PredP′
                    /\    /    \
           take t₂ to    Pred   vP
           the movies          /  \
                             vP    vP
                            /\ and /\
                           t₁ v′  DP  v′
                             /\   |  /\
                            v VP Bill v VP
                              /\       /\
                             t₃ DP₂   t₃ DP₂
                                |        |
                              Harry    Mike
```

この構造では，それぞれの等位項内において動詞 take の目的語 DP₂ が VP に付加移動し，その後，動詞 take, 痕跡 t₂, 前置詞句 to the movies を含む VP₃ が PredP 指定部に全域的に移動する．その結果，次の誤った語順が派生される．

(255) *John took to the movies Harry, and Bill Mike.

したがって，Johnson の分析は，(253) の空所化文を派生できない．

他方，本論の分析によると，(253) の構造としては次の二つが考えられる．

(256) a. [CP [TP John took Harry to the movies]] and [CP Bill [C′ Mike [C′ C<C-F> [e]]]]
   b. [TP John₁ [vP t₁ took Harry to the movies] and [vP Bill [v′ Mike [v′ v<C-F> [e]]]]

構造 (256a) では，等位接続詞 and が CP を連結し，第二等位項である CP

の主要部にコピー素性が生起する．一方，(256b) では，and が vP を連結し，第二等位項である vP の主要部にコピー素性が生起する．いずれの構造においても，Bill と Mike が John と Harry にそれぞれ対比することにより，先行文内の John と Harry を変項に変えた構造（(256a) では x took y to the movies, (256b) では take y to the movies）が空所スロットにコピーされる．その結果，(253) の文法性が説明される．

さらに，Johnson の分析にとって (257)（= (88)）の空所化文も問題となる．

(257) a. At Marshall Field's, Melissa saw a classmate, and at J.C. Penney's, Sabrina.
　　　b. In the morning, Jason called a plumber and in the afternoon, Brain.

2.3.3.1 節でも見たように，これらの空所化文における文頭の副詞句は CP 節に生起していると考えられるが，動詞句の全域的移動操作により空所化文を派生させる分析の下でこれらの文がどのように説明されるかは不明である．

次に，理論的問題に移ろう．Johnson の分析では，vP が等位構造を形成することが前提になっているが，PredP が等位構造を形成していけない理由はない．[9] 仮に，PredP が等位構造を形成すると考えると，Johnson の分析は (246) の空所化文に (258) の構造を与えることになる．

---

[9] この問題については，Johnson 自身も注 16 (310p) で指摘している．

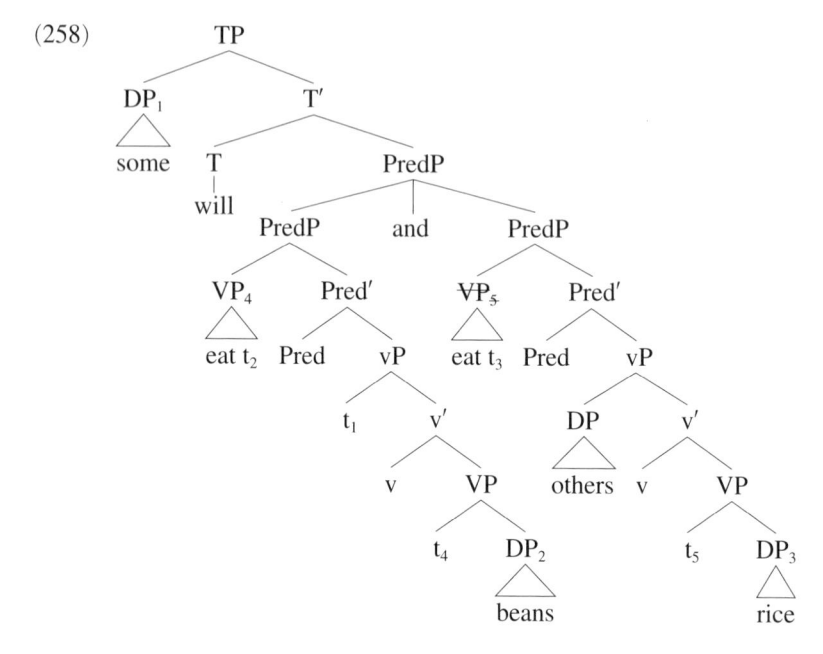

(258) [树形图:
TP
├ DP₁ (some)
└ T'
  ├ T (will)
  └ PredP
    ├ PredP
    │ ├ VP₄ (eat t₂)
    │ └ Pred'
    │   ├ Pred
    │   └ vP
    │   ├ t₁
    │   └ v'
    │   ├ v
    │   └ VP
    │   ├ t₄
    │   └ DP₂ (beans)
    ├ and
    └ PredP
      ├ ~~VP₅~~ (eat t₃)
      └ Pred'
        ├ Pred
        └ vP
          ├ DP (others)
          └ v'
            ├ v
            └ VP
              ├ t₅
              └ DP₃ (rice)
]

この構造では，それぞれの等位項内で VP が PredP 指定部に移動し，第二等位項内の VP が移動先で削除されている．このような構造が Johnson の分析の下で許される場合，この分析は (251b) の非文の理由を説明できない．すなわち，等位接続詞 and が PredP を等位項とする場合，(251b) は次の構造を持つ．

(259)

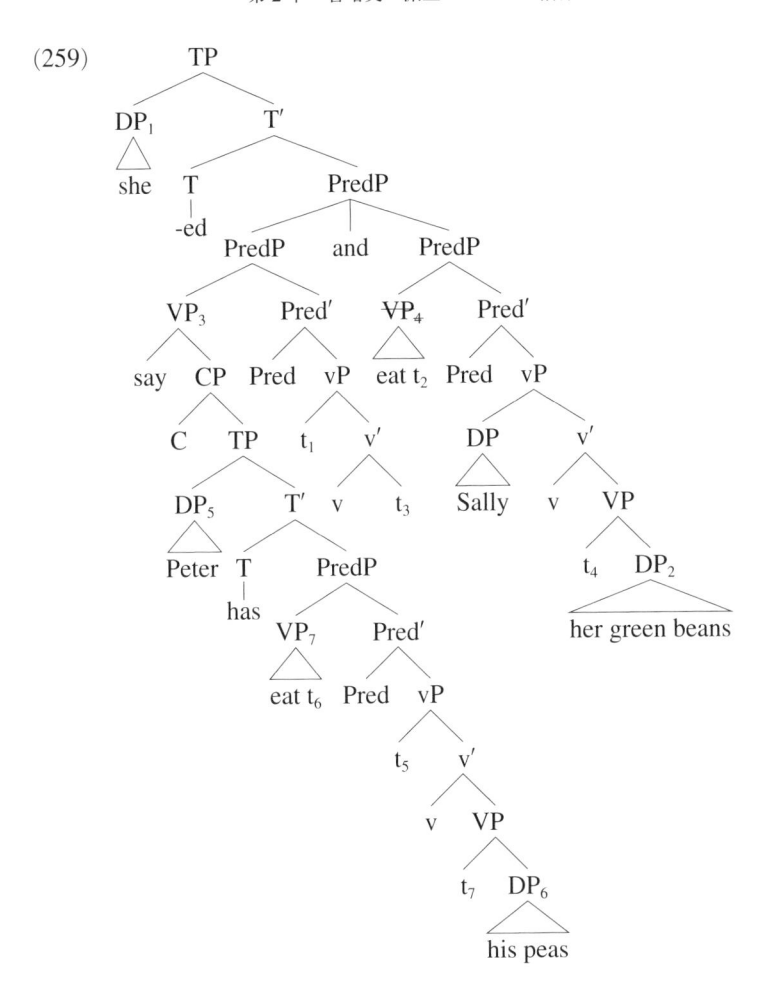

```
                    TP
              ┌─────┴─────┐
             DP₁          T'
              △     ┌─────┴─────┐
             she    T         PredP
                    │    ┌──────┼──────┐
                   -ed PredP   and   PredP
                     ┌──┴──┐       ┌───┴───┐
                    VP₃  Pred'    V̶P̶₄̶   Pred'
                   ┌─┴─┐ ┌─┴─┐    △    ┌─┴─┐
                  say CP Pred vP eat t₂ Pred vP
                     ┌─┴─┐  ┌┴┐       ┌─┴─┐
                     C  TP  t₁ v'    DP   v'
                    ┌───┴───┐ ┌┴┐    △  ┌─┴─┐
                   DP₅     T' v t₃ Sally v  VP
                    △   ┌──┴──┐          ┌─┴─┐
                  Peter T   PredP        t₄ DP₂
                        │  ┌──┴──┐          △
                       has VP₇  Pred'    her green beans
                            △  ┌─┴─┐
                         eat t₆ Pred vP
                                   ┌┴┐
                                   t₅ v'
                                     ┌┴┐
                                     v VP
                                      ┌┴┐
                                      t₇ DP₆
                                         △
                                       his peas
```

この構造では，第二等位項内において動詞句 VP₄ が PredP 指定部に移動し，移動先で削除を受けている．この先行詞は，第一等位項内における埋め込み節内の PredP 指定部に移動した VP₇ である．Johnson の分析によると，この派生は許されるはずである．そのため，彼の分析は，(251b) を文法的な文であると誤って予測してしまう．

さらに，(252) の説明も問題になる．等位接続詞 and が PredP を等位項とする場合，この文は次の構造を持つ．

(260)

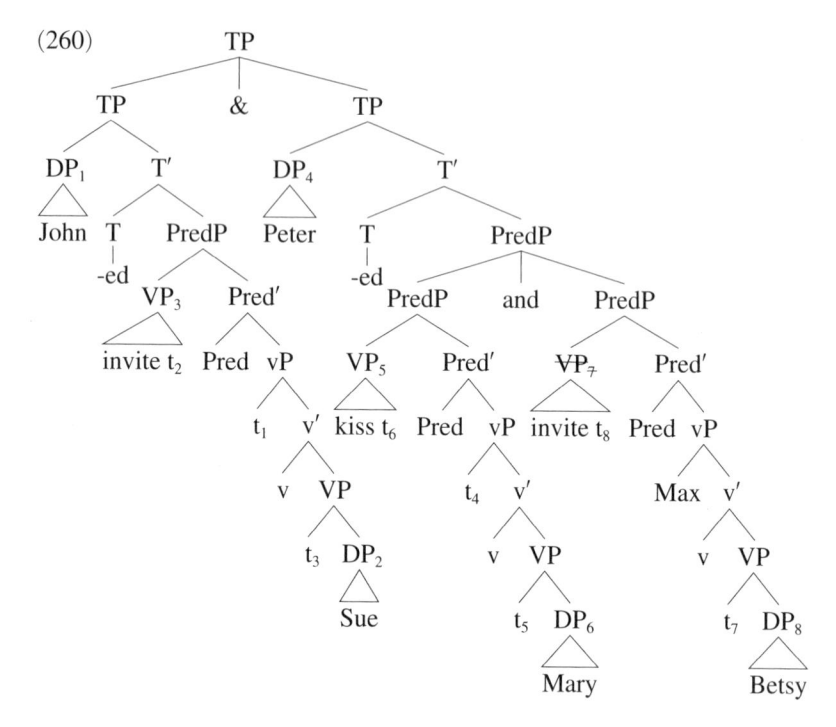

```
                              TP
                    ┌──────────┼──────────┐
                   TP          &          TP
                ┌───┴───┐            ┌────┴────┐
              DP₁       T'         DP₄         T'
              △      ┌──┴──┐       △       ┌───┴───┐
             John    T    PredP   Peter    T      PredP
                    -ed  ┌──┴──┐          -ed   ┌───┼───┐
                        VP₃   Pred'            PredP  and  PredP
                        △   ┌──┴──┐          ┌──┴──┐    ┌──┴──┐
                      invite t₂ Pred vP     VP₅   Pred'  V̶P̶₇̶   Pred'
                                 ┌──┴──┐    △   ┌──┴──┐  △   ┌──┴──┐
                                t₁   v'  kiss t₆ Pred vP invite t₈ Pred vP
                                   ┌──┴──┐           ┌──┴──┐        ┌──┴──┐
                                   v    VP          t₄    v'       Max   v'
                                      ┌──┴──┐            ┌──┴──┐        ┌──┴──┐
                                     t₃   DP₂            v    VP        v    VP
                                          △                 ┌──┴──┐        ┌──┴──┐
                                         Sue               t₅   DP₆       t₇   DP₈
                                                                △              △
                                                               Mary           Betsy
```

この構造では，等位接続詞 and が第二文と第三文の PredP を結合し，その第二等位項内において動詞句 VP₇ が移動先の PredP 指定部で削除されている．この先行詞は，隣接する VP₅ ではなく，第一文内の PredP 指定部に移動した VP₃ である．その結果，出力である (252) における空所化の先行詞は invited であると誤った予測をしてしまう．このように，PredP が等位構造を形成すると仮定すると，Johnson の提案する移動分析は，(251b) と (252) の事実を説明できない．

では，本論の分析の下で，(251b) と (252) の事実がどのように説明されるのかを考えてみよう．まず，(261) (= (252)) が示す空所化文と先行詞との隣接性について．

(261)　John invited Sue, Peter kissed Mary, and Max ___ Betsy.

本論の分析によると，(261) における残留要素の Max と Betsy は，近い位

置にある Peter と Mary と対比され，より遠くの位置にある John と Sue にそれぞれ対比させることはできない．そのため，空所スロットにコピーされるのは，x kissed y であり，x invited y ではない．したがって，本論の分析の下でも，(261) の空所化文の解釈を説明できる．

次に，空所化文と先行詞を含む文が等位構造を形成しなければならないことを示す (262) (=(251b)) を見てみよう．

(262) *[She's said Peter has eaten his peas], and [Sally ___ her green beans], so now we can have dessert.

本論の分析の下では，(262) は次の二つの構造を持つ．

(263) a. [$_{CP}$ [$_{TP}$ She's said Peter has eaten his peas]] and [$_{CP}$ Sally [$_{C'}$ her green beans [$_{C'}$ C<C-F> [e]]]]
b. [$_{TP}$ She$_1$'s [$_{vP}$ t$_1$ said Peter has eaten his peas] and [$_{vP}$ Sally [$_{v'}$ her green beans [$_{v'}$ v<C-F> [e]]]]

構造 (263a) では，等位接続詞 and が CP を連結し，第二等位項の CP 主要部にコピー素性が生起する．他方，(263b) では，and が vP を連結し，第二等位項の vP 主要部にコピー素性が生起する．いずれの構造においても，Sally と構造上の並列関係にあるのは，主節の主語である She であり，従属節の主語である Peter ではない．そのため，Sally と her green beans を Peter と his peas にそれぞれ対比させ，第一等位項内の Peter と his peas を変項 x と y に置き換えた x has eaten y を空所スロットにコピーすることはできない．したがって，(262) の空所箇所を has eaten と解釈することができない．

さらに，本論の分析は，Johnson (2009) が指摘する次の事実も説明できる．

(264) a. John might bathe, but Sally can't ___ because of her poison ivy and Mary won't get dressed, so we may as well give up.
(Johnson (2009: 301))

b. John might bathe, but Sally can't get wet because of her poison ivy and Mary ___ get dressed because of her phobias, so we may as well give up. (Johnson (2009: 302))
c. *John might bathe, but Sally can't ___ because of her poison ivy or Mary ___ get dressed because of her phobias, so we may as well give up. (Johnson (2009: 303))

文 (264a) では，第二文の動詞 bathe を含む動詞句が省略されている．(264b) では，第三文の助動詞 can't が省略されている．これらの省略はそれぞれ許されるが，(264c) が示すように，これら二つの省略を同時に適用することはできない．本論の分析によると，(264c) の非文の理由は次のように説明される．(264c) における第二文と第三文に同時に省略を適用した結果，残留要素である主語の Sally と Mary，また，理由を表す句の because of her poison ivy と because of her phobias がそれぞれ対比され，等位接続詞 or により連結されたこれら二つの文の並列関係が強まる．そのため，第二文の省略された動詞句に対応する先行詞は，第一文の動詞句ではなく，第三文の動詞句でなければならない．しかしながら，等位接続詞で結ばれた第二等位項内の要素を先行詞として第一等位項内の要素を省略することは後方照応制約に反する．その結果，(264c) の省略文は許されない．

以上，本節では，Johnson が提案する空所化文の移動分析に関する問題点を指摘し，Johnson が観察する空所化に関する事実は，空所化文を LF コピーにより派生させる本論の分析の下でも説明されることを論じた．

2.4.3.2. Winkler (2005) の側面的移動分析

Johnson と同様に，Winkler (2005) も動詞句の移動により空所化文を派生させる分析を提案している．しかし，Winkler が仮定する移動は，すべての等位項に一律に適用される全域的移動ではなく，第二等位項から第一等位項への側面的移動 (sideward movement) である．Winkler の分析によると，(265) の空所化文の派生は (266) となる．

(265) Leon read *The FACTS* and Manny *The Great American NOVEL.*

(Winkler (2005: 36))

(266) a. [$_{vP}$ Manny read The Great American NOVEL]
   b. [$_{vP1}$ Manny$_1$ [$_{vP2}$ The Great American NOVEL$_2$ [$_{vP3}$ t$_1$ read t$_2$]]]
   c. [$_{\&P}$ and [$_{vP1}$ Manny$_1$ [$_{vP2}$ The Great American NOVEL$_2$ [$_{vP3}$ t$_1$ read t$_2$]]]]
   d. [$_{vP}$ Leon [$_{vP}$ The FACTS [$_{vP3}$ t$_1$ read t$_2$]]]
   e. [$_{TP}$ Leon$_4$ T [$_{vP}$ t$_4$ [$_{vP}$ The FACTS [$_{vP3}$ t$_1$ read t$_2$]]]]
   f. [$_{TP}$ Leon$_4$ T [$_{vP3}$ t$_1$ read t$_2$]$_5$ [$_{vP}$ t$_4$ [$_{vP}$ The FACTS t$_5$]]]
   g. [$_{TP}$ Leon$_4$ T [$_{vP3}$ t$_1$ read t$_2$]$_5$ [$_{vP}$ t$_4$ [$_{vP}$ The FACTS t$_5$ and [$_{vP1}$ Manny$_1$ [$_{vP2}$ The Great American NOVEL$_2$ [$_{vP3}$ t$_1$ read t$_2$]]]]]]

文 (265) における第二等位項の残留要素 Manny と The Great American Novel は，第一等位項の Leon と The Facts とそれぞれ対比の関係にある．これは，これらの要素が対比の素性を持つためである．この素性を意味解釈部門で適確に解釈するために，派生 (266a) から (266b) の段階において，Manny と The Great American Novel が vP 指定部に移動する．移動後の構造に等位接続詞 and が結合し，(266c) の構造が派生する．この構造における Manny と The Great American Novel の痕跡を含む動詞句 vP$_3$ がコピーされ，コピーされた要素に The Facts と Leon が結合し，(266d) の構造が派生する．この構造に T が結合した後，主語である Leon が TP 指定部に，また，動詞句 vP$_3$ が vP 付加位置にそれぞれ移動することにより (266f) の構造が派生する．この構造と (266c) の構造を結合することにより，(266g) の構造が最終的に派生する．この構造を樹形図で示したのが (267) である．

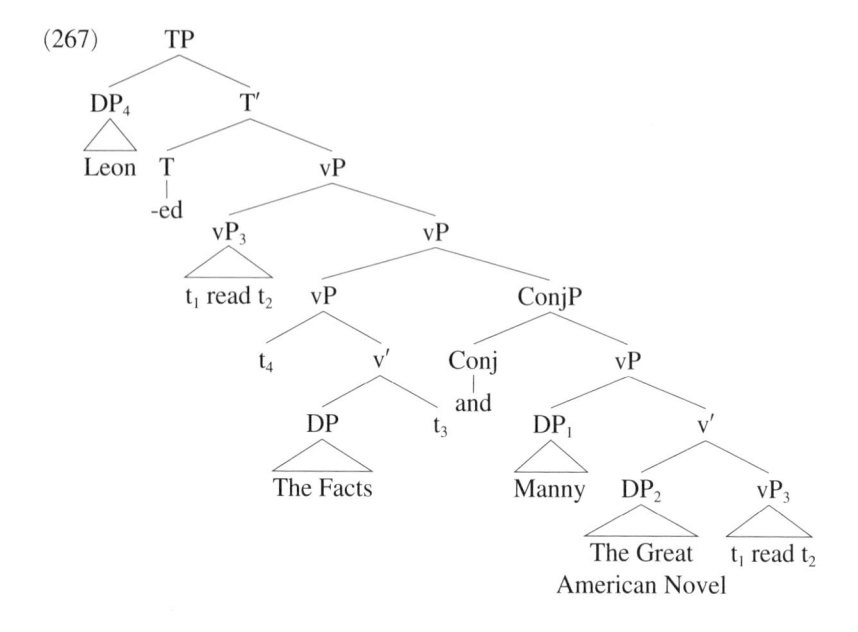

(267) [tree diagram:
TP
├─ DP₄ (Leon)
└─ T'
   ├─ T (-ed)
   └─ vP
      ├─ vP₃ (t₁ read t₂)
      └─ vP
         ├─ vP
         │ ├─ t₄
         │ └─ v'
         │   ├─ DP (The Facts)
         │   └─ t₃
         └─ ConjP
            ├─ Conj (and)
            └─ vP
               ├─ DP₁ (Manny)
               └─ v'
                  ├─ DP₂ (The Great American Novel)
                  └─ vP₃ (t₁ read t₂)
]

この構造において，vP₃ は第二等位項から第一等位項内の t₃ の位置へ側面的に移動し，その位置からさらに vP に付加移動している．vP₃ の最終的移動先である vP 付加位置は，第二等位項内の基底生成された位置に生起する vP₃ を C 統御するため，両者は一つの連鎖を形成する．その結果，PF では，vP 付加位置の vP₃ のみが発音され，基底生成された位置にある vP₃ は発音されない．したがって，(265) の語順が派生する．

また，LF において，(265) は次の原理に基づいて解釈される．

(268) Contrastive Topic and Focus Principle
　　　In gapping, the first remnant is a contrastive topic, the second remnant a contrastive focus. The gapped elements must be given.
　　　　　　　　　　　　　　　　　　　　　　　　(Winkler (2005: 192))

この原理によると，(267) の構造における Manny が対比の話題 (contrastive topic)，The Great American Novel が対比の焦点 (contrastive focus) として解釈されるが，この解釈が成立するためには，空所化を受ける動詞句

が先行文脈において既に導入された旧情報として解釈されなければならない。[10]

Winkler が提案する空所化の移動分析では，動詞句外へ移動する残留要素は先行文脈の要素と必ず対比の関係にある．したがって，この分析は，次のような空所化文を排除できる．

(269) a. *John bought APPLES, and John (he) BANANAS.
　　　b. *JOHN bought apples, and MARY apples.

(Winkler (2005: 193))

これらの空所化文における残留要素である (269a) の John と (269b) の apples は，前の文において既に導入された要素と同一であり，対比の関係にはない．その結果，これらの残留要素は，対比の話題と対比の焦点としてそれぞれ解釈されず，(268) に違反する．したがって，Winkler の分析によ

---

[10] Winkler 自身は明記していないが，(268) は次の仮定に基づいていると考えられる．

(i) An expression P is a Contrastive Focus in a discourse δ, $\delta = \{\phi_1, ... \phi_n\}$, if, and only if,
　a. P is an expression in ϕ_i, and
　b. if P/ϕ_i is the result of extracting P from ϕ_i then P/ϕ_i is directly c-construable, and ϕ_i is not directly c-construable.　　(Rochemont (1986: 65-66))

(ii) An expression P is c-construable in a discourse δ if, and only if, P is either directly or indirectly c-construable in δ.　　(Rochemont (1986: 62))

(iii) An expression P is directly c-construable in δ if, and only if,
　a. P has a semantic antecedent P' in δ, or
　b. the intended antecedent of P in δ has been brought to the attention of the participants in δ.　　(Rochemont (1986: 63))

(iv) An expression P is indirectly c-construable in δ if, and only if,
　a. P is a member of a lexically specified class of scenesetters, or
　b. P is an acceptable scenesetter in δ by virtue of the participants' anticipated familiarity with speaker's discourse setting.　　(Rochemont (1986: 63))

これらの仮定によると，ある言語表現 P が対比の焦点として解釈されるためには，P 以外の焦点を受けない言語表現が，談話上において意味的先行詞を持たなければならない．(265) の場合，空所化を受ける動詞句が先行文脈において先行詞を持つ時にのみ，残留要素である The Great American Novel が対比の焦点となる．

ると，(269) の空所化文は許されない．

さらに，Winkler は，次のような多重 wh 疑問文の答えとして使われる空所化文も説明している．

(270) Q: Who bought what?
A: JOHN bought APPLES, and MARY bought BANANAS.

(Winkler (2005: 192))

この対話において，答えの中の空所化を受けた要素 bought の先行詞は，先行文脈である疑問文 who bought what の中に存在する．その結果，(268) によると，この答えにおける bought は旧情報であり，残留要素である Mary と Bananas は先行する John と apples とそれぞれ対比の関係にあることになる．したがって，(268) に基づく分析は，(270) のような空所化が持つ情報機能についても説明できる．

しかしながら，Winkler の分析には少なくとも二つの問題がある．一点目は，(268) の原理に関する問題である．(268) に基づく分析は，次のような wh 疑問文の答えとして使われる空所化文を説明できない．

(271) Q: What happened to your parents yesterday?
A: MY FATHER broke HIS LEG and MY MOTHER broke HER ARM.

対話 (270) とは異なり，(271) における疑問文は多重 wh 疑問文ではない．そのため，(271) の答えにおいて空所化されている要素 broke は先行文脈の疑問文中で言及されていない．また，Winkler の分析においては，等位接続詞 and の第一等位項内の broke を第二等位項で空所化された broke の先行詞として見なすことはできない．なぜなら，この分析によると，第二等位項内で空所化された要素は側面的移動により第一等位項内に移動するため，(271) における第二等位項内で空所化された broke と第一等位項内に生起する broke は同一の語彙要素になるためである．したがって，(271) における空所化された broke は，旧情報ではなく，新情報であり，(268) の原理に違反する．

同様の問題が，次の空所化文についても生じる．

(272) a. When I was at home yesterday, a LONG LETTER arrived for MY MOTHER and a HEAVY PACKAGE ~~arrived~~ for MY FATHER.
b. While you were at the hospital yesterday, a RIGHT-WING WOMAN came into my OFFICE and a MODERATE MAN ~~came~~ into my HOME.

これらの文には先行文脈が存在せず，空所化されている動詞は新情報である．さらに，(272) において空所化されている動詞は出現を表す arrived と came であり，Winkler (p. 102) によれば，これらの動詞が空所化された場合，残留要素は対比の解釈を持つことができない．したがって，(272) の空所化は，二つの点において (268) の原理に反する．このように，(268) に基づく空所化の分析は，(271) と (272) の文法的な空所化文を誤って排除してしまう．

Winkler の分析の第二の問題点は，側面的移動に関する問題である．この分析によると，空所化文が側面的移動により派生すると仮定される理由は，空所化文の残留要素が対比の解釈を持つためである．対比の解釈を持つ残留要素が動詞句外へ移動し，残された動詞句に側面的移動が適用される．したがって，空所化文以外に，動詞句省略文における残留要素が対比の解釈を持つ場合も，残留要素が動詞句の外へ移動し，その後，残された動詞句に側面的移動が適用される．以上の点を念頭に置いて，次の対話を見てみよう．

(273) Q: Should I take Italian and German in the spring semester?
A: ITALIAN, you should take but GERMAN, you shouldn't.

対話 (273) の答えにおける Italian と German は，互いに対比されている話題の解釈を持つ．したがって，Winkler の分析によると，これらの対比の解釈を持つ要素は動詞句内から文頭に移動し，その後，残された動詞句に側面的移動が適用される．その結果，(273) の答えである動詞句省略文は次の派生を持つ．

(274) a. [$_{vP6}$ you take GERMAN]
 b. [$_{vP}$ GERMAN$_1$ [$_{vP6}$ you take t$_1$]]
 c. [$_{TP}$ you$_2$ shouldn't [$_{vP}$ GERMAN$_1$ [$_{vP6}$ t$_2$ take t$_1$]]]
 d. [$_{CP}$ GERMAN$_1$ [$_{TP}$ you$_2$ shouldn't [$_{vP}$ t′$_1$ [$_{vP6}$ t$_2$ take t$_1$]]]]
 e. [$_{vP}$ you [$_{vP}$ ITALIAN [$_{vP6}$ t$_2$ take t$_1$]]]
 f. [$_{TP}$ you$_4$ should [$_{vP}$ t$_4$ [$_{vP}$ ITALIAN [$_{vP6}$ t$_2$ take t$_1$]]]]
 g. [$_{TP}$ you$_4$ should [$_{vP}$ [$_{vP6}$ t$_2$ take t$_1$]$_6$ [$_{vP}$ t$_4$ [$_{vP}$ ITALIAN [$_{vP}$ t$_2$ t$_6$]]]]]
 h. [$_{CP}$ ITALIAN$_5$ [$_{TP}$ you$_4$ should [$_{vP}$ [$_{vP6}$ t$_2$ take t$_1$]$_6$ [$_{vP}$ t$_4$ [$_{vP}$ t$_5$ [$_{vP}$ t$_2$ t$_6$]]]]]]
 i. [$_{CP}$ ITALIAN$_5$ [$_{TP}$ you$_4$ should [$_{vP}$ [$_{vP6}$ t$_2$ take t$_1$]$_6$ [$_{vP}$ t$_4$ [$_{vP}$ t$_5$ [$_{vP}$ t$_2$ t$_6$]]]]]] but [$_{CP}$ GERMAN$_1$ [$_{TP}$ you$_2$ shouldn't [$_{vP}$ t′$_1$ [$_{vP6}$ t$_2$ take t$_1$]]]]

派生 (274a) から (274b) において，対比の話題語句である German が vP 指定部に移動する．(274b) から (274d) において，German が CP 指定部に移動する．また，(274d) から (274e) において，痕跡を含む vP$_6$ に側面的移動が適用し，vP$_6$ に you と Italian が併合する．その後，(274f) から (274g) において，you が TP 指定部に移動し，vP$_6$ が vP に付加移動する．さらに，(274g) から (274h) において，Italian が CP 指定部に移動する．最終的に，(274d) と (274h) が併合され，(274i) が派生する．(274i) を樹形図で示すと，次の構造になる．

(275) [統語樹: CPの構造。左側CPはDP₅ ITALIAN、C'（C, TP: DP₄ you, T' (T should, vP (vP₆ t₂ take t₁, vP (t₄, v' (t₅, t₆)))))。右側ConjP: Conj but, CP (DP₁ GERMAN, C' (C, TP (DP₂ you, T' (T shouldn't, vP (t'₁, vP₆ t₂ take t₁)))))。sideward movement の矢印]

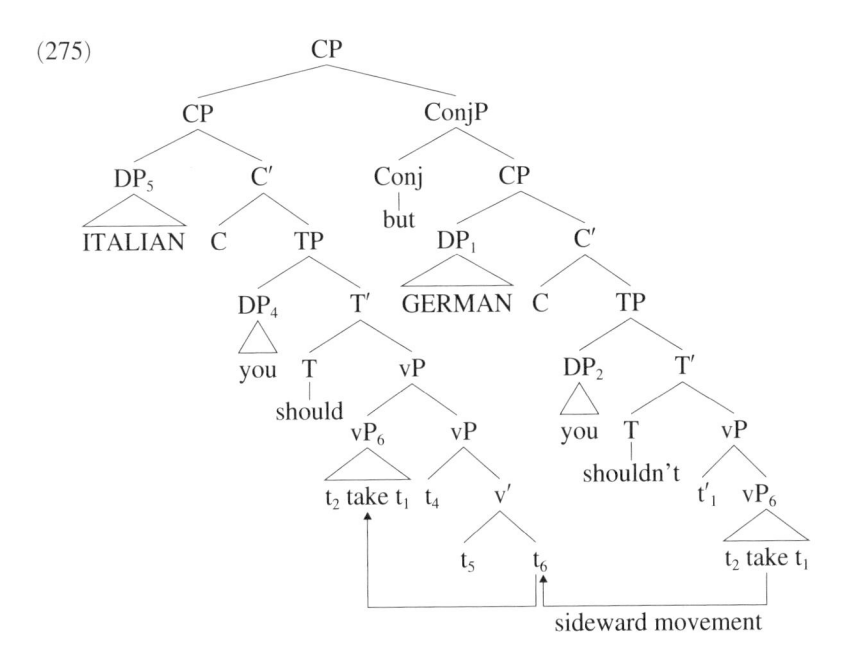

　この構造では，vP₆ が第二等位項内から第一等位項内へ側面的移動し，その後，第一等位項内の vP へ付加移動している．この移動の最終着地点である第一等位項内の vP 付加位置は，第二等位項内の vP₆ が基底生成された元位置を C 統御しない．そのため，第一等位項内の vP₆ と第二等位項内の vP₆ は一つの連鎖を形成することができず，第二等位項内の vP₆ を PF において削除できない．したがって，Winkler の側面的移動に基づく分析は，(273) の答えである動詞句省略文を派生できない．

　以上，本節では，Winkler が提案する空所化の分析を見てきた．この分析は，側面的移動と対比の解釈に関する原理（268）に基づいているが，この両方の仮定にそれぞれ経験的問題があることを述べた．

2.5. まとめ

　本章では，省略文の派生について考察してきた．省略文が PF 削除により派生する場合と LF コピーにより派生する場合があると仮定し，削除操作を

駆動する Deletion 素性とコピー操作を駆動する Copy 素性がフェイズを形成する CP と vP の主要部に随意的に基底生成されると提案した．この提案によると，間接疑問縮約文は CP 主要部の Copy 素性，動詞句省略文は vP 主要部の Deletion 素性，擬似空所化文は vP 主要部の Copy 素性，空所化文は CP または vP 主要部の Copy 素性によりそれぞれ派生されることになり，これらの省略文が示す様々な共通点と相違点が統一的に説明できる．

第 3 章

省略文に課せられる同一性条件[*]

3.1. はじめに

　省略文を考察する際に，省略箇所と先行詞の間にどのような同一性条件が要求されるのかを明らかにするという重要な問題がある．この問題に対して，Hankamer and Sag (1976) は，代名詞とは異なり，省略箇所は先行詞と同一の構造を共有しなければならないと主張している．彼らの主張の根拠となる事実が次の対比である．

(1) Nobody else would take the oats down to the bin,
　a. so Bill did.
　b. so Bill did it.
(2) The oats had to be taken down to the bin,
　a. *so Bill did.
　b. so Bill did it.

(Hankamer and Sag (1976: 413))

文 (1a) と (2a) の対比が示すように，動詞句省略では，省略を受けた文と

---

[*] 本章の内容は，島 (2013, 2015b) に大幅に改訂を加えたものである．

先行詞を含む文に態の一致が見られない場合，非文となる．他方，(2b) が示すように，代名詞は同様の環境においても生起可能である．能動態と受動態の表す意味がほぼ同じだとすると，(2b) は代名詞と先行詞との間には意味の同一性が成立すればよいことを示す．これに対して，(2a) は省略と先行詞の間には意味の同一性が成立するだけでは不十分であることを示す．Hankamer and Sag は，動詞句省略文は削除操作により派生すると仮定し，(2a) に対して次の構造を与えている．（取消線部分が削除規則の適用範囲を示す．）

(3) The oats had to [$_{VP}$ be taken down to the bin], so Bill did [$_{VP}$ ~~take the oats down to the bin~~]

この構造では，削除される動詞句の構造と先行詞である動詞句の構造が異なる．そのため，(3) の削除操作は許されず，(2a) は非文となる．このように，Hankamer and Sag は，代名詞とは異なり，省略箇所と先行詞が同一の構造を持つ場合に限り省略文が許されると主張している．

このような Hankamer and Sag の研究を出発点として，生成文法では省略文に課せられる同一性条件について活発な議論が交わされている．本章では，この問題に対して，音韻解釈部門である PF で適用される削除操作により派生する省略文と意味解釈部門である LF で適用されるコピー操作により派生する省略文が存在するという前章の議論を踏まえ，この二種類の省略文は共に LF における意味的同一条件に従うが，PF 削除により派生する省略文にはさらに PF における構造上の同一条件も課せられることを論じる．

本章の構成は次である．次節では，先行分析である Williams (1977) や Sag (1976, 1979) が主張するラムダ演算子に基づく LF 構造の同一性条件，Fiengo and May (1994) が提案する依存関係に課せられる構造的平行条件，そして，Rooth (1992a) により提案された焦点の認可に基づく意味的対比条件を概観し，これらの先行分析の問題点を指摘する．3 節では，PF 削除と LF コピーにより省略文を派生させる分析を仮定し，PF 削除操作の適用に課せられる PF 構造の同一性条件を新たに提案する．4 節では，本論の分析のさらなる帰結を論じる．5 節はまとめとなる．

3.2. 先行分析

3.2.1. ラムダ演算子に基づく LF 構造の同一性

Williams (1977) は，動詞句省略（VP-ellipsis）文を PF 削除操作により派生させる Hankamer and Sag の分析にとって次の文の解釈が問題となることを指摘している．

(4) John told Bill about himself and George did too.

(Williams (1977: 118))

削除分析によると，(4) は次の基底構造を持つ．

(5) John told Bill about himself and George told Bill about himself too

この構造における第一等位項内の再帰代名詞 himself は，John と Bill のいずれも先行詞に取ることが出来る．同様に，第二等位項内の himself も George と Bill の両方を先行詞に取ることが出来る．したがって，(4) の意味解釈が (5) の構造に基づいて決まると仮定する削除分析によると，(4) は次の四つの解釈を許すと予測される．

(6) a. John told Bill about John and George told Bill about George too.
  b. John told Bill about Bill and George told Bill about George too.
  c. John told Bill about John and George told Bill about Bill too.
  d. John told Bill about Bill and George told Bill about Bill too.

これらの解釈のうちで，実際に (4) の解釈として許されるのは，(6a) と (6d) のみである．したがって，Williams は，動詞句省略文を削除操作により派生する分析の下では (4) の解釈が説明できないと論じている．

文 (4) の解釈に基づき，Williams は動詞句省略文を PF 削除ではなく LF コピーにより派生する分析を提案している．Williams のコピー分析によ

ると，(4) は次の基底構造を持つ．

(7) John told Bill about himself and George did [ΔΔΔΔ]$_{VP}$ too

この構造における空構造 Δ に先行文内の要素をコピーすることにより，省略された動詞句の解釈が決まるが，コピー操作は複数の文に関連する談話文法 (Discourse Grammar) において適用される．この場合，コピーが適用される前に，Partee (1973) によって提案された動詞句の意味を解釈する派生動詞句規則 (Derived VP Rule) と再帰代名詞の先行詞を決める再帰化 (Reflexivization) が適用されなければならない．派生動詞句規則とは，動詞句の意味をラムダ表記によって表す解釈規則であり，(8a) を (8b) に変える．

(8) a. [[John]$_{NP}$ [runs]$_{VP}$]$_S$
    b. [[John]$_{NP}$ [λx (x runs)]$_{VP}$]$_S$

構造 (8b) は，「ジョンが走るという特性を持つ (John has the property of running)」として解釈される．このような派生動詞句規則と再帰化は単一文の派生に関連する文文法 (Sentence Grammar) において適用される．文文法における規則の適用は，談話文法における規則の適用に先行する．したがって，Williams の分析によると，許される (7) の派生は次の二つである．

(9) a. John [told Bill about himself]$_{VP}$ and George did [ΔΔΔΔ]$_{VP}$ too
    b. John [λx (x told Bill about himself)]$_{VP}$ and George did [ΔΔΔΔ]$_{VP}$ too
    c. John [λx (x told Bill about x)]$_{VP}$ and George did [ΔΔΔΔ]$_{VP}$ too
    d. John [λx (x told Bill about x)]$_{VP}$ and George did [λx (x told Bill about x)]$_{VP}$ too

(10) a. John [told Bill about himself]$_{VP}$ and George did [ΔΔΔΔ]$_{VP}$ too
     b. John [λx (x told Bill about himself)]$_{VP}$ and George did [ΔΔΔΔ]$_{VP}$ too
     c. John [λx (x told Bill$_1$ about himself$_1$)]$_{VP}$ and George did

      $[\Delta\Delta\Delta\Delta]_{VP}$ too
   d. John $[\lambda x \ (x \text{ told Bill}_1 \text{ about himself}_1)]_{VP}$ and George did $[\lambda x \ (x \text{ told Bill}_1 \text{ about himself}_1)]_{VP}$ too

派生 (9) と (10) では共に，(a) から (b) の段階で派生動詞句規則，(b) から (c) の段階で再帰化，(c) から (d) の段階でコピーが適用されている．(9) と (10) との違いは，再帰化における先行詞の選択である．(9c) では，ラムダ演算子に束縛される変項 x が himself の先行詞となる．このラムダ演算子と変項を含む VP がコピーされる．その結果，(9d) では，各等位項の主語がラムダ演算子の値として代入され，(6a) の解釈が派生する．一方，(10c) では，再帰化により himself の先行詞は Bill に決まる．この第一等位項における動詞句の論理構造がそのまま第二等位項の空構造にコピーされ，(10d) が派生する．この構造は (6d) の解釈を表す．(6b) と (6c) の解釈を派生するためには，コピーを派生動詞句規則と再帰化の前に適用しなければならない．しかし，コピー操作が適用される談話文法は派生動詞句規則と再帰化が適用される文文法に後続するため，このような規則の適用順序は許されない．したがって，Williams のコピー分析は，(4) の解釈を正しく捉えることができる．

また，Williams の分析は，Hankamer and Sag が指摘した (11)（= (2a)）の事実も説明できる．

(11) *The oats had to be taken down to the bin, so Bill did.

この非文は，省略を受けた文と先行詞に態の一致が見られない場合，動詞句省略文は許されないことを示す．Williams の分析によると，(11) は次の LF 構造を持つ．

(12) The oats had to be taken down to the bin, so Bill did $[\Delta\Delta\Delta\Delta]_{VP}$

この構造が適切に解釈されるためには，動詞句 take the oats down to the bin をコピーしなければならないが，このような動詞句は先行文中に存在しない．したがって，(11) の動詞句省略文は許されない．

このように，Williams は，動詞句省略文が LF コピーにより派生すると仮定し，ラムダ演算子を組み込んだ LF 構造に基づいて省略箇所と先行詞の同一性を決定する分析を提案している．

これに対して，Sag (1976, 1979) は，動詞句省略文を PF 削除により派生させる分析においても (4) の解釈を説明できることを論じている．Sag は，派生ある段階に Shallow Structures と呼ばれる構造を仮定し，この構造が PF の削除操作と LF の派生動詞句規則の入力になると主張している．Sag の分析によると，(4) の派生は次である．

(13) a. John told Bill about himself and George did tell Bill about himself too
　　 b. John told Bill about himself and George did ~~tell Bill about himself~~ too
　　 c. John [λx (x told Bill about himself)] and George did [λy (y tell Bill about himself)] too

構造 (13a) が Shallow Structures であり，この構造に削除規則が適用することにより (13b) の PF が派生する．また，(13a) から (13b) の派生とは独立に，(13a) に派生動詞句規則が適用することにより (13c) の LF が派生する．(13c) における照応形 himself の先行詞の決定により，以下の構造が派生する．

(14) a. John [λx (x told Bill about x)] and George did [λy (y tell Bill about y)] too
　　 b. John [λx (x told Bill about x)] and George did [λy (y tell Bill about Bill)] too
　　 c. John [λx (x told Bill about Bill)] and George did [λy (y tell Bill about y)] too
　　 d. John [λx (x told Bill about Bill)] and George did [λy (y tell Bill about Bill)] too

構造 (14a) と (14d) における変項 x と y は同じ位置に生起し，また，それ

それがラムダ演算子に束縛されているので，これらの変項は文字異形（alphabetic variant）と見なされる．その結果，(14a) と (14d) における削除される動詞句と先行詞である動詞句は同一であり，これらの構造は許される．他方，(14b) と (14c) における削除される動詞句と先行詞の動詞句は同一ではない．なぜなら，動詞 tell の主語である変項 x と y は文字異形であるが，前置詞 about の目的語である変項は文字異形ではない．例えば，(14b) において，先行詞の動詞句における about の目的語はラムダ演算子に束縛された変項 x であるが，削除された動詞句内の同じ位置にはラムダ演算子に束縛された変項 y ではなく，Bill が生起するからである．したがって，(14b) と (14c) における削除される動詞句と先行詞の動詞句は同一ではなく，これらの構造は許されない．その結果，(13b) の PF と結びつく LF は (14a) と (14d) のみであり，(4) の動詞句省略文にはこれらの LF によって示される二つの解釈しか許されない．このように，Sag は，PF 削除と LF の派生動詞句規則の入力となる Shallow Structures を仮定することにより，(4) の動詞句省略文の解釈を説明している．

ラムダ演算子に基づく LF 構造の同一性条件を仮定する Williams や Sag の分析は，次の動詞句省略文の多義性も捉えることができる．

(15)　Tom$_1$ likes his$_1$ teacher and John does too.

この文には，「トムはトムの先生が好きだし，ジョンもトムの先生が好きだ」というストリクトの解釈と「トムは自分の先生が好きだし，ジョンも自分の先生が好きだ」というスロッピーの解釈が許される．Williams のコピー分析によると，(15) がストリクトの解釈を持つ場合の派生は次である．

(16)　a.　Tom$_1$ [$_{VP}$ likes his$_1$ teacher] and John does [$_{VP}$ ΔΔΔΔ] too
　　　b.　Tom$_1$ [$_{VP}$ λx (x likes his$_1$ teacher)] and John does [$_{VP}$ ΔΔΔΔ] too
　　　c.　Tom$_1$ [$_{VP}$ λx (x like his$_1$ teacher)] and John does [$_{VP}$ λx (x like his$_1$ teacher)] too

派生 (16a) から (16b) の段階で，派生動詞句規則が適用する．その後，

(16b) から (16c) の段階で，先行文内の動詞句構造が省略文にコピーされる．コピーされた動詞句内の代名詞 his も John を指すため，(16c) はストリクトの解釈を表す．他方，(15) がスロッピーの解釈を持つ場合の派生は次である．

(17) a. Tom$_1$ [$_{VP}$ likes his$_1$ teacher] and John does [$_{VP}$ ΔΔΔΔ] too
b. Tom$_1$ [$_{VP}$ λx (x likes his$_1$ teacher)] and John does [$_{VP}$ ΔΔΔΔ] too
c. Tom$_1$ [$_{VP}$ λx (x likes x's teacher)] and John does [$_{VP}$ ΔΔΔΔ] too
d. Tom$_1$ [$_{VP}$ λx (x likes x's teacher)] and John does [$_{VP}$ λx (x like x's teacher)] too

派生 (16) と同様に，(17a) から (17b) の段階で，派生動詞句規則が適用する．その後，(17b) から (17c) の段階で，代名詞 his が変項 x に書き換えられる．最後に，(17c) から (17d) の段階で，先行文内におけるラムダ演算子と変項を含む動詞句構造が省略文内の空構造にコピーされる．その結果，(17d) では，各等位項の主語がラムダ演算子の値として代入され，スロッピーの解釈が派生する．Sag の分析でも同様に (15) の多義性が説明される．

以上，動詞句省略文の解釈に対する Williams と Sag の分析を概観した．これらの分析には，省略文を LF コピーで派生させるか，または，PF 削除で派生させるかという違いがある．しかし，両分析共に，省略文の可否に関連する省略箇所と先行詞との同一性は，ラムダ演算子に基づく LF 構造において決まると仮定している．すなわち，Williams と Sag の分析によると，LF では省略箇所にラムダ演算子に基づく構造が存在し，この構造が先行詞の LF 構造と同一の時に省略文が許される．

3.2.2. 統語構造に基づく平行条件

ラムダ演算子に基づく LF 構造の同一性条件を仮定する Williams や Sag の分析にとって，次の動詞句省略文の解釈が問題になる．

(18) Tom₁ wanted Sue to water his₁ plants, while John wanted Mary to. (Jacobson (1992: 207))

この文には,「トムはスーがトムの植物に水をやって欲しかったのに対し,ジョンはメアリーがジョンの植物に水をやって欲しかった」というスロッピーの解釈が許される.Williams のコピー分析によると,(18) の派生は次である.

(19) a. Tom wanted Sue to [$_{VP}$ water his plants], while John wanted Mary to [$_{VP}$ ∆∆∆∆]
  b. Tom wanted Sue to [$_{VP}$ λx (x water his plants)], while John wanted Mary to [$_{VP}$ ∆∆∆∆]
  c. Tom wanted Sue to [$_{VP}$ λx (x water y's plants)], while John wanted Mary to [$_{VP}$ ∆∆∆∆]
  d. Tom wanted Sue to [$_{VP}$ λx (x water y's plants)], while John wanted Mary to [$_{VP}$ λx (x water y's plants)]

派生 (19a) から (19b) の段階で,派生動詞句規則が適用する.その後,(19b) から (19c) の段階で,代名詞 his が変項に書き換えられる.最後に,(19c) から (19d) の段階で,先行文内の動詞句構造が省略文内の空構造にコピーされる.(19d) において,water の主語である変項 x はラムダ演算子に束縛されている文字異形であるが,ラムダ演算子に束縛されない変項 y は文字異形ではない.この場合,変項 y は様々な値を取る可能性があり,先行詞の動詞句が表す意味と削除された動詞句が表す意味は論理的に等価ではない.その結果,Williams の分析によると,(19d) における先行詞の動詞句と省略された動詞句は同一とは見なされず,(18) の動詞句省略文にはスロッピーの解釈が許されないことになってしまう.しかし,これは事実に反する.(18) の動詞句省略文の解釈は,Shallow Structures を仮定する Sag の削除分析にとっても同様に問題である.

さらに,Williams と Sag の分析は,次の動詞句省略文の解釈も説明できない.

(20) a. The policeman who arrested John read him his rights, but the policeman who arrested Bill didn't. (Wescoat (1989))
b. John's coach thinks he has a chance, and Bill's coach does too. (Rooth (1992a))
c. If Tom was having trouble in school, I would help him. If Harry was having trouble, I wouldn't. (Hardt (1999: 186))
d. (John and Bill both have cats.) When I met John, I talked to his cat, but when I met Bill, I didn't. (Elbourne (2008: 193))

これらの動詞句省略文は，ストリクトとスロッピーの解釈を持つ．例えば，(20b) には，「ビルのコーチもジョンにはチャンスがあると思っている」というストリクトの解釈と「ビルのコーチもビルにはチャンスがあると思っている」というスロッピーの解釈がある．Williams のコピー分析によると，(20b) がストリクトの解釈を持つ場合の派生は次である．

(21) a. John$_1$'s coach [$_{VP}$ thinks he$_1$ has a chance], and Bill's coach does [$_{VP}$ ΔΔΔΔ] too
b. John$_1$'s coach [$_{VP}$ λx (x thinks he$_1$ has a chance)], and Bill's coach does [$_{VP}$ ΔΔΔΔ] too
c. John$_1$'s coach [$_{VP}$ λx (x thinks he$_1$ has a chance)], and Bill's coach does [$_{VP}$ λx (x thinks he$_1$ has a chance)] too

派生 (21a) から (21b) の段階で，派生動詞句規則が適用する．次に，(21b) から (21c) の段階で，先行文内の動詞句構造が省略文内の空構造にコピーされる．この場合，変項 x はラムダ演算子により束縛されているため，文字異形である．また，代名詞 he は John を直接指示する指示代名詞である．したがって，先行詞の動詞句と省略された動詞句は同一であり，(21c) よりストリクトの解釈が生まれる．他方，(20b) がスロッピーの解釈を持つ場合の派生は次である．

第 3 章　省略文に課せられる同一性条件　　147

(22) a. John's coach [$_{VP}$ thinks he has a chance], and Bill's coach does [$_{VP}$ ΔΔΔΔ] too

b. John's coach [$_{VP}$ λx (x thinks he has a chance)], and Bill's coach does [$_{VP}$ ΔΔΔΔ] too

c. John's coach [$_{VP}$ λx (x thinks y has a chance)], and Bill's coach does [$_{VP}$ ΔΔΔΔ] too

d. John's coach [$_{VP}$ λx (x thinks y has a chance)], and Bill's coach does [$_{VP}$ λx (x thinks y has a chance)] too

派生 (22a) から (22b) の段階で派生動詞句規則が適用し，その後，(22b) から (22c) の段階で代名詞 he が変項に書き換えられる．最後に，(22c) から (22d) の段階で，先行文内の動詞句構造が省略文内の空構造にコピーされる．(22d) において，thinks の主語である変項 x はラムダ演算子に束縛される文字異形であるが，ラムダ演算子に束縛されない変項 y は文字異形ではない．この場合，変項 y は様々な値を取る可能性があり，先行詞の動詞句が表す意味と削除された動詞句が表す意味は論理的に等価ではない．その結果，Williams の分析によると，(22d) における先行詞の動詞句と省略された動詞句は同一とは見なされず，(20b) の動詞句省略文はスロッピーの解釈を許さないことになってしまう．しかし，これは事実に反する．(20b) の動詞句省略文の解釈は，Shallow Structures を仮定する Sag の削除分析にとっても同様に問題である．

　文 (18) と (20) の解釈を説明するために，Fiengo and May (1994: 95ff.) は代名詞と先行詞の依存関係に課せられる構造的平行関係の条件を提案している．

(23)　省略箇所における代名詞とそれに対応する先行詞内の代名詞が異なる指標を持つ場合，代名詞と先行詞の依存関係が構造的に平行でなければならない．

文 (18) の省略箇所に先行詞の構造が LF コピーされることにより，次の LF 構造が派生する．

(24) Tom₁ wanted Sue to [ᵥₚ water his₁ plants], while John₂ wanted Mary to [ᵥₚ water his₂ plants]

省略された動詞句内の代名詞と先行詞内の代名詞は異なる指標を持つ．指標 1 を持つ代名詞 his の先行詞は同一指標を持つ Tom であり，指標 2 を持つ代名詞 his の先行詞は同一指標を John である．(23) の条件によると，指標 1 を共有する Tom と his の依存関係と指標 2 を共有する John と his の依存関係が構造的に平行でなければならない．(24) では，Tom と John は共に主節動詞 wanted の主語であり，また，それぞれと依存関係にある his は従属節内の動詞 water の目的語の所有格の位置にある．その結果，異なる指標を持つにもかかわらず，Tom と his の依存関係と John と his の依存関係が構造的に平行であるため，省略された動詞句と先行詞の動詞句は同一構造と見なされる．(20b) の文についても同様の分析が当てはまる．(20b) は，LF コピーにより次の LF 構造を持つ．

(25) John₁'s coach [ᵥₚ thinks he₁ has a chance], and Bill₂'s coach does [ᵥₚ think he₂ has a chance] too

この構造では，指標 1 を持つ代名詞 he も指標 2 を持つ代名詞も共に従属節の主語である．また，それぞれの代名詞と依存関係を持つ先行詞 John と Bill も主節主語内の所有格の位置にある．そのため，指標 1 に基づく依存関係と指標 2 に基づく依存関係は構造的に平行であり，(25) における二つの動詞句は同一構造を持つと見なされる．

このように，Fiengo and May は，ラムダ演算子に基づく LF 構造の同一性条件の分析にとって問題となる動詞句省略文の解釈を，代名詞と先行詞の依存関係に課せられる構造的平行関係の条件により説明している．

3.2.3. 焦点の意味条件

Rooth (1992a) は，Fiengo and May が提案する構造的平行関係の条件では説明できない動詞句省略文の解釈として (26b) を挙げている．

(26) a. Yesterday John₁'s boss told him₁ to shape up, and today Bill₂'s boss did.
   b. Yesterday the guy John₁ works for told him₁ to shape up, and today Bill₂'s boss did.

これらの動詞句省略文にはスロッピーの解釈が許される．LF コピーにより，(26a, b) から次の LF 構造が派生する．

(27) a. Yesterday John₁'s boss [_VP_ told him₁ to shape up], and today Bill₂'s boss did [_VP_ tell him₂ to shape up]
   b. Yesterday the guy John₁ works for [_VP_ told him₁ to shape up], and today Bill₂'s boss did [_VP_ tell him₂ to shape up]

構造 (27a) では，省略された動詞句と先行詞の動詞句が異なる指標を持つ代名詞を含む．しかしながら，指標 1 に基づく John と him の依存関係と指標 2 に基づく Bill と him の依存関係が構造的に平行であり，Fiengo and May の分析によると (27a) における二つの動詞句は同一構造を持つと見なされる．他方，(27b) では，John が主節動詞 told の主語を修飾する関係詞節内に生起し，Bill が told の主語内の所有格の位置に生起しているため，John と him の依存関係と Bill と him の依存関係が構造的に平行ではない．そのため，(23) の条件を仮定する Fiengo and May の分析の下では，(27b) における二つの動詞句は同一構造を持つとは見なされず，(27b) の構造が許されない．その結果，彼らの分析は，(26b) はスロッピーの解釈を許さないと誤って予測してしまう．次の用例も彼らの分析にとって問題となる．

(28) a. Those who live in New York₁ hate its₁ subway system, and people in Tokyo₂ do too.
   b. The kids in Bill₁'s class picked on him₁, just like Steve₂'s classmates used to.
   c. The orchestra Monica₁ plays for pays her₁ better than Kris₂'s orchestra does.

(Tomioka (1999: 222))

これらの動詞句省略文はスロッピーの解釈を持つが，LF コピー後の構造において，指標 2 に基づく依存関係と指標 1 に基づく依存関係が構造的に平行ではない．

　Rooth（1992a）は，これらの省略文の解釈を焦点の認可に基づく意味的対比条件の観点から説明している．まずは，この意味的対比条件の基盤となる焦点の代替意味論（Alternative Semantics for Focus）を概観しておこう．Rooth（1985, 1992b）によると，焦点化が持つ一般的な機能は，焦点化された表現に代わる選択肢の存在を意味するところにある．次の文を考えてみよう．

(29) a. JOHN wants coffee.
　　　b. John wants COFFEE.

これらの文では，大文字の語句が焦点化されている．これらの文における焦点の位置は異なるが，どちらの文も「ジョンがコーヒーを欲しがっている」という命題の意味を表している．代替意味論では，この意味は通常の意味（ordinary semantic value）と呼ばれ，焦点語句に左右されない意味として定義される．しかし，この通常の意味だけでは (29a, b) が使われる文脈の違いを説明できない．例えば，(29a) は疑問文 'Who wants coffee?' の答えとして，他方，(29b) は疑問文 'What does John want?' の答えとして使われる．(29a) を 'What does John want?' の答えとして，また，(29b) を 'Who wants coffee?' の答えとして使うことはできない．この文脈の違いを説明するのが，文の二義的な意味としての焦点の意味（focus semantic value）である．焦点の意味は，(29) における焦点化された語句を変項に置き換えた下記の代替集合（set of alternatives）により表される．

(30) a. {p: ∃x [p = that x wants coffee]}
　　　b. {p: ∃x [p = that John wants x]}

文 (29a) より (30a) の代替集合，また，(29b) より (30b) の代替集合がそれぞれ派生する．(30a) の変項 x はジョン以外の選択肢を取り得るのに対し，(30b) の変項 x はコーヒー以外の選択肢を取り得る．その結果，(30a)

の代替集合は,「トムがコーヒーを欲しがっている」,「ビルがコーヒーを欲しがっている」等々の命題の集合を意味する．他方,(30b) は「ジョンが紅茶を欲しがっている」,「ジョンがビスケットを欲しがっている」等々の命題の集合を意味する．したがって,(30a) の代替集合を持つ (29a) の文はコーヒーを飲みたがっている人物を問題とする 'Who wants coffee?' の答えとして使われ,(30b) の代替集合を持つ (29b) の文はジョンが欲しがっている物を問題とする 'What does John want?' の答えとして使われる．このように,代替集合により示される焦点の意味は,焦点を伴った文がどのような文脈で使われるかについて説明を与えてくれる．

このような焦点の代替意味論の観点から,まずは,(26a) を考えてみよう．Rooth の分析によると,(26a) は次の LF 構造を持つ．

(31) Yesterday John$_1$'s boss [$_{VP}$ told him$_1$ to shape up], and today Bill$_2$'s boss did [$_{VP}$ tell him to shape up]

この構造では,Bill と John が対比の関係にあり,両者に焦点が当てられている．したがって,焦点化されている Bill を変項に置き換えることにより,次の二つの代替集合が派生する．

(32) a. {p: ∃x [p = x's boss told John to shape up]}
    b. {p: ∃x [p = x's boss told x to shape up]}

代替集合 (32a, b) の違いは,(31) の第二等位項内の代名詞 him が指示代名詞として機能しているか,あるいは,束縛代名詞として機能しているかの違いを示している．すなわち,him が John を先行詞とする指示代名詞である場合は (32a) の代替集合が派生し,この代替集合は「ジョンの上司はジョンに体調を整えるよう伝えた」,「トムの上司はジョンに体調を整えるよう伝えた」等々の命題の集合を意味する．他方,him が主語内で所有格を付与されている要素より値を受ける束縛代名詞である場合は (32b) が派生し,この代替集合は「ジョンの上司は彼(=ジョン)に体調を整えるよう伝えた」,「トムの上司は彼(=トム)に体調を整えるよう伝えた」等々の命題の集合を意味する．(31) の Bill に付与された焦点が認可されるためには,(32a, b)

の集合のメンバーとなる命題を成立させる個体としてビル以外の人物も存在しなければいけない．(31) の第一等位項内の him をジョンを指す指示代名詞として解釈した場合，第一等位項の文は「ジョンの上司はジョンに体調を整えるよう伝えた」という意味になる．その結果，(32a) で表されている代替集合のメンバーとなる命題を成立させる個体としてビル以外にもジョンが存在することになり，「ジョンの上司はジョンに体調を整えるよう伝え，ビルの上司はジョンに体調を整えるよう伝えた」というストリクトの解釈が派生する．また，(31) の第一等位項内の him をジョンを先行詞とする束縛代名詞として解釈した場合，第一等位項の文は「ジョンの上司は彼（＝ジョン）に体調を整えるよう伝えた」という意味になる．その結果，(32b) で表されている代替集合のメンバーとなる命題を成立させる個体としてビル以外にもジョンが存在することになり，「ジョンの上司は彼（＝ジョン）に体調を整えるよう伝え，ビルの上司は彼（＝ビル）に体調を整えるよう伝えた」というスロッピーの解釈が派生する．同様の分析が，(15) と (18) についても当てはまる．

　次に，(26b) を考えてみよう．LF コピーを仮定する Rooth の分析によると，(26b) は次の LF 構造を持つ．

(33) Yesterday the guy John$_1$ works for [$_{VP}$ told him$_1$ to shape up], and today Bill$_2$'s boss did [$_{VP}$ tell him to shape up]

この構造において，対比の関係にある John と Bill は焦点化されているため，第二等位項から (32a, b) の代替集合が派生する．また，(33) における第一等位項と第二等位項の主語が表す意味には，次の含意関係が成立する．

(34) if a works for b, then b is a's boss.

したがって，(34) に基づき，(33) の第一等位項は (31) の第一等位項と同じ意味を持つことになる．その結果，(31) と同様，(33) の省略文にもストリクトの解釈とスロッピーの解釈の両方が許される．同様の分析が，(28) についても当てはまる．

　さらに，Rooth の分析は，省略文が示す解釈のみを説明するのではなく，

次のような音韻弱化 (phonological reduction) が適用された文の解釈も説明できる.

(35) John₁'s coach thinks he₁ has a chance, and Bill's *coach thinks he has a chance*, too.

この文では，斜体字の部分が強勢を含まないフラットなイントネーションで発音される．(35) は，(36)（= (20b)）の動詞句省略文と同様，ストリクトとスロッピーの解釈を持つ．

(36) John₁'s coach thinks he₁ has a chance, and Bill's coach does too.

文 (35) と (36) は次の LF 構造を共有する．

(37) John₁'s coach thinks he₁ has a chance, and Bill's coach does [$_{vP}$ think he has a chance] too

また，副詞 too により Bill が焦点化されているため，(37) から次の代替集合が派生する．

(38) a. {p: ∃x [p = x's coach thinks John has a chance]}
    b. {p: ∃x [p = x's coach thinks x has a chance]}

代替集合 (38a) は，(37) における第二等位項内の代名詞 he が指示代名詞として機能している構造から派生する．他方，(38b) の代替集合は，he が束縛代名詞として機能している構造から派生する．(37) の第一等位項内の he をジョンを指す指示代名詞として解釈した場合，第一等位項の文は「ジョンのコーチがジョンにはチャンスがあると思っている」という意味になる．その結果，(38a) で表されている代替集合のメンバーとなる命題を成立させる個体としてビル以外にジョンも存在することになり，「ジョンのコーチがジョンにはチャンスあると思っており，ビルのコーチもジョンにはチャンスがあると思っている」というストリクトの解釈が派生する．また，(37) の第一等位項内の he をジョンを先行詞とする束縛代名詞として解釈した場合，第一等位項の文は「ジョンのコーチが教えている選手であるジョンにはチャ

ンスがあると思っている」という意味になり，(38b) の代替集合のメンバーとなる命題を成立させる個体としてビル以外にジョンも存在する．その結果，「ジョンのコーチが自分の教えている選手であるジョンにチャンスがあると思っており，ビルのコーチも自分の教えている選手であるビルにチャンスがあると思っている」というスロッピーの解釈が派生する．このように，(36) の動詞句省略文の解釈と (35) の強勢を含まないフラットなイントネーションで発音される文の解釈は，焦点の意味の観点から統一的に説明される．このことは，Rooth の意味的対比条件は省略文にのみ適用される条件ではなく，焦点を含む文に適用されるより一般的な条件であることを意味する．

以上，本節では，Fiengo and May の構造的平行条件にとっての問題が Rooth が提案する焦点の認可に関するより一般的な意味的対比条件に基づく分析により解決できることを見た．

3.2.4. 動詞句省略文と間接疑問縮約文の相違点

ここまで，動詞省略文の解釈を説明する際に，Williams や Sag が提案するラムダ演算子に基づく LF 構造の同一性条件や Fiengo and May が提案する依存関係に課せられる構造的平行条件よりも，Rooth が提案する焦点の認可に基づく意味的対比条件を仮定したほうが経験的に妥当であることを見てきた．しかし，この意味的対比条件だけでは，以下で述べる動詞句省略文と間接疑問縮約 (Sluicing) 文の二つの相違点を説明できない．

一点目は，潜在項 (implicit argument) に関する違いである．間接疑問縮約文では，残留要素である疑問詞に対応する語句が先行文において具現化する場合と具現化しない場合がある．

(39) a. She's reading something. I can't imagine what.
　　 b. She's reading. I can't imagine what.

(39a) では残留要素 what に対応する語句である something が先行文に存在するが，(39b) では対応語句が存在しない．(39b) の場合，what の対応語句は，動詞 read が持つ主題 (Theme) という意味役割を担う潜在項であ

る．一方，動詞句省略文では，動詞の目的語が疑問詞として残留要素となる場合，目的語に対応する語句は必ず先行文中に具現化されなければならない．

(40) a.??John was reading something, but I don't know what Mary was.
b. *John was reading, but I don't know what Mary was.

(41) a. ?I heard John had read Plato and Aristotle, but I don't know which he really had.
b. *I heard John had read, but I don't know what he really had.

(42) a. ?I heard John can speak French, Spanish and Italian, but I don't know which he really can.
b. *I heard John can speak, but I don't know what language he really can.

インフォーマントの判断によると，これらの例文において，残留要素であるwh 語句に対応する要素が存在する (a) は容認可能性が若干落ちるが，対応要素が存在しない (b) は完全に非文である．この対比は，動詞句省略文の場合，潜在項が残留要素の対応語句になれないことを示す．LF コピーを仮定する Rooth の分析によると，(39b) と (40b) はそれぞれ (43a) と (43b) の LF 構造を持つ．

(43) a. [TP She's reading]. I can't imagine what [TP she is reading]
b. John was [vP reading], but I don't know what Mary was [vP reading]

これらの構造より派生する代替集合には違いはなく，Rooth の提案する焦点に基づく意味的対比条件の下で，(39b) と (40b) の違いがどのように説明されるか不明である．

さらに，残留要素である疑問詞に対応する語句が先行文において具現化する場合も，間接疑問縮約文と動詞句省略文は異なる振る舞いを示す．

(44) a. They said they heard about a Balkan language, but I don't know which Balkan language.
　　b. *They said they heard about a Balkan language, but I don't know which Balkan language they did.

(Lasnik (2001: 317))

(45) a. They heard a lecture about a Balkan language, but I don't know which Balkan language.
　　b. *They heard a lecture about a Balkan language, but I don't know which Balkan language they did.

(46) a. They studied a Balkan language, but I don't know which Balkan language.
　　b.??They studied a Balkan language, but I don't know which Balkan language they did.

(Lasnik (2001: 318))

間接疑問縮約文である (a) では，疑問詞 which Balkan language が先行文中の不定名詞句 a Balkan language に対応する解釈が可能である．例えば，(44a) の間接疑問縮約文は I don't know which Balkan language they said they heard about として解釈される．他方，動詞句省略文である (44b) は，which Balkan language が先行文における a Balkan language に対応する解釈を許さない．LF コピーを仮定する Rooth の分析によると，(44a) と (44b) は次の同一の LF 構造を持つ．

(47) [TP They [vP said they heard about a Balkan language]], but I don't know [CP which Balkan language [TP they did [vP say they heard about a Balkan language]]]

この構造から派生する代替集合は一つである．そのため，(44a) と (44b) の違いが焦点に基づく意味的対比条件の下でどのように説明されるのかが不明である．

3.3. 提案

前節では，省略箇所と先行詞に課せられる同一性条件を考える際に，Rooth の提案する焦点の認可に基づく意味的対比条件が有効であるが，この意味的条件だけでは動詞句省略と間接疑問縮約に見られる二つの相違点を捉えることができないことを述べた．本節では，Rooth の意味的対比条件以外に，PF 削除操作が適用する際に課せられる PF 構造の同一性条件を仮定することにより，この二つの相違点が説明されることを提案する．

3.3.1. PF 構造の同一性条件

前章では，間接疑問縮約文と動詞句省略文がそれぞれ LF コピーと PF 削除により派生すると提案した．

(48) a. Bill is writing, but you can't imagine where.
   b. [$_{TP}$ Bill is writing], but you can't imagine [$_{CP}$ where C<C-F> [e]]

(49) a. John loves Mary, and Tom does too.
   b. John loves Mary, and [$_{TP}$ Tom$_1$ does [$_{vP}$ ~~t$_1$~~ v<D-F> [$_{vP}$ ~~love Mary~~]]] too

間接疑問縮約文の構造を示す (48b) では，Copy 素性 (C-F) を持つ C が補部に空所スロット [e] を選択する．(48b) に音声化 (Spell-Out) が適用され，PF では where 以下の要素は存在しない．また，LF では括弧で示した先行詞の TP(Bill is writing) が空所にコピーされ，省略文が解釈される．他方，動詞句省略文の構造を示す (49b) では，主語の Tom が vP 指定部から TP 指定部に移動した後で音声化が適用し，Deletion 素性 (D-F) を持つ v の最大投射 vP が PF で削除される．

これら二つの派生を仮定した上で，省略箇所と先行詞の同一性の問題を考えてみよう．省略文が LF コピーにより派生する場合，空所スロットに先行詞の構造がコピーされた LF 構造に対して Rooth の提案する意味的対比条件が適用される．その結果，省略文中の焦点要素が認可される．PF 削除に

より派生する省略文にも焦点要素が含まれるため，PF削除により派生する省略文のLFに対しても意味的対比条件が同様に適用される．したがって，コピーと削除のいずれの操作により派生する省略文においても，焦点要素を認可する意味的対比条件が適用される．

また，先行詞の構造をLFでコピーする派生とは異なり，PF削除による派生においては，削除箇所と先行詞の構造の同一性をどのレベルで捉えるのかが重要な問題となる．この問題に対して，Sag (1976, 1979) は，PFの削除操作とLFの派生動詞句規則の入力となるShallow Structuresを仮定し，削除箇所と先行詞の同一性はラムダ演算子に基づくLFで決まるという仮説を提案した．他方，本論では，Hankamer and Sag (1976) の仮説を採用し，削除操作の適用自体に同一性条件が課せられると仮定する．すなわち，ある要素をPF削除する場合，削除箇所と先行詞のPF構造が同一でなければならないと仮定する．例えば，次の派生を見てみよう．

(50) a. [$_{TP}$ John T [$_{vP1}$ John v [$_{VP}$ love Mary]]], and [$_{TP}$ Tom T [$_{vP2}$ Tom v<D-F> [$_{VP}$ love Mary]]] too
b. [$_{TP}$ John T [$_{vP1}$ t$_{John}$ v [$_{VP}$ love Mary]]], and [$_{TP}$ Tom T [$_{vP2}$ t$_{Tom}$ v<D-F> [$_{VP}$ love Mary]]] too
c. [$_{TP}$ John T [$_{vP1}$ t$_{John}$ v [$_{VP}$ love Mary]]], and [$_{TP}$ Tom T [$_{vP2}$ t$_{Tom}$ v<D-F> [$_{VP}$ love Mary]]] too

構造 (50a) において，主語のJohnとTomがvP指定部からTP指定部へ移動し，元位置にはコピーが残される．次に，(50b) において，移動操作により生じた元位置のコピーが削除され痕跡に変わる．(50c) におけるvP1とvP2は共にvP指定部に主語の痕跡が生起し，また，vP主要部の補部には同一のVPが生起する．その結果，vP1とvP2は同一のPF構造を持ち，前者を先行詞として後者をPF削除できる．

このように，省略文が削除操作により派生する場合，PFにおける構造上の同一条件とLFにおける意味上の対比条件の二つが省略文の文法性を決定する．

3.3.2. 動詞句省略文と間接疑問縮約文が示す相違点の説明

以上の点を仮定した場合，前節で述べた先行分析にとって問題となる省略文の用例がどのように説明されるのかを見ていこう．まずは，潜在項に関する間接疑問縮約文と動詞句省略文との違いを示す (51)-(54)（= (39)-(42)）を考えてみよう．

(51) a. She's reading something. I can't imagine what.
   b. She's reading. I can't imagine what.

(52) a.??John was reading something, but I don't know what Mary was.
   b. *John was reading, but I don't know what Mary was.

(53) a. ?I heard John had read Plato and Aristotle, but I don't know which he really had.
   b. *I heard John had read, but I don't know what he really had.

(54) a. ?I heard John can speak French, Spanish and Italian, but I don't know which he really can.
   b. *I heard John can speak, but I don't know what language he really can.

本論の分析によると，これらの例文における間接疑問縮約文と動詞句省略文の対比は，PF 削除と LF コピーの違いとして説明される．まず，間接疑問縮約文の場合から考えてみよう．本論の提案によると，(51a) の間接疑問縮約文は派生の段階で次の構造を持つ．

(55) I can't imagine [$_{CP}$ what C<C-F> [e]]

what に対応する語句 something が先行文中に存在する (51a) の場合，音声化後の LF において先行詞が空所にコピーされ，次の構造が派生する．

(56) I can't imagine [$_{CP}$ what C<C-F> [$_{TP}$ she was reading something]]

不定名詞句 something は LF で疑問詞 what の変項として解釈されるため，次の意味表示が派生する (Chung, Ladusaw and McCloskey (1995))．

(57)　I can't imagine [_CP which x (x is a thing) [_TP she was reading x (x is a thing)]]

また，what に対応する語句が先行文中に具現化していない (51b) の場合，LF で先行詞が空所にコピーされる際，動詞 reading の潜在項が空範疇 DP としてスプラウトされる (Chung, Ladusaw and McCloskey (1995))．その結果，LF において，(51b) は次の意味表示を持つ．

(58)　I can't imagine [_CP what C<C-F> [_TP she was reading DP]]

この構造では，スプラウトされた DP が what の変項として機能する．このように，残留要素である疑問詞に対応する語句の具現化に関わらず，間接疑問縮約文は許される．

　他方，動詞句省略文の場合，残留要素 what に対応する something が先行文中に存在する (52a) は，派生の段階で次の構造を持つ．

(59)　John was [_vP reading something], but I don't know what₁ Mary was [_vP t₁' v<D-F> reading t₁]

この構造では，疑問詞 what が動詞 reading の目的語から vP 指定部を経由し，CP 指定部へ移動する．音声化が (59) に適用し，PF では vP 主要部の D-F が削除操作を引き起こす．この場合，先行詞の vP における動詞 reading の目的語は something であるのに対し，削除される vP 内の reading の目的語は what の痕跡である．したがって，これら二つの vP は異なる PF 構造を持つため，PF 削除は許されない．また，残留要素 what に対応する語句が先行文中に存在しない (52b) は，派生の段階で次の構造を持つ．

(60)　John was [_vP reading], but I don't know what₁ Mary was [_vP t₁' v<D-F> reading t₁]

この構造に音声化が適用し PF に送られるが，先行詞の vP と削除を受ける vP は痕跡の有無の点において異なる PF 構造を持つ．その結果，(60) における PF 削除は許されない．同様の分析が (53) と (54) の動詞句省略文に

ついても当てはまる．このように，潜在項に関する間接疑問縮約文と動詞句省略文の対比は，PF削除とLFコピーの違いとして説明できる．[1]

次に，間接疑問縮約文と動詞句省略文の二点目の違いを示す (61)-(63)（=(44)-(46)）を考えてみよう．

(61) a. They said they heard about a Balkan language, but I don't know which Balkan language.
b. *They said they heard about a Balkan language, but I don't know which Balkan language they did.

(62) a. They heard a lecture about a Balkan language, but I don't know which Balkan language.
b. *They heard a lecture about a Balkan language, but I don't know which Balkan language they did.

(63) a. They studied a Balkan language, but I don't know which Balkan language.
b. ??They studied a Balkan language, but I don't know which Balkan language they did.

本論の分析によると，これらの例文における間接疑問縮約と動詞句省略の対比は，両者の派生の違いとして説明できる．まず，間接疑問縮約文の派生を考えてみよう．本論の分析の下，(61a) の間接疑問縮約文の派生は次である．

(64) a. ... I don't know [$_{CP}$ which Balkan language C<C-F> [e]]
b. ... I don't know [$_{CP}$ which Balkan language C<C-F> [$_{TP}$ they said they heard about a Balkan language]]

構造 (64a) に音声化が適用された後のLFで，空所に先行詞がコピーされ，(64b) が派生する．(64b) では，不定名詞句 a Balkan language が疑問詞 which の変項として機能する．その結果，(61a) の間接疑問縮約文は許され

---

[1] (53a) と (54a) の容認可能性が高い理由については，4.3.2 節で説明する．

る．同様な分析が (62a) と (63a) についても当てはまる．

他方，動詞句省略文の場合，(61b) は音声化の段階で次の構造を持つ．

(65) They [$_{vP1}$ said they heard about a Balkan language], but I don't know [$_{CP}$ which Balkan language$_i$ they [$_{vP2}$ t$_1$' v<D-F> said [$_{CP}$ t$_1$' they [$_{vP}$ t$_1$' heard about t$_1$]]]]

この構造では，which は vP と CP の指定部を経由して連続循環移動を行っている．(65) において，D-F を持つ vP2 の削除が許されるためには，vP2 と vP1 が同一の PF 構造を持たなければならない．しかしながら，削除される vP2 内には which の移動が残した痕跡（元位置の痕跡 t$_1$ と中間痕跡 t$_1$'）が存在するが，先行詞の vP1 には痕跡が一切存在しない．また，vP1 内の about の補部には a Balkan language が存在するが，vP2 には存在しない．その結果，vP1 と vP2 は異なる PF 構造を持ち，vP2 を PF 削除できない．同様な分析が (62b) と (63b) についても当てはまる．これらの PF 構造は次である．

(66) They [$_{vP1}$ heard a lecture about a Balkan language], but I don't know [$_{CP}$ which Balkan language$_i$ they [$_{vP2}$ t$_1$' v<D-F> heard a lecture about t$_1$]]

(67) They [$_{vP1}$ studied a Balkan language], but I don't know [$_{CP}$ which Balkan language$_i$ they [$_{vP2}$ t$_1$' v<D-F> studied t$_1$]]

これらの構造においても，先行詞となる vP1 と削除される vP2 が同一の PF 構造を持たないため，vP2 を削除することが許されない．その結果，(61)-(63) における (b) の動詞句省略文の容認可能性が落ちる．[2]

本論の分析は，先行詞の動詞句から疑問詞が抜き出された場合，省略された動詞句内からの wh 移動が可能になると予測するが，この予測は正しい．

---

[2] 先行文との間に対比の関係が見られる場合，動詞句省略文からの wh 移動が許されるが，これについては 4.3.2 節で論じる．

第 3 章 省略文に課せられる同一性条件　　163

(68) a. I know what I LIKE and what I DON'T.
　　 b. I know which books she READ, and which she DIDN'T.
　　 c. What VP ellipsis CAN do, and what it CAN'T.

(Merchant (2008a: 140))

本論の分析によると，これらの文は次の構造を持つ．

(69) a. I know what$_2$ I [$_{vP1}$ t$_2'$ LIKE t$_2$] and what$_3$ I DON'T [$_{vP2}$ t$_3'$ v<D-F> like t$_3$]
　　 b. I know which books$_2$ she [$_{vP1}$ t$_2'$ READ t$_2$], and which$_3$ she DIDN'T [$_{vP2}$ t$_3'$ v<D-F> read t$_3$]
　　 c. What$_2$ VP ellipsis CAN [$_{vP1}$ t$_2'$ do t$_2$], and what$_3$ it CAN'T [$_{vP2}$ t$_3'$ v<D-F> do t$_3$]

これらの構造において，先行詞を含む文と省略文共に，wh 疑問詞が基底生成された目的語の位置から vP 指定部を経由して CP 指定部に移動している．その結果，省略された動詞句と先行詞は同一の PF 構造を持つことになり，PF 削除の適用が許される．

このように，動詞句省略文の可否を決める条件として削除操作が適用する PF 構造の同一性を仮定する本論の分析が正しいとすると，Williams と Sag がラムダ演算子を組み込んだ LF 構造の同一性に基づいて説明していた (70) (=(4)) の解釈を別の方法で説明しなければならない．

(70) John told Bill about himself and George did too.

本論の分析によると，この文の解釈は Rooth が提案する意味的対比条件により説明される．(70) の LF 構造は次である．

(71) John told Bill about himself and George did [$_{vP}$ tell Bill about himself] too

副詞 too により焦点化された George を変項に置き換えることにより，(71) から次の二つの代替集合が派生する．

(72) a. {p: ∃x [p = x told Bill about x]}
　　 b. {p: ∃x [p = x told Bill about Bill]}

代替集合 (72a, b) の違いは，(71) の第二等位項内の再帰代名詞 himself の先行詞の違いを示している．すなわち，himself が主語を先行詞に取る場合は (72a) の代替集合が派生し，「自分のことをビルに話したジョージ以外の人物の集合」を意味する．他方，himself の先行詞が目的語の Bill の場合は (72b) が派生し，「ビルについてビルに話したジョージ以外の人物の集合」を意味する．副詞 too の意味により，(72a, b) の代替集合のメンバーとしてジョージ以外の選択肢が存在しなければいけない．(72a) の変項 x にジョンを代入した場合，「ジョンがジョン自身についてビルに話した」という意味になるが，この意味は (71) の第一等位項内の himself が主語 John を先行詞に取る場合の解釈である．また，(72b) の変項 x にジョンを代入した場合，「ジョンがビルについてビルに話した」という意味になり，これは (71) の第一等位項内の himself が主語 Bill を先行詞に取る場合の解釈である．したがって，(72a, b) の代替集合からは，「ジョンがジョン自身についてビルに話をし，また，ジョージがジョージ自身についてビルに話をした」と「ジョンがビルについてビルに話をし，また，ジョージがビルについてビルに話をした」という二つの解釈のみが得られる．これ以外の解釈，例えば，「ジョンがジョン自身についてビルに話をし，また，ジョージがビルについてビルに話をした」という解釈は，(72) の代替集合からは派生しない．このように，(70) の動詞句省略文が許す解釈は，代替集合により表された焦点の意味の観点から説明される．

　以上，本節では，間接疑問縮約文と動詞句省略文がそれぞれ LF コピーと PF 削除により派生し，また，PF 削除操作には PF 構造の同一性が課せされると仮定することにより，これら二つの省略文の相違点を説明した．

3.4. さらなる帰結

3.4.1. 動詞の形態的同一性

この節では，動詞句省略文における省略される動詞と先行詞の形態的同一性の問題について考える．次の動詞句省略文を見てみよう．

(73) a. John slept, and Mary will too.
   b. John sleeps (every afternoon), and Mary should too.
   c. ?John was sleeping, and Mary will too.
   d. John has slept, and Mary will too.

(74) a. *John was here, and Mary will too.
   b. *John is here, and Mary will too.
   c. John will be here, and Mary will too.

(Lasnik (1999a: 108-109))

文 (73) では，助動詞の後で原形動詞 sleep が省略されている．これらの文が文法的であることから，一般動詞の場合，省略される動詞と先行詞が形態的に同一ではない時でも省略が許されることが分かる (Quirk et al. (1972), Sag (1976))．他方，助動詞の後で be 動詞が省略されている (74) では，省略される動詞と先行詞が形態的に同一である (74c) は文法的であるが，両者が異なる (74a, b) は非文である (Warner (1986))．be 動詞と同様に，助動詞 have が省略される場合も形態的同一性が要求される．

(75) a. John should have left, but Mary shouldn't ~~have left~~.
   b. *John has left, but Mary shouldn't ~~have left~~.

(Lasnik (1999a: 110))

Lasnik は，これらの事実を説明するために，(76) の仮定に基づく分析を提案している．

(76) a. 動詞が省略できるのは，同一の形を持つ先行詞が存在する時に限られる．

b. be 動詞と助動詞 have は接辞を伴った形で統語構造に導入される．一方，一般動詞と接辞は別々の統語位置に導入され，両者は統語部門で結合される．

(Lasnik (1999a: 112))

この仮定によると，(73) の動詞句省略文は派生のある段階で次の構造を持つ．

(77) a. John -ed [vP sleep], and Mary will [vP sleep] too
　　 b. John -s [vP sleep] (every afternoon), and Mary should [vP sleep] too
　　 c. ?John was -ing [vP sleep], and Mary will [vP sleep] too
　　 d. John has -ed [vP sleep], and Mary will [vP sleep] too

これらの構造では，一般動詞の sleep と接辞が別々の位置に生じ，Affix hopping により両者は結合する (Chomsky (1957))．Affix hopping が適用される前の段階で，省略される動詞と先行詞の形態的同一性が成立するため，削除の適用が許される．その結果，(73) の動詞句省略文は文法的である．他方，(74) と (75) の動詞句省略文は派生のある段階で次の構造を持つ．

(78) a. *John INFL [vP was here], and Mary will [vP be here] too
　　 b. *John INFL [vP is here], and Mary will [vP be here] too
　　 c. John will [vP be here], and Mary will [vP be here] too
(79) a. John should [vP have left], but Mary shouldn't [vP have left]
　　 b. *John INFL [vP has left], but Mary shouldn't [vP have left]

これらの構造では，be 動詞と助動詞 have が接辞を伴った状態で動詞句内に基底生成されている．(78a, b) と (79b) では，省略される動詞と先行詞が形態的に同一ではないため，これらの構造に削除を適用できない．他方，(78c) と (79a) では，省略される動詞と先行詞が形態的に同一であるため，これらの構造における動詞を削除できる．このように，Lasnik は，動詞と

接辞の結合の仕方が be 動詞，助動詞 have と一般動詞では異なると仮定することにより，(73)-(75) における動詞句省略文の可否を説明している．[3]

しかしながら，Lasnik の分析は，彼自身も認めるように，次の動詞句省略文を説明できない．

(80) a. John may be questioning our motives, but Peter hasn't.
    b. Peter saw your parents last week, but he hasn't since.

(Lasnik (1999a: 113))

Lasnik の分析によると，これらの文は，派生のある段階で次の構造を持つ．

(81) a. [TP John may [vP be -ing [vP question our motives]]], but [TP Peter has₁ not [vP t₁ -ed [vP question our motives]]]
    b. [TP Peter -ed [vP see your parents] last week], but [TP he has₁ not [vP t₁ -ed [vP see your parents]] since]

これらの構造では，進行形の接辞 -ing と完了形の接辞 -ed が動詞と別々の位置に基底生成されている．これらの文における動詞句 vP は同一の形であるため，vP を削除できる．しかしながら，削除操作を (81) に適用した場合，接辞 -ed が取り残されることになり，(80) の動詞句省略文が派生されない．また，(81) における接辞 -ed が動詞 question に結合した場合，削除される動詞と先行詞が形態的に同一ではなく，vP に削除操作を適用できない．したがって，Lasnik の分析は (80) の文法的動詞句省略文を派生できない．[4]

---

  [3] 英語において，be 動詞と助動詞は動詞句内から TP 主要部へ移動するのに対し，一般動詞は動詞句内に止まるという仮説を補文標識の省略に関する事実より支持する議論については，Ogawa (2001) を参照．

  [4] Lasnik は，接辞 -ing では，削除される動詞と先行詞の形態的同一性が保たれない場合，動詞句省略が許されないとしている．

(i) a. *John slept, and Mary was ~~sleeping~~ too.
    b. *John will sleep. Mary is ~~sleeping~~ now.

(Lasnik (1999a: 111))

文 (80) の文法性を説明するために，次の仮定を採用しよう．

(82) 動詞と結合した接辞は，PF 削除に課せられる同一性条件にとって不可視となる．

この仮定の下では，(80) における削除操作は，接辞が動詞と結合する前の (81) の構造ではなく，結合した後の次の構造に適用される．

(83) a. [$_{TP}$ John may [$_{VP}$ be [$_{vP}$ questioning our motives]]], but [$_{TP}$ Peter has$_1$ not [$_{VP}$ t$_1$ [$_{vP}$ questioned our motives]]]
b. [$_{TP}$ Peter [$_{vP}$ saw your parents] last week], but [$_{TP}$ he has$_1$ not [$_{VP}$ t$_1$ [$_{vP}$ seen your parents]] since]

これらの構造においては，第一等位項内の動詞と第二等位項内の動詞は異なる接辞を持つが，(82) によると，両者は同一と見なされる．その結果，第二等位項の vP に対して PF 削除を適用できる．同様の分析が，(73c, d) にも当てはまる．

仮定 (82) の下，(84) (= (74)) と (85) (= (75)) の動詞句省略文を考えてみよう．

(84) a. *John was here, and Mary will too.
b. *John is here, and Mary will too.
c. John will be here, and Mary will too.

(85) a. John should have left, but Mary shouldn't have left.
b. *John has left, but Mary shouldn't have left.

しかしながら，削除される動詞にのみ接辞 -ing が含まれる用例として，Postdam (1997) は次を挙げている．

(ii) a. John left because Mary was leaving.
b. The baby will sleep if he sees that his brother is sleeping.

(Postdam (1997: 359, note 1))

文 (ii) が文法的である場合，これらの用例も Lasnik の分析にとって問題となる．

第 3 章　省略文に課せられる同一性条件　　　169

本論の分析によると，これらの文は次の PF 構造を持つ．

(86) a. *[TP John was₁ [VP t₁ [vP v here]]], and [TP Mary will [VP be [vP v here]]] too
   b. *[TP John is₁ [VP t₁ [vP v here]]], and [TP Mary will [VP be [vP v here]]] too
   c. [TP John will [VP be [vP v here]]], and [TP Mary will [VP be [vP v here]]] too

(87) a. [TP John should [VP have [vP left]]], but [TP Mary shouldn't [VP have [vP left]]]
   b. *[TP John has₁ [VP t₁ [vP left]]], but [TP Mary shouldn't [VP have [vP left]]]

　構造 (86a, b) における第一等位項では，接辞を伴った形で統語構造に導入された be 動詞が統語部門において基底生成された VP 主要部から TP 主要部に繰り上がる．また，第二等位項では，PF 削除を駆動する vP 主要部の D-F が vP レベルから上位の VP レベルへ浸透し，be 動詞を含む VP 全体が削除操作の対象となる．削除操作の適用が許されるためには，削除される VP と同一の VP が先行文内に存在しなければならない．しかし，第一等位項内の VP には TP 主要部に移動した be 動詞の痕跡が含まれている．したがって，(86a, b) においては，第一等位項内の VP と第二等位項内の VP が同一ではなく，PF 削除が許されない．

　同様の分析が，(87b) についても当てはまる．この構造における第一等位項では，接辞を伴った形で統語構造に導入された助動詞 has が統語部門において VP 主要部から TP 主要部に移動する．また，第二等位項では，PF 削除を引き起こす vP 主要部の D-F が vP レベルから上位の VP レベルへ浸透する．削除操作の適用が許されるためには，削除される VP と同一の VP が存在しなければならない．しかし，第一等位項の文内の VP には TP 主要部に移動した助動詞 has の痕跡が含まれている．したがって，(87b) においては，第一等位項内の VP と第二等位項内の VP が同一ではなく，後者を PF 削除できない．

他方，構造 (86c) と (87a) においては，TP 主要部には既に助動詞が存在するため，接辞を伴った形で統語構造に導入された be 動詞と助動詞 has が統語部門において TP 主要部に繰り上がらない．その結果，第一等位項内の VP には痕跡が存在しないため，第一等位項内の VP と第二等位項内の VP が PF では同一であると見なされ，後者に PF 削除を適用できる．したがって，これらの省略文は許される．

さらに，次の動詞句省略文を見てみよう．

(88) a. You are a good teacher, and John is ~~a good teacher~~ too.
 b. You are angry, and John is ~~angry~~ too.
 c. You are in good shape, and John is ~~in good shape~~ too.

(Sato (2014: 71))

本論の分析によると，これらの文は次の構造を持つ．

(89) a. [TP You are₁ [VP t₁ [vP v a good teacher]]], and [TP John is₂ ~~[VP t₂ [vP v a good teacher]]~~] too
 b. [TP You are₁ [VP t₁ [vP v angry]]], and [TP John is₂ ~~[VP t₂ [vP v angry]]~~] too
 c. [TP You are₁ [VP t₁ [vP v in good shape]]], and [TP John is₂ ~~[VP t₂ [vP v in good shape]]~~] too

これらの構造では，先行文と省略文の両方において，be 動詞が VP 主要部から TP 主要部に移動している．二つの VP が共に痕跡を含むため，これらは同一の PF 構造を持つことになり，PF 削除が許される．

以上，本節では，動詞句省略文が PF 削除により派生すると仮定した上で，動詞句省略文における動詞の形態的同一性の問題を考察した．本論の分析は，Lasnik が指摘する形態的同一性に関する一般動詞と be 動詞，助動詞 have に見られる違いを説明でき，さらに，Lasnik の分析にとって問題となる用例に対しても統一的説明を与える．

3.4.2. Merchant (2001) の意味分析

本論の分析では，省略文は PF 削除と LF コピーにより派生するが，PF 削除が適用するためには省略箇所と先行詞の PF 構造が同一でなければならない．これに対して，Merchant (2001) は，省略文が PF 削除により派生すると仮定し，統語構造ではなく，含意関係のみに基づく省略箇所と先行詞の意味的同一性条件を提案している．Merchant の分析が正しいとすれば，省略文に課せられる同一性条件は，意味的情報のみで決まることになる．本節では，Merchant の提案する同一性条件を検証する．

3.4.2.1. 含意関係に基づく意味条件

Merchant (2001) は，統語構造を一切考慮せず，含意関係に基づく意味的観点のみから省略箇所と先行詞に課せられる同一性条件を提案している．Merchant の分析は，PF 削除と次の条件に基づく．

(90) a. Focus condition on ellipsis

A constituent α can be deleted only if α is e-GIVEN.

(Merchant (2001: 38))

b. F-closure

The F-closure of α, written F-clo (α), is the result of replacing F-marked parts of α with ∃-bound variables of the appropriate type (modulo ∃-type shifting).

(Merchant (2001: 14))

c. e-GIVENness

An expression E counts as e-GIVEN iff E has a salient antecedent A and, modulo ∃-type shifting,

(i) A entails F-clo (E) and

(ii) E entails F-clo (A)

(Merchant (2001: 26))

GIVEN という概念は，そもそも「焦点の投射」の問題を説明するために Schwarzschild (1999) によって提案されたものである．Schwarzschild は，

焦点を含む文が認可されるためには，焦点の投射による F 標示 (F-marked) された以外の部分が先行詞により含意されなければならないと仮定している．Schwarschild の分析では，先行詞を含む文から焦点を含む文への一方向の含意関係が仮定されているが，Merchant の提案する (90c) では，(i) が示す先行詞を含む文から省略文への含意と (ii) が示す省略文から先行詞を含む文への含意の両方向の含意関係が成立しなければならない．

これらの条件に基づく Merchant の分析の下では，統語的同一性条件を仮定しなくとも，動詞句省略と音韻弱化との違いが説明される．(91) と (92) が示す両者の対比について考えてみよう．

(91) a. Abby called Chuck an idiot after BEN *insulted him*.
  b. Abby ate a sandwich after BEN *had lunch*.
  c. Abby left the party because BEN *took off*.

(Merchant (2001: 15))

(92) a. Abby called Chuck an idiot after BEN did.
  b. Abby ate a sandwich after BEN did.
  c. Abby left the party because BEN did.

(Merchant (2001: 17))

これらの文では，大文字で示した従属節の主語 Ben に強勢が置かれている．また，(91) では，先行文に同一の統語構造を持つ先行詞が存在しないにもかかわらず，二つ目の文における斜体字で示した動詞句は音韻弱化を受け，強勢を含まないフラットなイントネーションで発音される．この場合，先行文は音韻弱化を受けた文を含意する．例えば，(91a) の音韻弱化を受けた文と先行文の間には，次の含意関係が成立する．

(93) if *a* calls *b* an idiot, then *a* insults *b*.

したがって，音韻弱化は，構造の同一性が保たれていなくとも，(93) のような含意関係があれば適用される．他方，(92) の動詞句省略は含意関係の下で認可されない．例えば，(91a) と同一環境にある (92a) の省略箇所は，insult him とは解釈されない．許される解釈は，先行文中の動詞句と同一の

構造を持つ call Chuck an idiot である.

　従来, (91) と (92) に見られるこのような解釈の違いは, 省略箇所と先行詞の間には構造の同一性が成立しなければならないことを示す用例だと考えられてきた (Rooth (1992a)). すなわち, (92a) の動詞句省略文の LF 構造は (94) であり, 省略箇所の解釈は call Chuck an idiot となる.

(94)　Abby [$_{\text{VP}}$ called Chuck an idiot] after BEN did [$_{\text{VP}}$ call Chuck an idiot]

文 (92a) の省略箇所が insult him と解釈されるためには, 省略箇所に先行詞の動詞句の構造とは異なる insult him が存在しなければならない. しかし, この解釈を示す LF 構造は構造の同一性条件に違反するために許されない.

　他方, (90) を仮定する Merchant の分析は, (91) と (92) の解釈の違いを次のように説明する. まず, (91) の音韻弱化を見てみよう. (91a) では, 主節の主語 Abby と従属節の主語 Ben が焦点化されている. 動詞句内主語仮説 (Kuroda (1988)) によると, TP 指定部を占める主語の痕跡が基底生成された vP 指定部に残る. この主語の痕跡も焦点による F 標示を受けると仮定すると, (90c) により, (91a) の従属節内の動詞句は次の F-closure を持つ.

(95)　F-clo (vP) = ∃x. x insulted Chuck.

また, (91a) の主節内の動詞句は主語の痕跡を含み, その痕跡に ∃-type shifting を適用することにより, 次の意味が派生する.

(96)　vP$_{\text{A}}'$ = ∃x. x called Chuck an idiot.

先行文内の動詞句の意味を示す (96) は, 焦点を含む文の動詞句の意味を表す (95) を含意するため, (91a) における焦点とそれに伴う音韻弱化が許される. (91b, c) についても, 同様の説明が成り立つ.

　これに対して, (92a) の動詞句省略文における省略箇所が insult him として解釈されるためには, (92a) は (97) の構造を持たなければならない.

(97)　Abby called Chuck an idiot after BEN did ~~insult him~~

この構造における先行文内の動詞句の意味と省略文内の動詞句の意味は，それぞれ (96) と (95) である．したがって，先行詞の動詞句は省略された動詞句を含意するので，(90c) の (i) の条件は満たされる．しかし，(97) の省略された動詞句は，先行詞の動詞句を含意しない．(97) の主節内の動詞句は次の F-closure を持つ．

(98)　F-clo (vP_A) = $\exists x.\ x$ called Chuck an idiot.

また，従属節内の動詞句の意味は次である．

(99)　vP_E' = $\exists x.\ x$ insulted Chuck.

省略された動詞句の意味を示す (99) は，先行詞の動詞句の意味を示す (98) を含意しない．その結果，(90c) の (ii) の条件は満たされず，(92a) における省略箇所を insult him として解釈することはできない．(92b, c) についても，同様の説明が成り立つ．このように，Merchant は，先行詞の動詞句から省略された動詞句への含意関係と省略された動詞句から先行詞の動詞句への含意関係の二方向の含意関係を考慮することにより，構造の同一性条件を仮定せずに動詞句省略と音韻弱化の違いを説明している．

　Merchant の分析は，省略箇所と先行詞が同一の構造を持たなければならないと仮定する分析にとって問題となる次のような動詞句省略文の用例にも有効である．

(100)　They arrested Alex$_1$, though he$_1$ thought they wouldn't.
(Merchant (2001: 28))

省略箇所と先行詞の間に構造の同一性を仮定する分析の下では，(100) は次の構造を持つ．

(101)　They arrested Alex$_1$, though he$_1$ thought they wouldn't arrest Alex$_1$

この構造では，固有名詞 Alex が同じ指標をもつ代名詞 he により束縛される．その結果，(101) は束縛原理（C）に違反し，(100) の動詞句省略文は許されないと誤って予測してしまう．他方，含意関係に基づく意味の同一性を仮定する分析の下では，(100) は次の構造を持つ．

(102) They arrested Alex$_1$, though he$_1$ thought they wouldn't arrest him$_1$

先行詞の動詞句の意味と省略された動詞句の F-closure は次である．

(103) a. vP$_A$′ = ∃x. x arrested Alex.
   b. F-clo (vP$_E$) = ∃x. x arrested him (= Alex).

(103a) は (103b) を含意する．また，省略された動詞句の意味と先行詞の動詞句の F-closure は次である．

(104) a. vP$_E$′ = ∃x. x arrested him (= Alex).
   b. F-clo (vP$_A$) = ∃x. x arrested Alex.

この場合も，(104a) は (104b) を含意する．したがって，省略された動詞句と先行詞の動詞句は相互に含意関係にあるため，(90a) の条件は満たされる．

このように，Merchant は，省略文から先行詞を含む文への含意関係と先行詞を含む文から省略文への含意関係の両方向が成立しなければいけないと仮定することにより，省略箇所と先行詞の同一性が含意関係に基づく意味的条件によってのみ決定すると論じている．

3.4.2.2. 問題点

では，Merchant の分析が 3.2.4 節で見た間接疑問縮約文と動詞句省略文の相違点を説明できるかどうかを検証してみよう．まずは，(105)-(107)（=(44)-(46)）の文に見られる違いについて見てみよう．

(105) a. They said they heard about a Balkan language, but I don't know which Balkan language.

b. *They said they heard about a Balkan language, but I don't know which Balkan language they did.

(106) a. They heard a lecture about a Balkan language, but I don't know which Balkan language.

b. *They heard a lecture about a Balkan language, but I don't know which Balkan language they did.

(107) a. They studied a Balkan language, but I don't know which Balkan language.

b.??They studied a Balkan language, but I don't know which Balkan language they did.

PF削除操作を仮定するMerchantの分析によると，(105a)と(105b)は次のLF構造を共有する．

(108) [$_{TP1}$ They [$_{vP1}$ said they heard about a Balkan language]], but I don't know [$_{CP}$ which Balkan language$_1$ [$_{TP2}$ they did [$_{vP2}$ say [$_{CP}$ t$_1'$ they heard about t$_1$]]]]

間接疑問縮約 (105a) の文法性を説明するためには，(108) において省略箇所のTP2とその先行詞であるTP1が互いに含意関係にあると仮定しなければならない．この場合，(105b) の動詞句省略文が問題となる．なぜなら，TP1とTP2が互いに含意関係にあるならば，それらに含まれるVP1とVP2も互いに含意関係にあり，(105a) と同様に (105b) も文法的であると誤って予測してしまうからである．他方，VP1とVP2が互いに含意関係にないと仮定すると，(105b) の非文法性は説明できるが，(105a) の文法性が説明できなくなってしまう．

間接疑問縮約文と動詞句省略文が示すこの対比について，Merchant (2008a) は，次の条件に基づく説明を試みている．

(109) 最大削除の条件
A′ 痕跡を含む構成素 XP を削除できるのは，XP を含むより大きな構成素 YP を削除できない場合である．

(Merchant (2008a: 141))

Merchant によると，(109) は次の事実に基づく．

(110) a. Ben knows who she invited, but Charlie doesn't.
b.??Ben knows who she invited, but Charlie doesn't know who.
c. Ben knows who she invited, but Charlie doesn't know who she invited.
d.??Ben knows who she invited, but Charlie doesn't know who she did.

(Merchant (2008a: 142))

文 (110c) に対して主節の動詞句を削除した (110a) は許されるが，従属節を削除した (110b) や埋め込みの動詞句を削除した (110d) は容認可能性が低い．(110b) と (110d) における削除は，wh 移動の痕跡である A′ 痕跡を含む．また，(110b) と (110d) の削除箇所を含むより大きな削除が (110a) では許されている．したがって，(109) の条件は (110b) と (110d) の削除を許さない．この条件によると，(105)-(107) における (b) の動詞句省略は許されない．なぜなら，これらの文の削除箇所には wh 移動が残す A′ 痕跡が含まれ，また，(105)-(107) における (a) の間接疑問縮約文が示すように，動詞句を含むより大きな節を削除できるからである．なお，省略箇所に A 移動の痕跡が含まれる場合は，(109) の条件は適用されない．次の文を見てみよう．

(111) a. Someone solved the problem.
b. i. Who?
ii. Who did?

(Merchant (2008a: 143))

文 (111b) では，疑問詞 who のみを残留要素とする間接疑問縮約文 (111bi) と疑問詞 who と助動詞 did を残留要素とする動詞句省略文 (111bii) の両方が許される．これらの文の構造は次である．

(112)　[$_{CP}$ who$_1$ [$_{TP}$ t$_1'$ [$_{vP}$ t$_1$ solved the problem]]]

この構造における TP を削除することにより (111bi) の間接疑問縮約文が派生し，また，vP を削除することにより (111bii) の動詞句省略文が派生する．この場合，痕跡を含む vP は TP に含まれるが，vP の削除は許される．なぜなら，vP の含む痕跡は，TP 指定部への A 移動が残した痕跡であり，(109) の条件が適用されないからである．

このように，Merchant は (105)-(107) における間接疑問縮約文と動詞句省略文の違いを (109) の最大削除条件に基づいて説明している．しかしながら，この条件がどのような原理から導き出されるのか不明である．また，なぜ A' 痕跡を含む構成素のみが最大削除の条件に従い，A 痕跡を含む構成素は従う必要がないのかも不明である．そのため，省略箇所から疑問詞が抜き出された文に見られる間接疑問縮約文と動詞句省略文との違いに関する Merchant の分析には問題が残る．

次に，Merchant の分析が，潜在項に関する間接疑問縮約と動詞句省略との違いを示す (113) (= (39)) と (114) (= (40)) の事実を説明できるかどうか見てみよう．

(113) a.　She's reading something. I can't imagine what.
　　　b.　She's reading. I can't imagine what.
(114) a.??John was reading something, but I don't know what Mary was.
　　　b. *John was reading, but I don't know what Mary was.

PF 削除を仮定する Merchant の分析の下では，(113b) と (114b) の LF 構造はそれぞれ (115a) と (115b) である．

(115) a.　[$_{TP}$ She's reading]. I can't imagine what$_1$ [$_{TP}$ she is reading t$_1$]

b. John was [$_{vP}$ reading], but I don't know what$_1$ Mary was [$_{vP}$ reading t$_1$]

間接疑問縮約文 (113b) が文法的であることから，その LF 構造を示す (115a) における先行詞と削除箇所の TP は互いに含意関係にあると考えなければいけない．この場合，(114b) の動詞句省略文の LF 構造を示す (115b) における先行詞と削除箇所の vP も互いに含意関係にあることになり，(113b) の間接疑問縮約文と同様に (114b) の動詞句省略文も文法的であると予測される．しかしながら，この予測に反し，(114b) の動詞句省略は許されない．このように，Merchant の分析は，潜在項に関する動詞句省略と間接疑問縮約の違いを説明できない．

また，Merchant の分析は，前節で見た動詞句省略文における一般動詞と be 動詞，助動詞 have の振る舞いの違いも捉えることができない．(116)，(117)（= (73)，(74)）が示すように，一般動詞が省略される場合は先行詞との形態的同一性が要求されないが，be 動詞と助動詞 have が省略される場合は要求される．

(116) a. John slept, and Mary will too.

b. John sleeps (every afternoon), and Mary should too.

c. ?John was sleeping, and Mary will too.

d. John has slept, and Mary will too.

(117) a. *John was here, and Mary will too.

b. *John is here, and Mary will too.

c. John will be here, and Mary will too.

このような一般動詞と be 動詞，助動詞 have に見られる違いは形態的同一性に関する違いであり，この違いを含意関係に基づく意味の同一性の観点から説明することは難しいと思われる．

さらに，Merchant の分析にとって，次の省略文の文法性も問題となる．

(118) If Fred IS marrying someone, we want to know who, but if he (just) MIGHT be marrying someone, we don't. We have had too

many false alarms.

(Tomioka (2008: 214))

この文には省略箇所が二カ所ある．一つは we want to know who の後で間接疑問節が省略されている間接疑問縮約であり，もう一つは we don't の後ろで動詞句が省略されている動詞句省略である．前者は is marrying someone と解釈され，後者は want to know who he might be marrying として解釈される．Merchant の分析によると，(118) の省略文は次の LF を持つ（斜体字が省略箇所を示している）．

(119) If [$_{TP1}$ Fred IS marrying someone], we [$_{vP1}$ want to know who$_1$ [$_{TP2}$ *Fred is marrying t$_1$*]], but if [$_{TP3}$ he (just) MIGHT be marrying someone], we don't [$_{vP2}$ *want to know who$_2$* [$_{TP4}$ *he might be marrying t$_2$*]]

この構造において，間接疑問縮約が適用された TP2 の先行詞は先行する if 節内に存在する TP1 であるが，両者は互いに含意関係にあると考えられる．他方，二つ目の省略である動詞句省略が適用された vP2 の先行詞は，等位接続詞 but の第一等位項内の主節の vP1 である．しかし，省略箇所内の従属節の助動詞が might であるのに対し，先行詞内の従属節の助動詞は is である．また，これらの助動詞は削除箇所に含まれているので，焦点化されていない．その結果，Merchant の分析によると，vP1 と vP2 の意味と F-closure は (120) である．

(120) a. vP1′ = F-clo (vP1) = ∃x. x want to know who Fred is marrying.
 b. vP2′ = F-clo (vP2) = ∃x. x want to know who he (=Fred) might be marrying.

(120a) と (120b) は互いに含意関係にはないので，VP2 の削除は許されない．したがって，含意関係に基づく意味の同一性を仮定する Merchant の分析は，(118) の省略文を誤って非文と予測してしまう．

第3章　省略文に課せられる同一性条件　　　　　　　　　　　　　　181

　これに対して，本論の分析は (118) の文法性を次のように説明できる．本論の分析によると，(118) の省略文は派生のある段階で次の構造を持つ．

(121)　If [$_{TP}$ Fred IS marrying someone], we$_2$ [$_{vP}$ t$_2$ want to know [$_{CP}$ who C<C-F> [e]]], but if [$_{TP}$ he (just) MIGHT be marrying someone], we$_1$ don't [$_{vP}$ t$_1$ v<D-F> [$_{VP}$ want to know [$_{CP}$ who C<C-F> [e]]]]

この構造では，二つの CP 主要部が LF コピーを引き起こす C-F を持つ．そのため，それぞれの補部には空所スロットが選択されている．空所スロットに先行詞である TP 構造がコピーされる前の段階で音声化が適用される．音声化後の PF においては，接続詞 but の後にある複文の主節に存在する vP 主要部に基底生成された D-F が PF 削除を引き起こす．この場合，削除される vP と先行詞となる vP は共に空所スロットを持つため，両者は同一の PF 構造を持つ．したがって，PF 削除の適用は許され，(118) が派生する．

　また，LF においては，空所スロットに先行詞の TP がコピーされ次の構造が派生する．

(122)　If [$_{TP}$ Fred IS marrying someone], we [$_{vP}$ want to know [$_{CP}$ who C<C-F> [$_{TP}$ Fred IS marrying someone]]], but if [$_{TP}$ he (just) MIGHT be marrying someone], we$_1$ don't [$_{vP}$ t$_1$ v<D-F> [$_{VP}$ want to know [$_{CP}$ who C<C-F> [$_{TP}$ he (just) MIGHT be marrying someone]]]]

この構造において，太字で示した IS と MIGHT が対比の関係にあり，焦点化されている．また，動詞句省略の残留要素であり否定極性表現を含む don't は，対応する先行文中の肯定極性表現と対比の関係にあり，焦点化されている．これらの焦点化されている要素を変項に置き換えることにより，次の代替集合が得られる．

(123)　{p: ∃x, y [p = if Fred x marrying someone, we y want to know who Fred x marrying someone]}

文 (118) における焦点化された might と否定極性表現 don't が認可されるためには，(123) における x と y の値として might と否定極性表現 don't 以外の要素を代入した命題が成立しなければならない．必要とされるこの命題は，x と y に is と肯定極性表現を代入することにより得られる第一等位項の意味により表されている．同様に，(118) における焦点化された is と肯定極性表現が認可されるためには，(123) の代替集合における x と y の値として is と肯定極性表現以外の値を代入した命題が成立していなければならないが，この命題は x と y に might と否定極性表現 don't を代入することにより得られる第二等位項の意味により表されている．したがって，(118) における焦点化された語句は，代替集合に基づく意味の対比条件を満たしている．このように，本論の分析は，Merchant の分析にとって問題となる (118) の省略文の文法性を説明できる．

以上，本節では，省略文が PF 削除により派生すると仮定し，省略箇所と先行詞に課せられる同一性条件を含意関係のみに基づいて規定する Merchant の分析を概観し，その問題点を指摘した．[5]

3.4.3. 先行詞内省略と重名詞句移動

Sag (1979) は，省略箇所と先行詞に課せられる構造の同一性条件が表層構造に課せられないと仮定する証拠の一つとして，(124) のような先行詞内省略 (Antecedent Contained Deletion: ACD) の用例を挙げている．

(124)　Sandy ate everything Leslie did.

Sag の分析によると，(124) の表層構造は次である．

(125)　Sandy [$_{VP}$ ate everything$_1$ Leslie did [$_{VP}$ eat t$_1$]]

---

[5] 束縛条件 (C) 効果が消失する (i) (= (102)) のような動詞句省略文については 4.3.3 節で論じる．

(i)　They arrested Alex$_1$, though he$_1$ thought they wouldn't arrest him$_1$.

この構造では，省略される動詞句が先行詞の動詞句内に含まれており，両者は同一の構造を持たない．このことより，Sag は，省略箇所と先行詞に課せられる構造の同一性条件をラムダ演算子に基づく LF 構造に適用する分析を提案している．この分析によると，(125) から次の LF 構造が派生する．

(126)　($\forall$x: (Leslie [λy [$_{vP}$ y eat x]]) (Sandy [λz [$_{vP}$ z ate x]]))

この LF 構造において，省略される動詞句と先行詞の動詞句の主語が y と z で異なるが，これらはラムダ演算子に束縛されているので文字異形と見なされる．また，変項 x は同一の普遍演算子∀に束縛されているので同一である．このように，Sag の分析の下では，(124) のような ACD は，ラムダ演算子に基づく LF 構造に省略箇所と先行詞に課せられる構造の同一性条件が適用されると仮定することにより説明される．

　他方，省略箇所と先行詞の構造上の同一性条件が削除操作が適用する PF 構造に課せられると仮定する本論の分析の下では，(124) は次の表層 (= PF) 構造を持つ．

(127)　Sandy [$_{vP}$ [$_{vP}$ ate t$_2$] [everything OP$_1$ Leslie did [$_{vP}$ eat t$_1$]]$_2$]

この構造では，関係詞節を含む目的語全体が重名詞句移動により vP に右方付加している．そのため，削除される動詞句と先行詞の動詞句は同一の PF 構造を持ち，PF 削除の適用が許される．

　本論の分析は，Sag の分析にとって問題となる次の例文を説明できる．

(128)　a. ?Dulles suspected Philby, who Angleton did not.
　　　b. ?Dulles suspected Philby, who Angleton did as well.

(Lasnik (1999a: 47))

文 (128) では，動詞句省略が非制限的用法の関係詞節内に適用されている．ラムダ演算子に基づく Sag の分析によると，(128a) は次の LF 構造を持つ．

(129)　Dulles [λy [$_{vP}$ y suspected Philby]], (who x) (Angleton did not [λz [$_{vP}$ z suspect x]])

この構造において，省略される動詞句と先行詞の動詞句の主語が y と z で異なるが，これらはラムダ演算子に束縛されているので文字異形と見なされる．一方，省略される動詞句内の変項 x は同一の演算子に束縛されていない．したがって，Sag の分析によると，省略される動詞句と先行詞の動詞句は同一の LF 構造を持たず，(128a) は非文であると誤って予測してしまう．(128b) についても同様に説明できない．他方，本論の分析によると，(128a, b) は次の構造を持つ．

(130) a. Dulles [$_{vP}$ [$_{vP}$ suspected t$_2$] [Philby, who$_1$ Angleton did not [$_{vP}$ suspect t$_1$]]$_2$]
   b. Dulles [$_{vP}$ [$_{vP}$ suspected t$_2$] [Philby, who$_1$ Angleton did [$_{vP}$ suspect t$_1$]]$_2$ as well]

構造 (130) では，非制限的用法の関係詞節を含む目的語が重名詞句移動により vP に右方付加している．そのため，削除される動詞句と先行詞の動詞句が同一の PF 構造を持ち，削除は許される．このように，本論の分析は，(128a, b) を説明できる．

さらに，重名詞句移動に基づく ACD の削除分析は，次の例文に見られる (a) と (b) の対比も説明できる（下線部分が省略箇所を示す）．

(131) a. *I expect (that) everyone you do ___ will visit Mary.
   b. ?I expect everyone you do ___ to visit Mary.
(132) a. *I find (that) everyone you do ___ is qualified.
   b. ?I find everyone you do ___ to be qualified.
(133) a. *John believed (that) everyone you did ___ was a genius.
   b. ?John believed everyone you did ___ to be a genius.
(134) a. *I predicted (that) no one you did ___ has been a liar.
   b. ?I predicted no one you did ___ to be a liar.

(Larson and May (1990: 107))

非文 (a) は，従属節である that 節内の主語 everyone を修飾する関係詞節内に動詞句省略を適用できないことを示す．一方，従属節が不定詞節である

(b) は，不定詞節内の主語 everyone を修飾する関係詞節内に動詞句省略を適用できることを示す．この対比は，重名詞句移動の適用の可否にも見られる．

(135) a. *[t are intelligent] all the students who can solve this problem.
　　　b. I believe [t to be intelligent] all the students who can solve this problem.

(Rizzi (1990: 34-35))

非文 (135a) は，主語に対して重名詞句移動を適用できないことを示す (Postal (1974))．他方，(135b) の文法性が示すように，不定詞節内の主語に対しては重名詞句移動が適用できる．(135a, b) の対比を踏まえると，(131)-(134) における (b) の不定詞節内の主語にも重名詞句移動が適用されていると考えられる (Fox (2002))．例えば，(133b) の派生は次である．

(136) a. John [$_{vP}$ believed [$_{TP}$ everyone [$_{CP}$ OP$_1$ you -ed [$_{vP}$ believe t$_1$ to be a genius]]] to be a genius]
　　　b. John [$_{vP}$ [$_{vP4}$ believed [$_{TP}$ t$_2$ to be a genius]] [everyone [$_{CP}$ OP$_1$ you did [$_{vP5}$ believe t$_1$ to be a genius]]]$_2$]
　　　c. John [$_{vP}$ [$_{vP}$ [$_{vP4}$ believed t$_3$] [everyone [$_{CP}$ OP$_1$ you did [$_{vP5}$ believe t$_1$ to be a genius]]]$_2$] [$_{TP}$ t$_2$ to be a genius]$_3$]

派生 (136a) から (136b) において，不定詞内の主語である everyone とそれを修飾する関係詞節が重名詞句移動により，vP に付加移動する．(136b) の PF 構造において，vP4 と vP5 は共に痕跡を含み，同一の構造を持つ．したがって，この段階で，vP5 を PF 削除できる．その後，(136b) から (136c) において，vP4 内の不定詞節 TP が右方移動により vP に付加する．その結果，(133b) の語順が派生する．他方，重名詞句移動を主語に適用できないため，(133a) の派生として (137) は許されない．

(137) a. John [$_{vP}$ believed (that) [$_{TP}$ everyone [$_{CP}$ OP$_1$ you -ed [$_{vP}$ believe t$_1$ was a genius]]] was a genius]

b. John [$_{vP}$ [$_{vP4}$ believed (that) [$_{TP}$ t$_2$ was a genius]] [everyone [$_{CP}$ OP$_1$ you did [~~$_{vP5}$ believe t$_1$ was a genius~~]]]$_2$]

c. John [$_{vP}$ [$_{vP}$ [$_{vP4}$ believed t$_3$] [everyone [$_{CP}$ OP$_1$ you did [~~$_{vP5}$ believe t$_1$ was a genius~~]]]$_2$] [$_{TP}$ t$_2$ was a genius]$_3$]

したがって，(133a) は非文となる．このように，本論の分析は，(131)-(134) に見られる (a, b) の対比を説明できる．

最後に，Kennedy のパズルと呼ばれる ACD の用例について見ておこう．

(138) a. *Polly visited every town located in a country Eric did.
b. *Eric sent letters to every aide who worked for a senator Polly did.

(Kennedy (2008: 96))

これらの文において，省略された動詞句を含む関係詞節が修飾する名詞句は，主節動詞の項ではない．例えば，(138a) では，関係詞節が修飾する名詞句は a country であり，動詞 visited の項である every town ではない．同様に，(138b) でも，関係詞節が修飾する名詞句は a senator であり，動詞 sent の項である letters と every aide ではない．また，これらの文において動詞句が省略されない場合，文法的な文となる．

(139) a. Polly visited every town located in a country Eric visited.
b. Eric sent letters to every aide who worked for a senator Polly sent letters to.

(Kennedy (2008: 96))

文 (139) の文法性より，(138) の非文の理由が意味的な問題ではなく，省略の適用にあることが分かる．

本論の分析によると，(138b) の every aide を重名詞句移動により動詞句の外に移動することはできない．なぜなら，一般に，前置詞の目的語に重名詞句移動を適用できないためである．そのため，(138b) は次の PF 構造を持つ．

(140)　Eric [$_{vP1}$ sent letters to every aide who worked for a senator$_3$ [$_{CP}$ OP$_3$ [$_{TP}$ Polly did [$_{vP2}$ send letters to t$_3$]]]]

この構造では，vP2 が vP1 の内部に含まれており，両者は同一の構造を持たない．したがって，vP1 を先行詞として vP2 を PF 削除できず，本論の分析は (138b) が許されない事実を説明できる．他方，(138a) は次の PF 構造を持つ．

(141)　Polly [$_{vP1}$ visited t$_2$] [every town located in a country$_3$ [$_{CP}$ OP$_3$ [$_{TP}$ Eric did [$_{vP2}$ visit t$_3$]]]]$_2$

この構造では，重名詞句移動の適用により関係詞節を含む every town が動詞句 vP1 の外に移動している．その結果，vP1 と vP2 は同一の構造となり，vP1 を先行詞として vP2 を PF 削除できる．したがって，(138a) の非文理由は PF 削除操作自体にあるのではなく，LF における意味的対比条件にあると考えられるが，詳細については今後の研究課題とする．[6]

3.5. まとめ

　本章では，省略文は PF 削除と LF コピーにより派生すると仮定し，省略文と先行詞文に課せられる同一性条件として，PF 削除が要求する構造上の同一性条件と省略文中の焦点化された残留要素を認可するための意味的対比条件が必要であることを論じた．本章の分析は，i) 先行詞内に潜在項が含まれる環境において間接疑問縮約文は許されるが，動詞句省略文が許されない事実，ii) 先行詞内の不定代名詞に対応する要素として間接疑問縮約文の疑問詞は残留要素として生起できるが，動詞句省略文の疑問詞は生起できない事実，iii) 一般動詞とは異なり，形態的に異なる be 動詞と助動詞 have の省略が許されない事実，iv) 動詞句省略の中に間接疑問縮約が適用される

---

[6] Kennedy のパズルを Rooth の意味的対比条件により説明する試みについては，Heim (1997) を参照．

省略文から経験的に支持される．また，省略される動詞句が先行詞の動詞句内に基底生成される省略文においては，削除される動詞句を含む目的語が先行詞の動詞句に付加移動することにより，PF 削除に課せられる同一性条件が満たされることも論じた．

第 4 章

動詞句省略文における再分析[*]

4.1. はじめに

2章では，動詞句文省略文を音声解釈部門（PF）における削除操作により，また，間接疑問縮約文，空所化文，擬似空所化文を意味解釈部門（LF）におけるコピー操作により派生させる分析を提案した．コピー操作に基づく派生によると，統語部門では省略箇所に空所スロットが存在し，LFにおいて空所スロットに先行詞の構造がコピーされる．一方，削除操作に基づく派生によると，統語部門で構築された省略箇所の構造がPFで削除される．

本章では，動詞句省略文がPF削除以外の方法によって派生される可能性を考察する．具体的には，統語部門において導入された空所スロットが発音されない代用形に再分析されることを提案する．この提案によると，動詞句省略文の派生にはPF削除による派生と代用形による派生が存在する．

本章の構成は次である．次節では，2章において提案されたPF削除とLFコピーの分析を概観し，空所スロットから代用形への再分析を新たに提案する．3節と4節では，提案された再分析の経験的妥当性を動詞句省略文が示す様々な事実に基づいて検証する．5節はまとめとなる．

---

[*] 本章の内容は，島 (2011, 2014) に大幅に改訂を加えたものである．

4.2. 提案：空所スロットから代用形への再分析

2章において，PFにおける削除操作とLFにおけるコピー操作を引き起こす形式素性として，(1)を提案した．

(1) a. Copy 素性（C-F）を持つ主要部は補部に空所を選択する．
 b. Deletion 素性（D-F）を持つ主要部はD-Fを最大投射まで投射する．

仮定 (1a) のC-Fを持つ語彙要素により選択された空所スロットには，完全解釈 (Full Interpretation) の要請により適切な構造がLFでコピーされる．一方，(1b) のD-Fを持つ語彙要素Xは，D-Fが最大投射XPまで浸透した結果，XPがPFで削除される．動詞句省略 (VP-ellipsis) 文は，フェイズであるvP主要部のD-Fが駆動するPF削除により派生する．例えば，(2a) は (2b) の構造を持つ．（取消線部分が省略箇所を表す．）

(2) a. John loves Mary, and Tom does too.
 b. John loves Mary, and [$_{TP}$ Tom$_1$ does [$_{vP}$ t$_1$ v<D-F> [$_{vP}$ love Mary]]] too

構造 (2b) では，主語のTomがvP指定部からTP指定部に移動した後で音声化 (Spell-Out) が適用し，D-Fを持つvの最大投射vPが削除される．一方，vがC-Fを持つ場合，(2a) の構造は (3) となる．

(3) John loves Mary, and [$_{TP}$ Tom$_1$ does [$_{vP}$ t$_1$ v<C-F> [e]]] too

2.2節で仮定したように，C-Fの語彙特性の要請により，C-Fは指定部に生起する音声情報を持つ要素に接辞化しなければならない．しかしながら，(3) では，vP指定部を音形を持たないTomの痕跡が占める．その結果，(1a) のC-Fの特性が満たされず，(3) は許されない．したがって，動詞句省略文は，vP主要部のD-Fが誘発するPF削除により派生される．

以上の分析を踏まえ，本節では，空所スロットに適用される再分析 (reanalysis) として (4) を新たに提案する.[1]

(4) 空所スロット [e] を導入する C-F の特性が満たされない場合, [e] は発音されない代用形 (pro-form) pro に随意的に再分析される.

発音されない代用形は空の要素ではなく, 先行詞が代用形にコピーされることはない. この代用形は, 代名詞と同様, 先行詞の意味内容を直接指示するか, または, 先行詞からの束縛により意味内容が決まる.

この提案によると, (3) の構造は (5) のように再分析される.

(5) a. John loves Mary, and [$_{TP}$ Tom$_1$ does [$_{vP}$ t$_1$ v<C-F> [e]]] too
    b. John loves Mary, and [$_{TP}$ Tom$_1$ does [$_{vP}$ t$_1$ v pro]] too

再分析前の (5a) では, vP 指定部に生起する要素が音声情報を持たない痕跡であるため, C-F の特性が満たされず, この構造は許されない. そのため, (5a) における空所スロット [e] が空の代用形 pro に再分析され, (5b) の構造が派生する. この場合, 副詞 too の存在により, 動詞句省略の残留要素である主語の Tom が焦点化され, 先行文における主語の John と並立関係にある. その結果, 代用形 pro は, 等位接続詞 and の第一等位項内における動詞句の意味である λx. [x loves Mary] を直接指示する.

このように, (4) の再分析によると, 動詞句省略文には (6a) に示す PF 削除による派生と (6b) に示す代用形 pro による派生がある.

(6) a. John loves Mary, and [$_{TP}$ Tom$_1$ does [$_{vP}$ t$_1$ v<D-F> [$_{vP}$ love Mary]]] too
    b. John loves Mary, and [$_{TP}$ Tom$_1$ does [$_{vP}$ t$_1$ v pro]] too

次節では, 動詞句省略文に再分析を仮定する経験的妥当性を検証する.

---

[1] 同様の分析が Hestvik (1995) でも仮定されている.

4.3. 仮説の検証

4.3.1. 先行詞内省略と外置

3.4.3 節でも見たように，動詞句省略文には，(7) のような先行詞内省略 (Antecedent Contained Deletion: ACD) と呼ばれる省略文が存在する．

(7) John will read every book which Bill will.

この文では，every book を修飾する関係詞節内において動詞 read とその目的語から成る動詞句が省略されている．この場合，省略された動詞句内から目的語が関係詞化により省略された動詞句の外に移動している．3.4.3 節では，(7) の派生として次を仮定した．

(8) a. John will [$_{VP1}$ read every book which$_1$ Bill will [$_{VP2}$ read t$_1$]]
    b. John will [$_{VP1}$ [$_{VP1}$ read t$_2$] [every book which$_1$ Bill will [$_{VP2}$ read t$_1$]]$_2$]

省略箇所と先行詞の間に構造の同一性を仮定すると，(8a) において VP2 を削除することはできない．なぜなら，削除された動詞句内の目的語が痕跡 t であるのに対し，先行詞である動詞句内の目的語は every book which Bill will read t であり，この二つの動詞句は同一ではないためである．(8a) から，関係詞節を含む目的語が重名詞句移動により vP に右方付加することにより (8b) が派生する．(8b) においては，削除される動詞句 VP2 と先行詞の動詞句 VP1 が同一の PF 構造を持つため，(8b) における VP2 を削除できる．このように，(7) の ACD を PF 削除により派生させるためには，重名詞句移動により削除される動詞句を先行詞の動詞句の外に移動しなければならない．

3.4.3 節で述べたように，重名詞句移動に基づく分析は，次の ACD が許されない理由も説明できる（下線部分が省略箇所を示す）．

(9) a. *I expect (that) everyone you do ___ will visit Mary.
    b. *I find (that) everyone you do ___ is qualified.

第4章　動詞句省略文における再分析　　193

    c. *John believed (that) everyone you did ___ was a genius.
    d. *I predicted (that) no one you did ___ has been a liar.

(Larson and May (1990: 107))

これらの非文は，従属節である that 節内の主語 everyone を修飾する関係詞節内に動詞句省略を適用できないことを示す．主語に重名詞句移動を適用できないため，関係詞節を含む everyone は従属節内にとどまる．例えば，(9c) は次の PF 構造を持つ．

(10)　John [$_{vP1}$ believed (that) [$_{TP}$ everyone [$_{CP}$ OP$_1$ you -ed [$_{vP2}$ believe t$_1$ was a genius]]] was a genius]

この構造において，vP2 は vP1 内に生起するため，両者は同一の PF 構造を持たない．その結果，省略箇所と先行詞の間に構造の同一性を仮定すると，vP2 を PF 削除できない．(9) の他の ACD についても同様の分析が成り立つ．このように，(9) の ACD を PF 削除により派生できない．

しかしながら，PF 削除分析は (9) には有効であるが，次の省略文が許される事実を説明できない．

(11)　a.　John believed (that) everyone was a genius that you did.
    b.　I expect (that) everyone will visit Mary that you do.
    c.　I find (that) everyone is qualified that you do.
    d.　I predicted (that) no one has been a liar that you did.

(Tiedeman (1995: 75))

これらの文では，(9) とは異なり，数量詞 everyone を修飾する関係詞節が文末に外置され，外置された関係詞節内で動詞句が省略されている．外置されている位置が主節の動詞句内である場合，(11b) は次の PF 構造を持つ．

(12)　I [$_{vP1}$ expect that everyone$_1$ will visit Mary [OP$_1$ that you do [$_{vP2}$ expect that t$_1$ will visit]]]

この構造では，vP2 が vP1 内に含まれているため，両者は同一の PF 構造

を持たない．そのため，(12) における vP2 を省略できない．また，外置されている位置が主節の動詞句外である場合，(11b) は PF において次の構造を持つ．

(13) I [$_{vP1}$ expect that everyone$_1$ will visit Mary] [OP$_1$ that you do [$_{vP2}$ expect that t$_1$ will visit]]

この構造では，vP2 内に痕跡が含まれるが，vP1 には含まれない．そのため，(13) においても，vP1 と同一の PF 構造を持たない vP2 を PF 削除できない．

　文 (9) と (11) に見られる対比は，Larson and May の分析にとって問題である．彼らは，LF において適用される数量詞繰り上げ (Quantifier Raising: QR) の点から (9) の非文を説明しようと試みている．この分析によると，従属節の主語に QR を適用できず，(9c) は LF において (10) の構造を持つ．(10) では，vP2 と vP1 が同一構造を持たないため，vP2 を省略できない．このように，彼らの分析は (9) の非文を説明する．しかし，彼らの分析にとって (11) が問題になる．従属節の主語に QR を適用できないと仮定すると，LF における (11b) の構造は，(12) または (13) となる．いずれの構造においても，vP2 は vP1 と同一の構造ではなく，vP2 を削除できない．このように，Larson and May の分析は (9) と (11) の対比を説明できない．

　また，(11) を説明するために，Fox (2002) は QR が音声化以前の段階で適用するという分析を提案している．この分析によると，(11a) の派生は次である（斜体字が，移動操作により元位置に残されたコピーを示す）．

(14) a. John [$_{VP}$ believed (that) everyone was a genius]
　　 b. John [$_{VP}$ believed (that) *everyone*$_1$ was a genius] everyone$_1$
　　 c. John [$_{VP}$ believed (that) *everyone*$_1$ was a genius] everyone$_1$ +
　　　　[that you did [$_{VP}$ believe (that) *everyone*$_1$ was a genius]]
　　 d. John [$_{VP}$ believed (that) *everyone*$_1$ was a genius] ~~everyone$_1$~~ +
　　　　[that you did ~~[$_{VP}$ believe (that) everyone$_1$ was a genius]~~]

派生 (14a) から (14b) において，数量詞 everyone が QR により文末に移動し，元位置には everyone のコピーが残る．また，(14b) から (14c) において，記号 + で示された付加操作の非循環適用により，移動先の everyone に対して関係詞節が導入される．その後，(14c) に音声化が適用し，移動先の everyone と関係詞節内の動詞句が PF 削除される．その結果，(14d) が派生する．

しかしながら，この派生には少なくとも三つの疑問点が残る．まず，右方向への QR が仮定されているが，その根拠が明らかではない．また，動詞句省略が許されるためには従属節の主語である everyone が主節動詞句の外へ移動しなければならないが，このような右方向移動は右屋根制約（Right Roof Constraint）に違反する（Ross (1967))．さらに，彼自身も認めるように，この分析は次の省略文を説明できない．

(15) a. This is the man that John likes and this is the woman that Bill does.
　　 b. I know which man John likes and which woman Bill does.
(Fox (2002: 81, note 38))

Fox の分析によると，(15a) は次の PF 構造を持つ．

(16)　[This is *the man*₁] the man₁ + [that John [VP2 likes the man]] and [this is *the woman*₃] the woman₃ + [that Bill does [VP4 like the woman]]

この構造では，the man と the woman が QR により右方向移動し，それぞれの名詞句に対して関係詞節が付加操作の非循環適用により導入されている．QR により移動したこれら二つの名詞句は，移動先で削除される．しかしながら，関係詞節内の二つの動詞句 VP2 と VP4 は同一の構造を持たず，VP4 を削除できない．したがって，Fox の分析は，(15a) の動詞句省略文を派生できない．(15b) についても同様な問題が生じる．[2]

---

[2] Fox の分析にとって，次節で見る動詞句省略文も同様に問題となる．

他方，空の代用形への再分析を仮定する本論の分析は，(17)(=(11a))に対して (18) の構造を与える．

(17) John believed (that) everyone was a genius that you did.

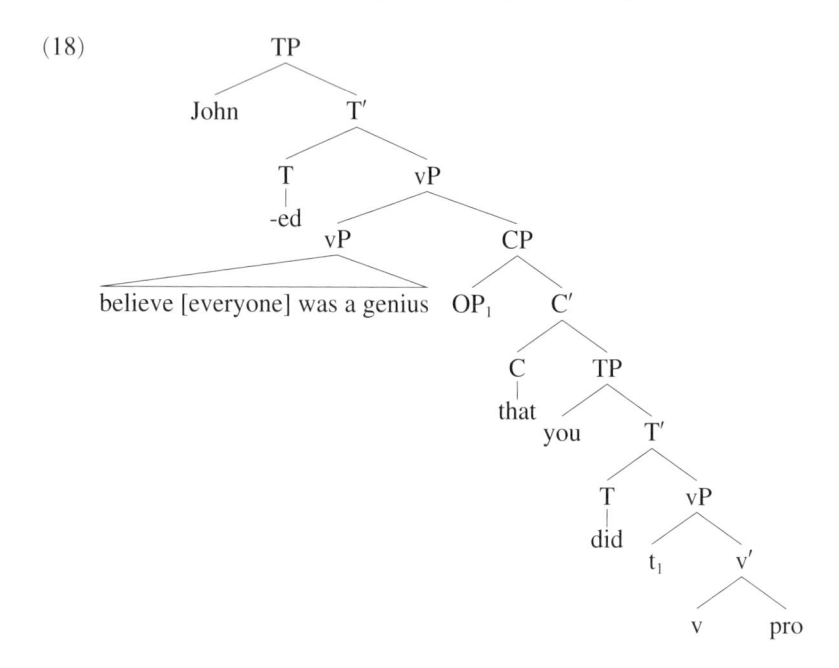

(18)
```
                    TP
                   /  \
                John   T'
                      /  \
                     T    vP
                     |   /  \
                    -ed vP   CP
                       /|\   / \
           believe [everyone] was a genius  OP₁  C'
                                              / \
                                             C   TP
                                             |   / \
                                           that you  T'
                                                    / \
                                                   T   vP
                                                   |   / \
                                                  did t₁  v'
                                                         / \
                                                        v  pro
```

この構造では，関係詞節 CP は vP に付加しており，関係詞節内の空の代用形 pro は主節動詞句の外にある．関係詞節内の主語 you と主節主語 John，また，everyone と空演算子 OP の対応関係より，λxλy [x believe that y was a genius] が pro の意味上の先行詞となる．その結果，(17) の動詞句省略文は許される．[3] (11) の他の用例についても同様の分析が成り立つ．

また，空の代用形への再分析を仮定する分析は，(19)(=(9c))が許さ

---

[3] 意味的には，関係詞節 CP は集合 {x: you believed x was a genius} を表し，数量詞句 everyone を修飾する．この場合，構成素を形成しない everyone と関係詞節の意味計算をどのように行うかが問題になる．一つの可能性としては Cooper (1983), Pereira (1990) で提案されている storage という意味的操作が考えられるが，具体的な分析については，今後の課題とする．

ない理由も説明できる．

(19) *John believed (that) everyone you did ___ was a genius.

代用形 pro を使って派生させる場合，(19) は次の構造を持つ．

(20) John [$_{vP}$ believed (that) everyone$_1$ [$_{CP}$ OP$_1$ you did [$_{vP}$ t$_1$ v pro]] was a genius]

この構造では，代用形 pro が先行詞である主節の動詞句内に埋め込まれている．その結果，pro に適切な意味解釈を与えることができず，(19) の動詞句省略文は許されない．(9) のその他の動詞句省略も同様に排除される．

さらに，本論の分析は，Larson and May の分析や Fox の分析にとって問題となる次の ACD も説明できる．

(21) John voted for every candidate the father of whom Mary had.

(Jacobson (2008: 64))

この文においても，省略された動詞句内から関係詞化により要素が移動している．ただし，今まで見てきた用例とは異なり，関係代名詞 whom だけではなく，関係代名詞を含むより大きな名詞句 the father of whom が随伴 (pied-piping) により移動している．Larson and May の分析によると，音声化後の LF における (21) の派生は次である．

(22) a. John$_3$ [$_{vP}$ t$_3$ v [$_{vP}$ voted for [every candidate [the father of whom]$_1$ Mary$_2$ had [$_{vP}$ t$_1$' [$_{v'}$ t$_2$ v [$_{vP}$ voted for t$_1$]]]]]]
  b. John$_3$ [$_{vP}$ [every candidate [the father of whom]$_1$ Mary$_2$ had [$_{vP}$ t$_1$' [$_{v'}$ t$_2$ v [$_{vP}$ voted for t$_1$]]]]$_6$ [$_{vP}$ t$_3$ v [$_{vP}$ voted for t$_6$]]]
  c. John$_3$ [$_{vP4}$ [every candidate [whom]$_1$ Mary had [$_{vP5}$ t$_1$' [$_{v'}$ t$_2$ v [$_{vP}$ voted for the father of t$_1$]]]]$_6$ [$_{vP}$ t$_3$ v [$_{vP}$ voted for t$_6$]]]

派生 (22a) から (22b) において，目的語の every candidate が関係詞節と共に QR により vP に付加移動する．さらに，(22b) において，関係詞化により移動した the father of whom のうち，関係詞代名詞の whom だけが

移動先に残り,残りの随伴された部分は元位置に再構築 (reconstruction) される.これは,(21) の解釈を保証するために必要な操作である.その結果,(22c) の LF 構造が派生する.しかし,(22c) において,削除される動詞句 vP5 内には the father of が存在するのに対し,先行詞の動詞句 vP4 内には存在しない.したがって,(22c) は削除に課せられる構造の同一性条件を満たすことができず,Larson and May の分析は (21) を誤って排除してしまう.

また,Fox の分析によると,(21) の派生は次である.

(23) a. John [$_{vP1}$ voted for every candidate]
 b. John [$_{vP1}$ voted for *every candidate*$_1$] every candidate$_1$
 c. John [$_{vP1}$ voted for *every candidate*$_1$] every candidate$_1$ + [the father of whom$_2$ Mary had [$_{vP2}$ voted for *the father of whom*$_2$]
 d. John [$_{vP1}$ voted for *every candidate*$_1$] ~~every candidate~~$_1$ + [the father of whom$_2$ Mary had [$_{vP2}$ voted for *the father of whom*$_2$]

派生 (23a) から (23b) において,数量詞 every candidate が QR により文末に移動し,元位置にはコピーが残る.また,(23b) から (23c) において,付加操作の非循環適用により,移動先の every candidate に対して関係詞節が導入される.その後,(23c) に音声化が適用し,QR の移動先の every candidate が PF で削除される.しかしながら,関係詞節内の動詞句 vP2 を削除できない.なぜなら,vP2 と vP1 は異なる構造を持つためである.したがって,Fox の分析も (21) を派生できない.

他方,本論の分析によると,(21) は PF 削除ではなく,空の代用形により派生する.(21) を PF 削除により派生させる場合,関係詞節を含む every candidate を重名詞句移動により先行詞となる動詞句の外に移動させなければならないが,前置詞の目的語に重名詞句移動を適用できない.

(24) a. *John spoke to yesterday the man he met at the beach.
 b. *John talked about yesterday the man he met at the beach.
 c. *John took advantage of yesterday the man he met at the beach.

d. *John swam beside yesterday the man he met at the beach.

　　e. *John stood near yesterday the man he met at the beach.

(Lasnik (1999a: 158))

そのため，空の代用形を使わない場合，(21)は次のPF構造を持つ．

(25)　John [$_{vP1}$ voted for every candidate [$_{CP}$ the father of whom$_2$ [$_{TP}$ Mary had [$_{vP2}$ voted for t$_2$]]]]

この構造では，vP2がvP1の内部に含まれており，両者は同一の構造を持たない．したがって，vP1を先行詞としてvP2をPF削除できない．

　一方，空の代用形により派生させる場合，(21)の構造は次である．

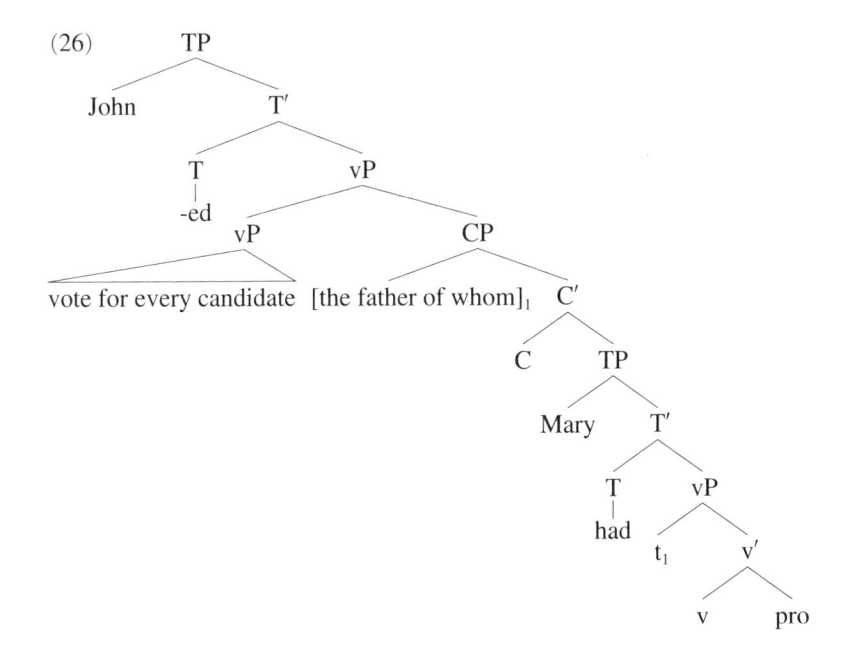

(26)

```
                TP
               /  \
           John    T'
                  /  \
                 T    vP
                 |   /  \
                -ed vP    CP
                   /|    /  \
        vote for every  [the father of whom]₁  C'
        candidate                              /  \
                                              C    TP
                                                  /  \
                                              Mary   T'
                                                    /  \
                                                   T    vP
                                                   |   /  \
                                                  had t₁   v'
                                                          /  \
                                                         v   pro
```

この構造では，数量詞句 every candidate を修飾する関係詞節が外置によりvPに付加している．そのため，空の代用形 pro は，先行詞となる動詞句の外に位置する．JohnとMaryを，また，every candidateとthe father of whomを対応させることにより，λx.λy.[x vote for y] という動詞句の意味

が復元される．この意味を関係詞節内の代用形 pro が受けることにより，(21) の動詞句省略文が許される．

以上，本節では，外置された関係詞節や随伴現象を伴う関係詞節の内部に生起する動詞句省略文は，発音されない代用形により派生されることを論じた．

4.3.2. 動詞句省略からの WH 移動

省略された動詞句内からの wh 移動は許されない．

(27) a. *They said they heard about a Balkan language, but I don't know which Balkan language they did.
b. *They heard a lecture about a Balkan language, but I don't know which Balkan language they did.
c. ??They studied a Balkan language, but I don't know which Balkan language they did.

(Lasnik (2001: 317-318))

3.3.2 節では，省略箇所と先行詞の間に構造の同一性を仮定することにより，この事実を説明した．PF 削除分析によると，これらの文は次の PF 構造を持つ．

(28) a. They [$_{vP1}$ said they heard about a Balkan language], but I don't know [$_{CP}$ which Balkan language$_1$ they [$_{vP2}$ t$_1'$ v<D-F> said [$_{CP}$ t$_1'$ they [$_{vP}$ t$_1'$ heard about t$_1$]]]]
b. They [$_{vP1}$ heard a lecture about a Balkan language], but I don't know [$_{CP}$ which Balkan language$_1$ they [$_{vP2}$ t$_1'$ v<D-F> heard a lecture about t$_1$]]
c. They [$_{vP1}$ studied a Balkan language], but I don't know [$_{CP}$ which Balkan language$_1$ they [$_{vP2}$ t$_1'$ v<D-F> studied t$_1$]]

これらの構造では，先行詞の動詞句 vP1 と削除の対象となる動詞句 vP2 は同一の PF 構造を持たない．なぜなら，vP2 には which Balkan language

の移動が残した痕跡が含まれるが，vP1 には含まれないためである．そのため，(28) の構造において vP2 を削除できない．このように，動詞句省略文からの wh 移動が許されない事実は，PF 削除に課せられる構造の同一性条件により説明される．

しかし，省略された動詞句内からの wh 移動が許される用例も存在する．

(29) a. I think YOU should ride the TALLEST camel, but I don't know which one PHIL should.
 b. I think you SHOULD adopt one of these puppies, but I can't predict which one you actually WILL.
 c. ABBY took GREEK, but I don't know what language BEN did.
 d. We know that Abby DOES speak [Greek, Albanian, and Serbian]$_F$—we need to find out which languages she DOESN'T!
 e. (I know) ABBY wants to take GREEK, but I don't know what language BEN does.
 f. ABBY$_1$ said that she$_1$ took GREEK, but I don't remember what language BETH$_2$ did.
 g. ABBY attended a lecture on KEATS, but I don't know what poet BEN did.

(Merchant (2008a: 140))

これらの文では，大文字と下付き文字の F で示された部分が対比の関係により焦点化されている．(29) は (27) と同様な構造を持つため，PF 削除により (29) を派生させることはできない．例えば，(29a) を PF 削除により派生させる場合，次の構造を持つ．

(30) I think YOU should [$_{vP1}$ ride the TALLEST camel], but I don't know [$_{CP}$ which one$_1$ PHIL should [$_{vP2}$ t$_1$' v<D-F> ride t$_1$]]

この構造では，vP2 に which one の移動の痕跡が含まれているが，vP1 には含まれていない．そのため，vP2 を削除できない．このように，(29) の

動詞句省略文を PF 削除により派生できない.

他方, 空所スロットから発音されない代用形への再分析を仮定した場合, (29) の動詞句省略文を空の代用形により派生できる. この仮定によると, (29a) は (30) の構造以外に次の構造を持つ.

(31) I think YOU should [$_{vP1}$ ride the TALLEST camel], but I don't know [$_{CP}$ which one$_1$ PHIL should [$_{vP2}$ t$_1$ v pro]]

この構造では, 焦点化された語彙要素の存在により, 先行文と省略文が対比の関係にある. このことは, (29a) が次の多重 wh 疑問文を前提にしていることを意味する.

(32) Which person should ride which camel?

言い換えると, (32) の疑問文に対する返答して, (29a) の文が存在する. (32) の疑問文により, λx.λy.[x ride y] という意味が前提となっており, この意味が代用形 pro の先行詞となる. (29) における他の動詞句省略文も同様に分析できる.[4]

なお, 焦点化された語句を含まない (27) の動詞句省略文を空の代用形により派生させる場合, これらの文は次の構造を持つ.

(33) a. *They [$_{vP1}$ said they heard about a Balkan language], but I don't know [$_{CP}$ which Balkan language$_1$ they did [$_{vP2}$ t$_1$ v pro]]
b. *They [$_{vP1}$ heard a lecture about a Balkan language], but I don't know [$_{CP}$ which Balkan language$_1$ they did [$_{vP2}$ t$_1$ v pro]]

---

[4] 例えば, (29f) は (i) の構造を持ち, (ii) のような疑問文の返答であると考えられる.

(i) ABBY$_3$ [$_{vP1}$ said that she$_3$ took GREEK], but I don't remember [$_{CP}$ what language$_1$ BETH$_2$ did [$_{vP2}$ t$_1$ v pro]]
(ii) Which person said that she took what language?

疑問文 (ii) より, λx.λy.[x said that x took y] という意味が前提となり, この意味が (i) の pro の先行詞となる.

c. ??They [$_{vP1}$ studied a Balkan language], but I don't know [$_{CP}$ which Balkan language$_1$ they did [$_{vP2}$ t$_1$ v pro]]

これらの構造では，残留要素の which Balkan language と先行文中の a Balkan language に対比の関係がない．そのため，どのような動詞句の意味が前提となっているのかが明瞭ではなく，代用形 pro の先行詞を復元しにくい．また，(33a, b) に比べると，(33c) の容認可能性が若干高いが，これは復元する意味内容の複雑さに原因があると考えられる．すなわち，(33a, b) よりも (33c) において復元される意味内容が単純であるため，(33c) の容認可能性が (33a, b) よりも少し高いと考えられる．

本論の分析は，3.3.2 節で見た次の動詞句省略文に見られる (a, b) の対比を説明できる．

(34) a. ?I heard John had read Plato and Aristotle, but I don't know which he really had.

b. *I heard John had read, but I don't know what he really had.

(35) a. ?I heard John can speak French, Spanish and Italian, but I don't know which he really can.

b. *I heard John can speak, but I don't know what language he really can.

文 (34b) における残留要素の疑問詞 what は，先行文の動詞 read の潜在項 (implicit argument) に対応する．しかし，潜在項は目的語として具現化しないため，what に対比される要素が明確ではない．他方，(34a) における残留要素の疑問詞 which は先行文の動詞 read の目的語である Plato と Aristotle に対比される．その結果，(34b) よりも (34a) のほうが動詞句の意味である λx.λy.[x read y] を復元しやすく，容認可能性が高まる．(35a, b) についても同様の分析が当てはまる．

このように，空所スロットから発音されない代用形への再分析を仮定する本論の分析は，動詞句省略文からの wh 移動の可否を捉えることができる．

4.3.3. 動詞句省略と再帰代名詞

動詞句省略の先行詞内に再帰代名詞 himself が生起する次の文を見てみよう．

(36) a. John defended himself well, and Bill did too.
　　 b. John defended himself better than Bill did.

(Hestvik (1995: 213))

文 (36b) では省略文と先行文が従属接続詞 better than で結ばれており，先行詞内の himself は主語 John により束縛されている．この場合，動詞句省略文は多義的であり，「ビルがジョンを擁護した」というストリクトの解釈と「ビルが自分自身を擁護した」というスロッピーの解釈の両方が許される．また，等位接続詞 and により結ばれている (36a) においても，動詞句省略内の himself が Bill を先行詞とするスロッピーの解釈は可能である．他方，(36a) におけるストリクトの解釈は不可能ではないが，(36b) に比べると難しいと判断する話者が多い．このような解釈の違いは，次の文においても見られる．

(37) a. John introduced himself, or Bill did.
　　 b. Did John introduced himself, or did Bill?
　　 c. John will criticize himself tomorrow; Bill, however, already did.
　　 d. John likes himself, but does Bill?
　　 e. John loves himself, whereas Bill doesn't.
(38) a. John revealed himself to the public before Bill did.
　　 b. John introduced himself after Bill did.
　　 c. John hasn't criticized himself since Bill does.
　　 d. John usually criticizes himself when Bill does.

省略文と先行詞文が等位接続詞により結合されている (37) はスロッピーの解釈が強く，ストリクトの解釈は弱い．一方，(38) では省略文と先行詞文が時を表す従属接続詞により結ばれているが，これらの文ではスロッピーの

解釈とストリクトの解釈が同様に許される．[5]

文 (36)-(38) の解釈に基づき，Hestvik は次の記述的一般化を述べている．

(39) 動詞句省略文の先行詞に再帰代名詞が含まれ，省略文と先行文が等位節を形成する場合，スロッピーの解釈に比べるとストリクトの解釈は困難になる．他方，照応形を含む先行文と動詞句省略文が従属節を形成する場合，スロッピーの解釈とストリクトの解釈が同様に許される．

この記述的一般化を，Hestvik は LF コピーと再帰代名詞の LF 移動の二つの仮定により説明しようと試みている．Hestvik の分析によると，(36b) には，次の二つの派生が許される．

(40) a. John [$_{VP}$ defended himself] better than Bill did [e]
  b. John [$_{VP}$ defended himself] better than Bill did [defend himself]
  c. John himself$_1$ [$_{VP}$ defended t$_1$] better than Bill did himself$_2$ [defend t$_2$]

(41) a. John [$_{VP}$ defended himself] better than Bill did [e]
  b. John himself$_1$ [$_{VP}$ defended t$_1$] better than Bill did [e]
  c. John himself$_1$ [$_{VP}$ defended t$_1$] better than Bill did [defend t$_1$]

---

[5] 時を表す従属節以外に，(i) の理由や条件を表す従属節や (ii) に示す関係詞節内に生起する動詞句省略文においてもスロッピーの解釈とストリクトの解釈が同様に許される．

(i) a. John laughed at himself because Bill did.
  b. John will hit himself just in case Bill will.
  c. John won't hit himself unless Bill does.
  d. John talked about himself so that Bill didn't have to.
(ii) a. John introduced himself to everyone that Bill did.
  b. John discussed himself with everyone that Bill did.
  c. John described himself to everyone that Bill did.

(Hestvik (1995: 216))

これら二つの派生では，LF におけるコピーと再帰代名詞の移動の適用順序が異なる．(40) では，まず，(40a) から (40b) の段階において空所スロットに先行詞の動詞句がコピーされる．その後，(40b) から (40c) の段階において himself が動詞句に付加移動する．その結果，(40c) の LF 構造において主節の himself の先行詞は John となり，また，従属節の先行詞は Bill となり，スロッピーの解釈が得られる．他方，(41) では，まず，(41a) から (41b) の段階において，再帰代名詞が動詞句に付加移動する．その後，(41b) から (41c) の段階において空所スロットに先行詞の動詞句がコピーされる．(41c) の構造を樹形図で示すと次のようになる．

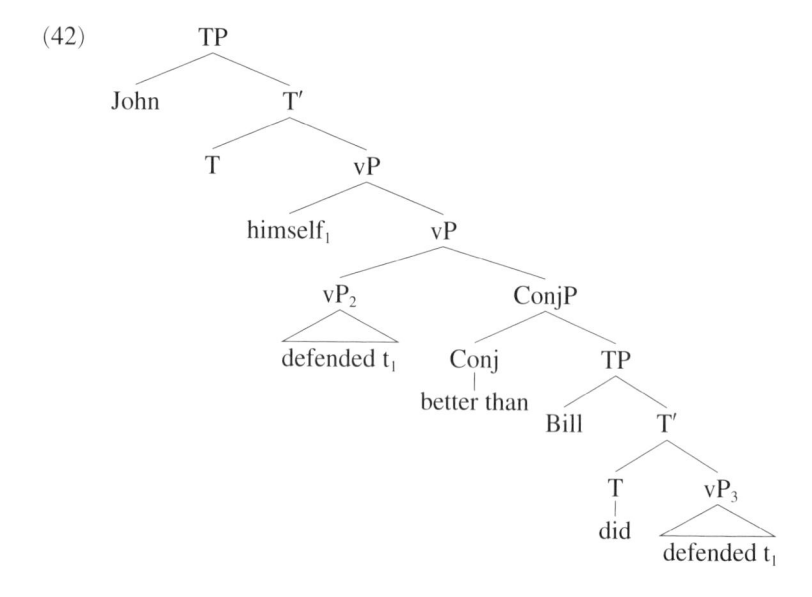

(42)
```
                TP
              /    \
          John      T'
                   /  \
                  T    vP
                      /  \
               himself₁   vP
                         /  \
                       vP₂   ConjP
                        |    /    \
                  defended t₁  Conj   TP
                               |    /   \
                          better than Bill  T'
                                          /  \
                                         T    vP₃
                                         |     |
                                        did  defended t₁
```

この構造において，himself の先行詞は主節主語の John である．また，先行詞の vP₂ 内の痕跡とコピーされた vP₃ 内の痕跡の両方が himself により C 統御されているため，痕跡の認可に関する条件も満たしている．その結果，(42) の LF 構造により，ストリクトの解釈が得られる．

　LF におけるコピーと再帰代名詞移動の適用順序を考慮すると，(36a) にも二つの派生が考えられる．コピーが移動に先行した場合，(36a) の派生は次である．

第 4 章 動詞句省略文における再分析　　207

(43) a.　John [$_{VP}$ defended himself well] and Bill did [e] too
　　 b.　John [$_{VP}$ defended himself well] and Bill did [defend himself well] too
　　 c.　John himself$_1$ [$_{VP}$ defended t$_1$ well] and Bill did himself$_2$ [defend t$_2$ well] too

LF 構造 (43c) では，第一等位項内の himself の先行詞は John，また，第二等位項内の先行詞は Bill となり，スロッピーの解釈が得られる．(36a) の省略文がストリクトの解釈を持つためには，再帰代名詞の移動がコピー操作に先行する次の派生が許されなければならない．

(44) a.　John [$_{VP}$ defended himself well] and Bill did [e] too
　　 b.　John himself$_1$ [$_{VP}$ defended t$_1$ well] and Bill did [e] too
　　 c.　John himself$_1$ [$_{VP}$ defended t$_1$ well] and Bill did [defend t$_1$ well] too

LF 構造 (44c) を樹形図で示すと次のようになる．

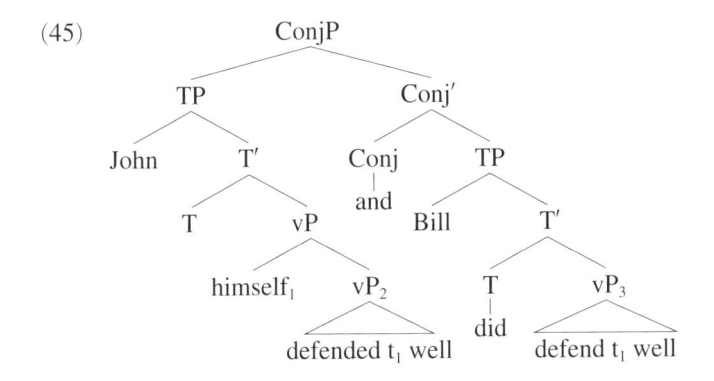

(45)

```
                    ConjP
                   /     \
                 TP       Conj′
                /  \      /    \
             John   T′  Conj    TP
                   / \   |     /  \
                  T  vP  and Bill  T′
                     / \         /   \
              himself₁  vP₂    T     vP₃
                        /\     |     /\
                defended t₁ well did  defend t₁ well
```

この構造において，himself の先行詞は主節主語の John である．この構造が許されれば，(34a) の動詞句省略文がストリクトの解釈を持つことになる．しかしながら，vP 付加した himself は，先行詞の vP$_2$ 内の痕跡を C 統御するが，コピーされた vP$_3$ 内の痕跡を C 統御せず，この痕跡が認可されない．その結果，(45) の LF 構造は許されず，(34a) の動詞句省略文はス

トリクトの解釈を持たない.

以上が，(39) の記述的一般化に対する，LF コピーと再帰代名詞の LF 移動に基づく Hestvik の分析である．しかしながら，前章までに論じたように，動詞句省略文は LF コピーではなく，PF 削除により派生すると考えたほうが妥当であることを支持する経験的事実が多数存在する．そのため，LF コピーに基づく Hestvik の分析をそのまま採用することはできない.[6]

Kehler (2002) は，(39) に示す等位節と従属節の対比を説明するために，等位項内の動詞句省略の箇所には発音されない統語構造が存在するのに対し，従属節内の動詞句省略の箇所には発音されない代用表現 pro が存在すると仮定している．この仮定によると，(36a) と (38a) の構造は次である.

(46) a. John defended himself well, and Bill did ~~defend himself well~~ too

　　 b. John revealed himself to the public before Bill did pro

構造 (46a) では，等位項内の省略箇所に発音されない動詞句構造が存在する．この場合，省略箇所に発音されない代用表現 pro が生起できない．なぜなら，等位接続詞 and と副詞 too の存在により，先行文と省略文が並列関係にあり，省略箇所にも先行詞の動詞句と同様の構造が存在することが要請されるためである．そのため，省略箇所にも再帰代名詞が存在し，束縛原理 (A) により同一節内の主語 Bill を先行詞に取り，スロッピーの解釈のみが得られる．他方，(46b) の構造では，先行文と省略文が並列関係にはなく，従属節内の省略箇所に発音されない代用表現 pro が生起できる．pro が主節の動詞句を先行詞に取り，ストリクトの解釈が得られる．このように，Kehler は，従属節内の動詞句省略箇所にのみ発音されない代用表現 pro が生起できると仮定することにより，動詞句省略文に見られる等位節と従属節の違いを説明している.

この Kehler の分析にも幾つかの問題がある．まず，(36b) のような比較

---

[6] Hestvik が仮定する再帰代名詞の LF 移動に関する問題点については，中村 (1996: 20-24) を参照.

第4章 動詞句省略文における再分析　　209

節が問題となる．(36b) における二つの節は，統語的には従属構造を形成するが，意味的には並列関係にあると考えられる．そのため，Kehler の分析によると，(36b) の動詞句省略箇所には発音されない動詞句構造が存在し，スロッピーの解釈のみが許されると予測される．しかしながら，この予測に反し，(36b) の動詞句省略文は多義的であり，スロッピーの解釈とストリクトの解釈の両方を持つ．したがって，Kehler の分析は，(36b) のような比較節内の動詞句省略文の解釈を説明できない．また，(36b) の従属節内の動詞句省略文と比較すると容認可能性が多少落ちるが，(36a) の等位項内の動詞句省略文においてもストリクトの解釈を許す話者が存在するという事実も問題となる．

　以下では，発音されない代用形 pro が従属節のみならず等位節内の動詞句省略箇所にも生起できると仮定する本論の分析の下で，動詞句省略文に見られる (36a, b) の対比を説明する．本論の分析によると，動詞句省略文の派生には，PF 削除による派生と空の代用形 pro による派生が存在する．PF 削除により動詞句省略を派生する場合，これらの文は次の構造を持つ．

(47) a. John defended himself well, and Bill$_1$ did [$_{vP}$ t$_1$ v<D-F> [$_{vP}$ defend himself well]] too
　　 b. John defended himself better than Bill$_2$ did [$_{vP}$ t$_2$ v<D-F> [$_{vP}$ defend himself]]

これらの構造における himself は，束縛原理 (A) により，それぞれを含む節の主語を先行詞に取る．その結果，(36a, b) における動詞句省略文がスロッピーの解釈を持つ．

　次に，発音されない代用形により動詞句省略を派生する場合を考えてみよう．(36a, b) は派生のある段階で次の構造を持つ．

(48) a. John defended himself, and Bill$_1$ did [$_{vP}$ t$_1$ v pro] too
　　 b. John defended himself better than Bill$_2$ did [$_{vP}$ t$_2$ v pro]

構造 (48b) を樹形図で示すと，次になる．

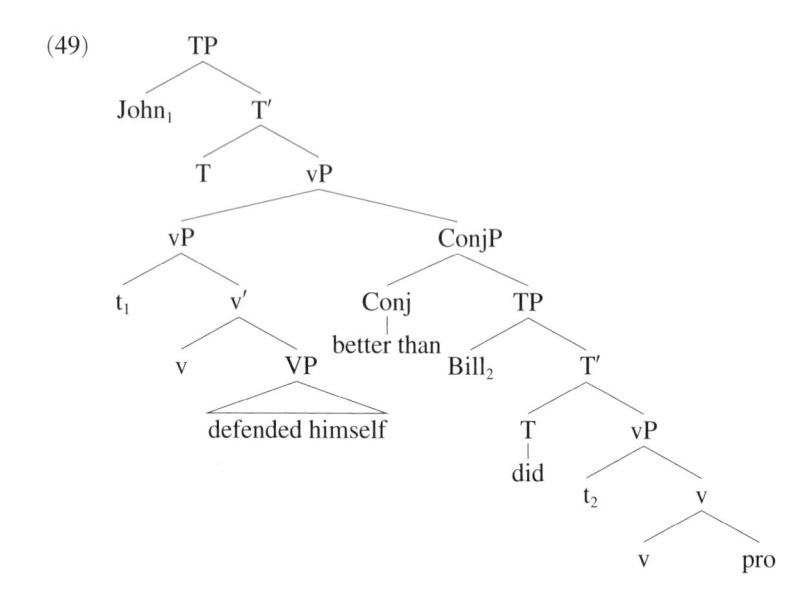

(49) [tree diagram:
TP
├ John₁
└ T'
  ├ T
  └ vP
    ├ vP
    │ ├ t₁
    │ └ v'
    │   ├ v
    │   └ VP
    │   └ defended himself
    └ ConjP
      ├ Conj
      │ └ better than
      └ TP
        ├ Bill₂
        └ T'
          ├ T
          │ └ did
          └ vP
            ├ t₂
            └ v
              ├ v
              └ pro
]

この構造では，better than を主要部とする ConjP が主節の vP に付加している．この構造における主節の VP が LF で vP に付加移動することにより次の構造が派生する．

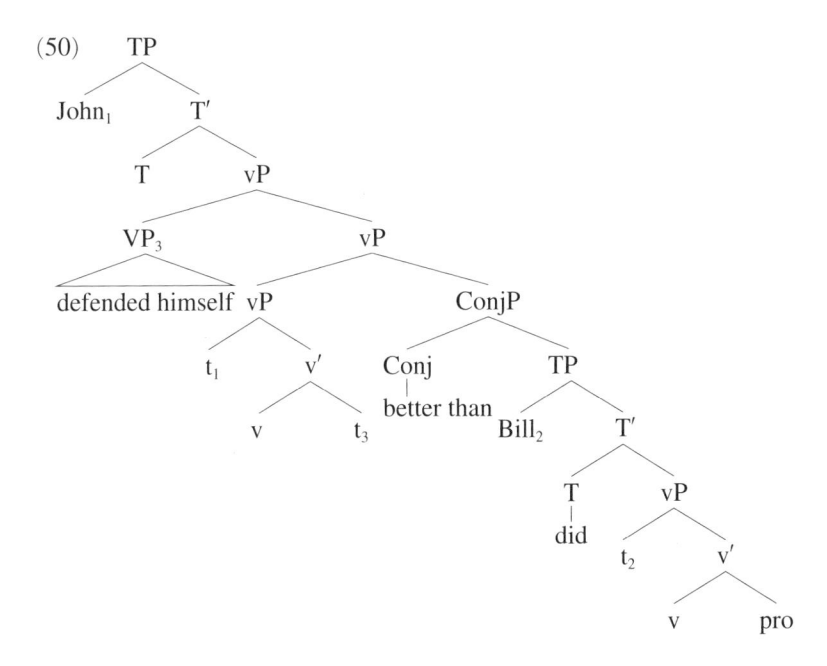

(50) [樹形図: TP → John₁, T'; T' → T, vP; vP → VP₃ (defended himself), vP; vP → vP, ConjP; vP → t₁, v'; v' → v, t₃; ConjP → Conj (better than), TP; TP → Bill₂, T'; T' → T (did), vP; vP → t₂, v'; v' → v, pro]

　この構造では，vP に付加移動した VP 内の himself は John によって束縛されるため，この VP は「ジョンを擁護する」という意味になる．また，移動した VP は vP 付加位置から従属節内にある代用形 pro を C 統御するため，VP は pro を束縛する．その結果，従属節は「ビルがジョンを擁護した」という意味になり，(36b) のストリクトの解釈が説明される．
　一方，再分析適用後の (36a) の詳細な構造を樹形図で示すと，次になる．

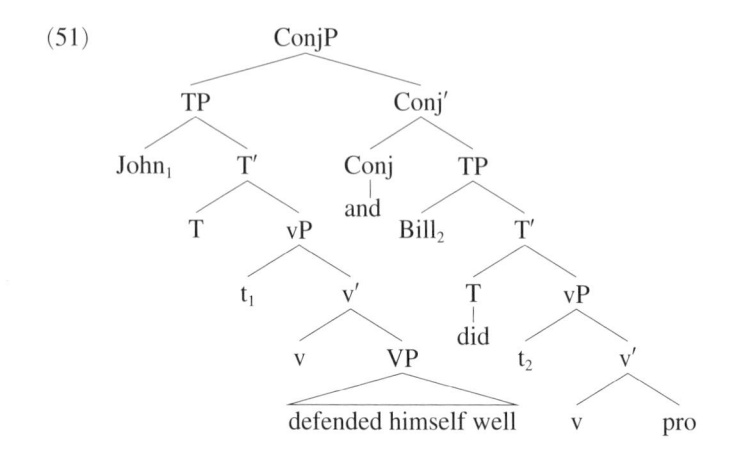

(51)
```
          ConjP
         /      \
       TP       Conj'
      /  \      /    \
   John₁  T'  Conj    TP
         /  \  |     /  \
        T   vP and Bill₂ T'
           /  \         /  \
          t₁   v'      T    vP
              /  \     |   /  \
             v   VP   did t₂   v'
                 |           /  \
         defended himself well v  pro
```

この構造では，等位接続詞 and が主節と従属節の TP を結合している．この構造において，主節の VP が従属節内の代用形 pro を束縛するためには LF において ConjP に付加移動しなければならない．

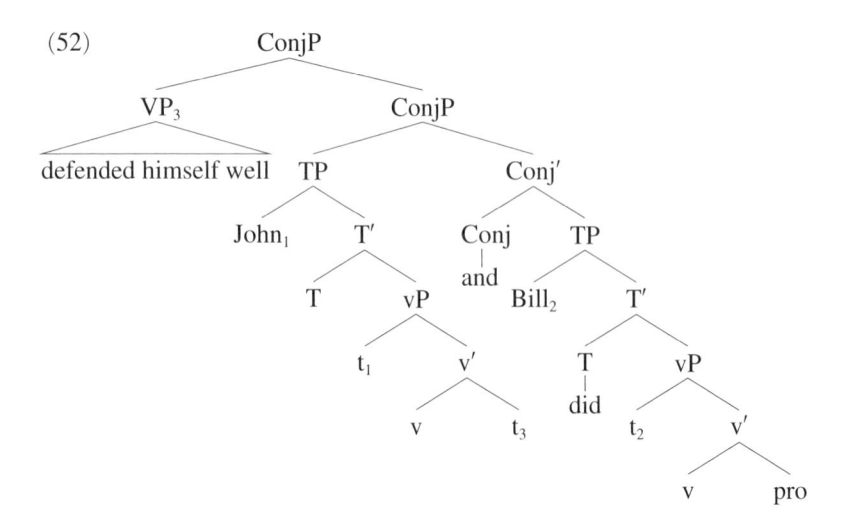

(52)
```
              ConjP
             /      \
          VP₃      ConjP
         /   \    /      \
  defended himself well  TP     Conj'
                        /  \    /    \
                     John₁  T' Conj   TP
                          /  \  |    /  \
                         T   vP and Bill₂ T'
                            /  \          /  \
                           t₁   v'       T    vP
                               /  \      |   /  \
                              v   t₃    did t₂   v'
                                                /  \
                                               v   pro
```

しかしながら，この構造においては，再帰代名詞 himself が TP 指定部に生起する主語 John に束縛されない．[7] 主語 John により束縛されるためには，

---

[7] このような VP の移動は等位構造を成す一つの等位項内から外への移動のため，等位

第 4 章 動詞句省略文における再分析　　213

VP は vP の付加位置までしか移動できない．

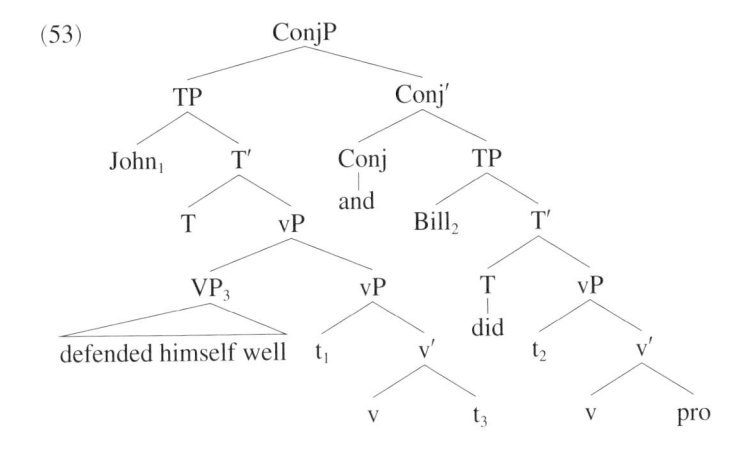

(53)

```
                    ConjP
                  /        \
                TP          Conj'
              /    \       /      \
          John₁    T'    Conj      TP
                  /  \    |       /   \
                 T   vP  and   Bill₂   T'
                     /  \             /   \
                   VP₃   vP          T     vP
                   /|\   / \         |    /  \
                  / | \ t₁  v'      did  t₂   v'
         defended himself well     / \        / \
                                  v   t₃     v   pro
```

　この構造において，vP に付加移動した VP 内の himself は John により束縛されるので，この VP は「ジョンを擁護する」という意味になる．しかし，移動した VP は，第二等位項内の代用形 pro を C 統御しないため，VP は pro を束縛できない．その結果，(36a) の pro は束縛により第一等位項内における VP の意味を受け取ることができない．

　次に，(36a) における代用形 pro が束縛以外の方法で意味を受け取る場合について考えてみよう．この場合，省略文と先行文との文脈関係に影響を受ける．先行文と省略文が等位接続詞 and と副詞 too により連結されている時，Kehler が主張するように省略文と先行文との対応関係が問題となるため，「ジョンとビルがそれぞれ自分自身を弁護した」というスロッピーの解釈が無標 (unmarked) となる．そのため，多くの話者にとって，(36a) の解釈としてはストリクト解釈よりもスロッピーの解釈のほうがより強くなる．また，(36a) に対してスロッピーの解釈以外にストリクトの解釈を許す話者は，文脈上の並列関係から要請されるスロッピーの解釈よりも，より有標 (marked) なストリクトの解釈を選択する．この場合，より有標な解釈を

構造制約にも違反すると考えられる．

選ぶことにより，容認度は多少落ちる．

　本論の分析によると，先行詞と省略文が等位接続詞 and と副詞 too により連結されている場合でも，無標なスロッピーの解釈よりも有標なストリクトの解釈が優先される場合，ストリクトの解釈が選ばれると予測される．この予測は経験的に正しい．次の文を見てみよう．

(54)　In the 1992 elections, Clinton voted for himself, and of course, Hillary did too.　　　　　　　　　　　　　　(Hestvik (1995: 214))

この文における等位接続詞 and の第一等位項の先行文と第二等位項の省略文は意味的並列関係にあるが，ストリクトの解釈しか許されない．これは，Clinton と Hillary が夫婦であり，Clinton が 1992 年のアメリカ大統領選挙に出馬したという言語外の知識により，有標なストリクトの解釈が強制されるためである．また，本論の分析は，次の動詞句省略文がストリクトの解釈を持たないという事実も説明できる．

(55)　Everyone respects himself and Ben does too.

(Winkler (2005: 150))

この文では，残留要素の主語 Ben と対応関係にある everyone は数量詞であり，ある個体を直接指示しているわけではない．その結果，第二等位項内の助動詞 does の後の空所スロットが代用形 pro に再分析されたとしても，pro は個別の事象を直接指示することができず，「みんながそれぞれ自分を尊敬し，ベンもまたみんなをそれぞれ尊敬する」というストリクトの解釈は得られない．このように，(54) と (55) に見られるストリクトの解釈に関する容認度の違いは，省略箇所に存在する空の代用形 pro の値が，C 統御に基づく束縛という文法内のメカニズムによって生じるのではなく，直接指示という文法外の方法によって決まると考えることにより説明できる．

　さらに，ストリクトの解釈に関する容認度を示した次の用例を考えてみよう．

(56) a. ?John defended himself against the spying accusations, and Bill did too.

b. *I know what John defended himself against, and what Bill did.

(57) a. ?Bill gave himself a book for his birthday, and Peter did too.

b. *I know what Bill gave himself for his birthday, and I know what Peter did.

(58) a. ?Bill called himself a liar, and Peter did too.

b. *What did Bill call himself, and what did Peter?

(59) a. ?Bill wrote about himself in the New York Times, and Peter did too.

b. *Where did Bill write about himself, and where did Peter?

(60) a. ?Bill revealed a secret about himself, and Peter did too.

b. *I know what Bill revealed about himself, and what Peter did.

(Hestvik (1995: 230-231))

これらの文はすべてスロッピーの解釈を許すが，ストリクトの解釈に関して容認可能性が異なる．すなわち，(a) は多少容認可能性が落ちるがストリクトの解釈を許すのに対し，wh 疑問文に動詞句省略が適用された (b) ではストリクトの解釈が許されない．ストリクトの解釈に関するこの対比を，Hestvik は代用形 pro に基づく派生の点から分析している．この分析によると，(a) では pro を使う派生が許されるが，(b) では許されない．例えば，(56b) は次の構造を持つことができない．

(61) I know what$_1$ John [$_{VP}$ defended himself against t$_1$]$_3$, and what$_2$ Bill did pro$_3$

この構造では第一等位項の動詞句を先行詞に取る pro が生起しているが，what$_2$ に対応する変項が存在しない．そのため，(61) は不適格であり，(56b) にはストリクトの解釈が許されない．

他方，本論の分析によると，(56b) は pro を使った次の構造を持つことができる．

(62) I know what₁ John [_vP defended himself against t₁]₃, and what₂ Bill did [_vP t₂ v pro₃]

この構造では，what₂ が vP 指定部に基底生成され，その位置から CP 指定部へ移動している．what₂ に対応する変項 t₂ が vP 指定部に存在するため，(62) は許される．したがって，本論の分析は，(56b) の動詞句省略文にストリクトの解釈が許されない理由を，構造上の不適格性以外の点から説明しなければならない．

本論の分析の下では，(62) における代用形 pro の先行詞の選定が，(56b) の解釈に影響を及ぼすと考えられる．(56a) の場合，動詞句省略の残留要素である Bill は第一等位項内の主語である John と対比の関係にあり，第二等位項内の pro は第一等位項内の動詞句を先行詞に取る．他方，前節でも仮定したように，疑問文である (56b) は，次の多重 wh 疑問文の返答として存在すると考えられる．

(63) Who defended himself against what?

このような疑問文が話題となっている文脈において，(63) の who に John を代入することにより (56b) の第一等位項の疑問文が派生し，また，Bill を代入することにより第二等位項の疑問文が派生する．したがって，(56b) では，第一等位項と第二等位項が対比の関係にあるわけではなく，それぞれの等位項が (63) の多重 wh 疑問文と関連していると考えられる．その結果，(62) における第二等位項内の代用形 pro は，第一等位項内の動詞句ではなく，(63) の動詞句を先行詞に取る．(63) では，再帰代名詞 himself の先行詞は疑問代名詞の who であり，who の値により himself の値も決まる．(56b) の第二等位項は，(63) の who に Bill を代入することにより派生する文であるため，himself の値も自動的に Bill となる．その結果，(56b) の動詞句省略文にはスロッピーの解釈しかなく，ストリクトの解釈は許されない．このように，(56b) に対して (62) の構造を仮定する本論の分析の下でも，(56b) がストリクトの解釈を許さない事実を説明できる．同様の分析が (57) から (60) にも当てはまる．

最後に，(64) を考察しよう．

(64) They arrested Alex₁, though he₁ thought they wouldn't.

(Merchant (2001: 28))

3.4.2.1 節でも見たように，省略箇所と先行詞の間に構造の同一性を仮定する分析は，(64) の文法性を説明できない．この仮定の下では，(64) は次の構造を持つ．

(65) They arrested Alex₁, though he₁ thought they wouldn't ~~arrest Alex₁~~

この構造では，固有名詞 Alex が同じ指標を持つ代名詞 he により束縛される．その結果，(65) は束縛原理 (C) に違反し，(64) の動詞句省略文は許されないと誤って予測してしまう．

この問題に対して，Merchant (2001) は，含意関係に基づく意味により省略の同一性が決まるという分析を提案している．統語的情報を考慮せず，省略箇所と先行詞に課せられる同一性条件を含意関係に基づく意味的観点のみから考えた場合，(64) は次の LF 構造を持ち得る．

(66) They arrested Alex₁, though he₁ thought they wouldn't ~~arrest him₁~~

この構造では，省略文における動詞句内の目的語は，先行文中の目的語と同一要素の Alex ではなく，Alex を指し示す代名詞 him である．(66) においては，省略箇所と先行詞の統語情報が異なるが，これら二つの動詞句が表す意味は同じである．したがって，省略箇所と先行詞に課せられる同一性条件を含意関係のみに基づいて定義した場合，省略箇所と先行詞は同一であると考えられる．また，(66) では，省略された動詞句内の目的語は代名詞 him であり，同一指標を持つ he とは同一節内に共起しない．その結果，(66) は束縛原理 (B) に違反しないため，合法的である．このように，Merchant は，(64) の省略文に (66) の LF 構造を仮定することにより，(64) の文法性を説明している．

しかしながら，Merchant の提案する意味の同一性に基づく分析は，(67a, b)（= (36a, b)）の対比を捉えることができない．

(67) a. John defended himself well, and Bill did too.
 b. John defended himself better than Bill did.

Merchant の分析によると，(67a, b) の LF 構造として (68a, b) がそれぞれ許される．

(68) a. John₁ defended himself well, and Bill₂ did ~~defend him₁~~ too
 b. John₁ defended himself better than Bill₂ did ~~defend him₁~~

これらの構造では，省略された動詞句内の目的語が John を指す代名詞 him であり，また先行詞の動詞句内の himself も John を先行詞に取る．したがって，Merchant の分析によると，省略された動詞句と先行詞の動詞句は同一の意味を表すため，(67a, b) におけるストリクトの解釈は同様に許されると予測される．しかしながら，この予測は上記で述べた事実とは異なる．このように，Merchant の分析は (67a, b) の解釈の違いを説明できない．

他方，(67a, b) の解釈の違いを捉えることができる本論の分析は，(64) の文法性も説明できる．本論の分析によると，(64) は次の構造を持つ．

(69) They arrested Alex₁, though he₁ thought they₂ wouldn't [$_{vP}$ t₂ v pro]

この構造において，空の代用形 pro は主節動詞句の意味 λx.[x arrest Alex] を直接受ける．その結果，省略箇所には Alex が生起せず，(64) には束縛原理 (C) が適用されない．このように，本論の分析の下では，(64) は空の代用形 pro により派生する．

4.4. さらなる帰結

4.4.1. 動詞句省略を含む動詞句省略

次に，本論が提案する空所スロットから代用形への再分析の帰結として，Schwarz (2000) の分析が導き出されることを述べる．次の対話文を見てみよう．

(70) A: When John had to [$_{vP1}$ cook], he didn't want to cook.
　　 B: When he had to [$_{vP2}$ CLEAN], he didn't either.

(Schwarz (2000: 164))

話者 B の発話における省略文は，「ジョンは料理をしたくなかった」とは解釈されるが，「ジョンは掃除をしたくなかった」とは解釈されない．この事実は，動詞句省略を PF 削除により派生させる分析の下では次のように説明される．(70) の省略文が「彼は料理がしたくなかった」と解釈される場合，次の構造を持つ．

(71) A: When John had to [$_{vP1}$ cook], he didn't want to [$_{vP}$ cook]
　　 B: When he had to [$_{vP2}$ CLEAN], he$_3$ didn't [$_{vP}$ t$_3$ v<D-F> [$_{vP}$ want to cook]] either

B の発話において省略された動詞句と同一の構造を持つ動詞句が A の発話に存在する．その結果，(71) における削除には問題がない．一方，(70) の省略文が許さない解釈は，次の構造で示される．

(72) A: When John had to [$_{vP1}$ cook], he didn't want to [$_{vP}$ cook]
　　 B: When he had to [$_{vP2}$ CLEAN], he$_3$ didn't [$_{vP}$ v<D-F> [$_{vP}$ want to clean]] either

構造 (71) とは異なり，(72) においては，削除される動詞句と同一の構造を持つ動詞句が存在しない．したがって，(72) における削除は許されず，(70) の省略文には「ジョンは掃除をしたくなかった」という解釈が存在しない．

以上の点を踏まえて，次の対話文を考えてみよう．

(73) A: When John had to [$_{vP1}$ cook], he didn't want to.
　　 B: When he had to [$_{vP2}$ CLEAN], he didn't either.

(Schwarz (2000: 163))

この対話文では，A の発話の不定詞 to の後と，B の発話の didn't の後で動詞句が省略されている．一つ目の動詞句省略の先行詞が vP1 である cook の場合，B の発話における省略文は多義的であり，「ジョンは掃除をしたくなかった」という解釈と「ジョンは料理をしたくなかった」という二つの解釈が可能である．動詞句省略文を PF 削除により派生させる分析によると，(73) が前者の解釈を持つときの構造は次である．

(74) A: When John had to [$_{vP1}$ cook], he didn't want to [$_{vP}$ v<D-F> [$_{vP}$ cook]]
　　 B: When he had to [$_{vP2}$ CLEAN], he didn't [$_{vP}$ v<D-F> [$_{vP}$ want to clean]] either

A の発話における動詞句省略には同一の構造を持つ先行詞が存在する．一方，B の発話における動詞句省略には同一構造を持つ先行詞が存在しない．この場合，埋め込みの動詞句である clean の先行詞が同一発話内の従属節の動詞句であり，残りの動詞句である want to の先行詞が A の発話内の動詞句であると考えることはできない．仮に，このような省略と先行詞の関係が許されるならば，(72) における省略も許されはずである．しかし，(72) の省略は許されず，(70) の省略文には「ジョンは掃除をしたくなかった」という解釈が存在しない．したがって，動詞句省略文を PF 削除により派生させる分析の下では，(74) の構造が排除され，(73) における B の発話内の省略文が「ジョンは掃除をしたくなかった」と解釈される事実が説明されない．

Schwarz (2000) は，(73) が持つ二つの解釈を説明するに際し，動詞句省略文の派生には削除による派生と空の代用形による派生が存在することを仮定している．この仮定は，本論の提案する空所スロットから発音されない

代用形への再分析の帰結として導き出される．まずは，PF 削除による派生を考えてみよう．この場合，(73) は次の構造を持つ．

(75) A: When John had to [$_{vP1}$ cook], he$_3$ didn't want to [$_{vP}$ v<D-F> [$_{vP}$ cook]]
    B: When he had to [$_{vP2}$ CLEAN], he$_3$ didn't [$_{vP}$ t$_3$ v<D-F> [$_{vP}$ want to cook]] either

この構造では，(A) 内の省略された動詞句の先行詞として従属節内の vP1 が存在し，また，(B) 内の省略された動詞句の先行詞として (A) 内の主節の動詞句 want to cook が存在する．したがって，(75) の省略は許され，B の発話内の省略文は「ジョンは料理をしたくなかった」と解釈される．

次に，代用形による派生を考えてみよう．この場合，(73) は次の構造を持つ．

(76) A: When John had to [$_{vP1}$ cook], he didn't [$_{vP}$ want to [$_{vP}$ v pro]]
    B: When he had to [$_{vP2}$ CLEAN], he didn't [$_{vP}$ v<D-F> [$_{vP}$ want to [$_{vP}$ v pro]]], either

文 (A) における主節の代用形 pro の先行詞は従属節内の動詞句 cook である．また，(B) における従属節の動詞句 clean が焦点化されることにより，clean は (A) 内の従属節の動詞句 cook と対比の関係にある．この対比の関係により，(A) 内の代用形と並行的に，(B) 内の代用形 pro も従属節の動詞句 clean を先行詞に取ることができる．また，(A) と (B) の主節の動詞句は同一の構造を持つため，(B) の主節の動詞句を PF において削除できる．その結果，(B) の省略文は「ジョンは掃除をしたくなかった」と解釈される．

なお，Schwarz は，(73) がスロッピーの解釈を持つためには，先行詞の動詞句が空の代用形 pro を束縛する位置まで移動しなければならないと仮定している．この仮定によると，(76) から次の構造が派生する．

(77)　A:　[[vP1 cook]1 [[When John had to t1], he didn't [vP want to v pro]]]

　　　B:　[[vP2 CLEAN]2 [[When he had t2], he didn't [vP want to v pro]]], either

この構造では，動詞句 vP1 と vP2 が副詞節から抜き出て，主節内の pro を C 統御できる位置まで移動している．その結果，pro は束縛変項として機能する．しかしながら，3.2.2 節でも見たように，代用形が先行詞により束縛されない場合でも，スロッピーの解釈が許される動詞句省略文が指摘されている．

(78)　a.　The policeman who arrested John read him his rights, but the policeman who arrested Bill didn't.　　　(Wescoat (1989))
　　　b.　John's coach thinks he has a chance, and Bill's coach does too.　　　(Rooth (1992a))
　　　c.　If Tom was having trouble in school, I would help him. If Harry was having trouble, I wouldn't.　　　(Hardt (1999: 186))
　　　d.　(John and Bill both have cats.) When I met John, I talked to his cat, but when I met Bill, I didn't.　　　(Elbourne (2008: 193))

これらの動詞句省略文はスロッピーの解釈を持つ．例えば，(78c) の文は，「トムが学校で困っている場合，私はトムを助けるが，ハリーが困っている場合，ハリーを助けないだろう」と解釈できる．(78c) がスロッピーの解釈を持つ場合，次の構造を持つ．

(79)　If Tom1 was having trouble in school, I would [vP help him1]. If Harry2 was having trouble, I wouldn't [vP help him2]

この構造では，省略された動詞句内の代名詞 him の先行詞は従属節内の主語 Harry であるが，Harry は him を C 統御していない．それにもかかわらず Harry が him の先行詞になれるのは，Harry が焦点化されることにより，第一文の従属節の主語である Tom と対比の関係にあるためである．第一文

において，Tom が主節内の代名詞の先行詞であるため，Tom と対比の関係にある Harry も従属節内の him の先行詞になる．(73) も同様に分析できる．すなわち，B の動詞句 clean が焦点化されることにより，A の cook と対比の関係にある．その結果，clean と cook が pro を C 統御する位置に移動しなくとも，これら二つの動詞句は pro の先行詞となる．したがって，Schwarz が主張する (77) の構造を仮定する必要がない．

本論の分析は，次の動詞句省略文の解釈も説明できる．

(80) When Bob had to sail round the world and Alice had to climb Kilimanjaro, they didn't want to; and when Bob had to swim the English Channel and Alice had to climb K2, they didn't either.

(Elbourne (2008: 211))

この文の一つ目の動詞句省略文は「ボブは世界を航海したくなかったし，また，アリスもキリマンジャロに登りたくなかった」と解釈され，二つ目の動詞句省略文は「ボブはイギリス海峡を泳ぎたくなかったし，また，アリスも K2 に登りたくなかった」と解釈される．本論の分析によると，(80) は次の構造を持つ．

(81) When Bob had to [$_{vP1}$ sail round the world] and Alice had to [$_{vP2}$ climb Kilimanjaro], they didn't [$_{vP3}$ want to pro]; and when Bob had to [$_{vP4}$ swim the English Channel] and Alice had to [$_{vP5}$ climb K2], they didn't [$_{vP6}$ ~~want to pro~~] either

この構造における動詞句 vP3 内の代用形 pro は，従属節内の vP1 と vP2 を分離先行詞として取る．文末の either により，一つ目の文における従属節の vP1 と vP2 が二つ目の文内の従属節の vP4 と vP5 とそれぞれ対比の関係にある．そのため，vP3 内の代用形と並列的に，vP6 内の代用形も二つ目の文における従属節内の vP4 と vP5 を分離先行詞として取ることができる．また，vP3 と vP6 は同一構造のため，vP6 を PF において削除できる．その結果，(81) の動詞句省略文の解釈は，分離先行詞とスロッピーの解釈を併せ持つ．

このように，PF 削除と代用形への再分析による派生を仮定することにより，動詞句省略文がより大きな動詞句省略文に含まれる文におけるスロッピーの解釈が説明される．[8]

4.4.2. 態の不一致
4.4.2.1. 動詞句省略文における態の不一致

1.2 節でも見たように，動詞句省略文と先行文に態の一致が見られない場合，省略文は許されない．

(82) a.　Nobody else would take the oats down to the bin, so Bill did.
　　　b. *The oats had to be taken down to the bin, so Bill did.
(Hankamer and Sag (1976: 413))

しかしながら，(82) を提示している論文の著者の一人である Sag は，博士論文の中で，先行詞と態が一致しない場合でも動詞句省略が許される用例が存在することを指摘している．

(83)　Botanist:　That can all be explained.
　　　Mr. Spock:　Please do explain.

(84)　It should be noted, as Dummett does note, that ...

(85)　Speaker A:　Someone mugged Tom yesterday.
　　　Speaker B:　Oh yeah?
　　　Speaker C:　You know, the same thing happened to Mary.
　　　Speaker B:　Wow!
　　　Speaker A:　You know, now that I think of it, Sandy was mugged, too.
(Sag (1976: 75-76, footnote 2))

---

[8] このような動詞句省略文におけるスロッピーの解釈を説明しようとする他の試みについては，Tomioka (2008) や Elbourne (2008) 等を参照．

第 4 章　動詞句省略文における再分析　　225

また，Merchant（2008b）も先行詞と態が異なる動詞句省略文が許される場合として，下記の例文を提示している．

(86)　Passive antecedent, active ellipsis
　　a.　This problem was to have been looked into, but obviously nobody did ~~look into this problem~~.
　　b.　The system can be used by anyone who wants to ~~use it~~.

(87)　Active antecedent, passive ellipsis
　　a.　Actually, I have implemented it [= a computer system] with a manager, but it doesn't have to be ~~implemented with a manager~~.
　　b.　The janitor must remove the trash whenever it is apparent that it should be ~~removed~~.

(Merchant (2008b: 169))

Merchant は，先行詞と態が異なるにもかかわらず許される動詞句省略文を説明するために，態の情報を含まない下位の動詞句が省略されているという分析を提案している．この分析によると，(86a) は次の構造を持つ．

(88)　a.　[$_{DP}$ This problem]$_1$ was to have been

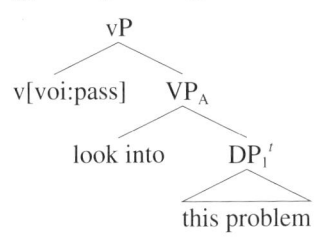

```
              vP
             /  \
      v[voi:pass]  VP_A
                  /    \
              look into  DP_1'
                         /\
                    this problem
```

b.
```
              TP
           /      \
         DP₂       T'
         /\      /    \
      Nobody   did     vP
                     /    \
                   DP₂ᵗ    v'
                         /    \
                    v[voi:act]  VP_E
                                /    \
                           look into  DP₁
                                      /\
                                this problem
```
(Merchant (2008b: 171-172))

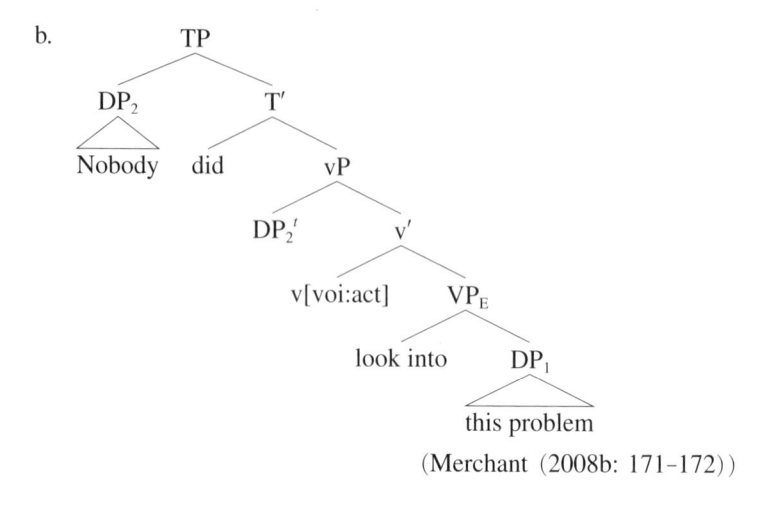

構造 (88) において，態の情報は vP 主要部にあり，先行詞である動詞句 VP_A も省略される VP_E も態の情報を含んでいない．また，(88a) における動詞 look into の補部には，受動態により主語位置へ移動した this problem のコピー (DP₁') が存在するが，これは (88b) における動詞 look into の補部に生起する this problem (DP₁) と同一である．そのため，これら二つの VP は同一の統語構造を持ち，(88b) の動詞句を省略できる．また，先行詞文が能動文で，省略文が受動文である (87b) は次の構造を持つ．

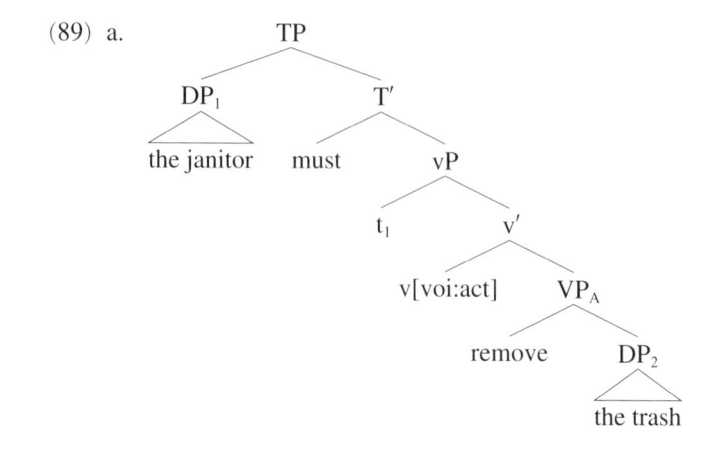

(89) a.
```
                 TP
              /      \
            DP₁        T'
            /\       /    \
      the janitor  must    vP
                         /    \
                        t₁     v'
                             /    \
                       v[voi:act]  VP_A
                                  /    \
                               remove   DP₂
                                        /\
                                    the trash
```

b. ... whenever it is apparent that

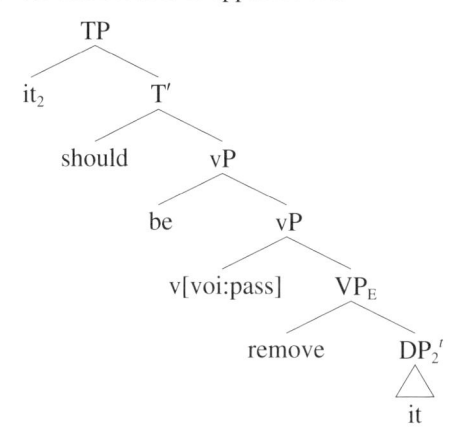

```
              TP
          ／      ＼
        it₂        T′
              ／      ＼
          should      vP
                  ／      ＼
                 be       vP
                      ／      ＼
                v[voi:pass]   VP_E
                           ／      ＼
                       remove     DP₂′
                                   △
                                   it
```

(Merchant (2008b: 172-173))

構造 (89b) における動詞 remove の補部には，受動態により主語位置へ移動した it₂ のコピー (DP₂′) が存在する．このコピーが (89a) における動詞 remove の補部に生起する the trash (DP₂) と同一であると仮定すると，態の情報を含まない二つの動詞句 (VP_A と VP_E) は同一構造を持ち，(89b) の動詞句 (VP_E) を削除できる．このように，先行詞文とは異なる態を持つ動詞句省略文では態の情報を含まない VP が削除されることにより，構造の同一性条件が満たされる．[9]

このような Merchant の分析は，本論の分析とは整合しない．なぜなら，本論の分析において削除される動詞句は削除操作を引き起こす D-F が生成される v の最大投射 vP であり，v の補部に位置する VP を削除することはできないからである．例えば，本論の分析によると，(86a) と (87a) を PF 削除により派生させる場合，それぞれ次の構造を持つ．

(90) a. This problem₁ was to have been [_vP looked into t₁], but obviously nobody did [_vP v<D-F> [_vP look into the problem]]
  b. Actually I have [_vP implemented it with a manager], but it₁

---

[9] Merchant の分析に関する問題については，Nakamura (2013) を参照．

doesn't have to be [~~vP~~ ~~v<D-F>~~ [~~vP~~ ~~implemented t_1 with a man-~~ ~~ager~~]]

構造 (90a) では先行詞の動詞句に痕跡が含まれるが,削除される動詞句には含まれていない.また,(90b) では,削除される動詞句に痕跡が含まれるが,先行詞の動詞句には含まれない.したがって,(90) における削除される動詞句と先行詞である動詞句は同一の PF 構造を持たず,削除操作の適用が許されない.

しかしながら,Kehler (2002) が主張するように,空の代用形を仮定することにより先行文とは異なる態を持つ動詞句省略文を派生できる.本論の分析の下では,(86a) と (87a) はそれぞれ次の構造を持つ.

(91) a. This problem$_1$ was to have been [$_{vP}$ looked into t$_1$], but obviously nobody did [$_{vP}$ v pro]

b. Actually I have [$_{vP}$ implemented it with a manager], but it doesn't have to be [$_{vP}$ v pro]

これらの構造において,空の代用形 pro が先行文から適切な意味内容を受け取る.(91a) の場合,残留要素である nobody に意味的に対応する要素は,先行文中に受動形態素 -en として具現化している動詞 look into の動作主 (Agent) である (Chomsky (1981), Jaeggli (1986), Baker, Johnson and Roberts (1989)).この対応関係に基づき,λx.[x look into the problem] が pro の先行詞となる.また,(91b) では,残留要素の it が先行文の目的語に対応していることから,λx.[someone implement x] が pro の先行詞となる.その結果,(86a) と (87a) の動詞句省略文は容認可能となる.(86b) と (87b) についても同様の分析が成り立つ.

次に,先行文とは異なる態を持つ動詞句省略文が許されない次の用例を考えてみよう.

(92) a. #This problem was looked into by John, and Bob did ~~look into the problem~~ too.

b. #This theory was expressed using SDRSs by Smith, and Jones did ~~express this theory using SDRSs~~ too.

(Kehler (2002: 56))

文 (86) と (87) と同様，これらの動詞句省略文も PF 削除により派生できない．また，空の代用形により派生する場合，(92) の構造は次である．

(93) a. This problem was looked into by John, and Bob did [_vP v pro] too
   b. This theory was expressed using SDRSs by Smith, and Jones did [_vP v pro] too

構造 (91) とは異なり，(93) には等位接続詞 and と副詞 too が存在し，省略文と先行文が文脈上並列関係にある．この並列関係により，(93a) における省略文の主語 Bob と先行文の主語 this problem を対応させる解釈が要請され，this problem を変項に置き換えた動詞句の意味である λx.[be looked into x by John] が pro の先行詞となる．しかしながら，このラムダ演算子に Bob を代入して得られる「ボブがジョンにより調べられる」という意味は，(92a) の意図された意味ではない．その結果，(92a) の容認可能性が落ちる．(92b) についても同様の分析が成り立つ．

4.4.2.2. その他の省略文における態の不一致

最後に，動詞句省略以外の省略における態の一致について見ておこう．動詞句省略とは異なり，間接疑問縮約 (Sluicing)，擬似空所化 (Pseudogapping)，空所化 (Gapping) においては，省略を受けた文と先行詞を含む文の態が一致しなければならない．

(94) 空所化
   a. *Some bring roses and lilies by others.
   b. *Lilies are brought by some and others roses.

(Merchant (2013: 83))

(95) 間接疑問縮約
   a. *Someone murdered Joe, but we don't know who by.

b. *Joe was murdered, but we don't know who.

　　　　　　　　　　　　　　　　　　　　(Merchant (2013: 81))
(96) 擬似空所化
　　　a. *Some brought roses, and lilies were by others.
　　　b. *Roses were brought by some, but others did lilies.

　　　　　　　　　　　　　　　　　　　(Merchant (2008b: 170))

　これらの文における (a) は，先行文が能動態で，省略文が受動態である．一方，(b) は，先行文が受動態で，省略文が能動態である．いずれの場合も，省略は許されない．

　まずは，(94) の空所化文について考えてみよう．この場合，残留要素が二つ生起するが，それぞれの残留要素と先行文中の要素との対応関係が成立しない．例えば，(94a) において，lilies と by others は意味の点からは roses と some にそれぞれ対応するが，語順の点からは some と roses にそれぞれ対応する．その結果，意味から要請される対応関係と語順から要請される対応関係に齟齬が生じるため，空所スロットにコピーされるべき適格な構造を先行文から得ることができない．(94b) についても同様な分析が成り立つ．したがって，(94) は許されない．

　次に，(95) の間接疑問縮約文を考えてみよう．本論の分析によると，これらの文は，派生の段階で次の構造を持つ．

(97) a. [$_{TP}$ Someone murdered Joe] but we do not know [$_{CP}$ by who C<C-F> [e]]
　　　b. [$_{TP}$ Joe was murdered] but we do not know [$_{CP}$ who C<C-F> [e]]

　これらの構造では，CP 主要部が LF コピーを誘引する C-F を持ち，その補部には空所スロットが選択される．CP 指定部には音形を持つ wh 疑問詞が存在するため，C-F は疑問詞に接辞化することにより認可される．その結果，空所スロットは空の代用形に再分析されない．(97a, b) に音声化が適用しこれらの構造は PF に転送されるが，(97a) では PF において疑問詞

who が前置詞 by に先行することにより (95a) の語順が派生する．また，LF において，(97a) の空所スロットに先行文の TP をコピーすることにより，次の構造が派生する．

(98)　[$_{TP}$ Someone murdered Joe] but we do not know [$_{CP}$ by who C<C-F> [$_{TP}$ someone murder Joe]]

この構造には，LF でコピーされた TP 内に不定代名詞 someone が存在する．しかしながら，2.4.1 節で仮定した (99) の条件により，名詞句である someone は前置詞句の by who の変項として機能できない．

(99)　意味解釈部門において先行文よりコピーされた TP 内の要素 B が，CP 指定部に基底生成された疑問詞 W の変項として機能できるのは，B と W が同じ統語範疇の場合に限られる．

その結果，(97a) から適格な LF 構造が派生されず，(95a) の間接疑問縮約文は許されない．

また，(97b) における空所スロットに先行文の TP をコピーすることにより，次の構造が派生する．

(100)　[$_{TP}$ Joe was murdered] but we do not know [$_{CP}$ who C<C-F> [$_{TP}$ Joe was murdered]]

この構造には疑問詞 who に対応する変項が存在しないため，(100) を適確に解釈することはできない．また，(97b) において，コピーする際に前置詞句をスプラウトした場合，次の構造が派生する．

(101)　[$_{TP}$ Joe was murdered] but we do not know [$_{CP}$ who C<C-F> [$_{TP}$ Joe was murdered PP]]

この構造において，(99) により，名詞句 who は前置詞句 PP を変項にすることはできない．その結果，スプラウトの適用にかかわらず，(97b) からは適格な LF 構造は派生されず，この間接疑問縮約文も許されない．

最後に，(96) の擬似空所化文を考えてみよう．これらの文は，派生の段

階で次の構造を持つ．

(102) a. [TP Some [vP v [VP brought roses]]] and [TP lilies were [vP by others [v' v <C-F> [e]]]]

b. [TP Roses₁ were [vP v [VP brought t₁] by some]] but [TP others did [vP lilies [v' v <C-F> [e]]]]

これらの構造では，vP 主要部に C-F が生起し，補部には空所スロットが選択される．C-F は vP 指定部に生起する残留要素に接辞化するため，空所スロットは空の代用形に再分析されず，空所スロットには先行詞の VP がコピーされる．しかしながら，(102a) では，残留要素の by others は some と対比の関係にあり，roses とは対比の関係にない．そのため，先行文内の roses は変項に置き換えられず，そのまま空所スロットにコピーされる．

(103) [TP Some [vP v [VP brought roses]]] and [TP lilies were [vP by others [v' v <C-F> [vP brought roses]]]]

この LF 構造は適確に解釈することができない．また，(102b) では，先行文中の roses の痕跡を含む VP が空所スロットにコピーされる．

(104) [TP Roses₁ were [vP v [VP brought t₁] by some]] but [TP others did [vP lilies [v' v <C-F> [vP brought x]]]]

この構造では，コピーされた受動態の過去分詞 brought の受動形態素に動作主の解釈が含まれており，それとは独立して TP 指定部の others を動作主として認可できない．したがって，(102a, b) からは適格な構造は派生されない．

このように，(96) の擬似空所化文は許されない．ただし，先行文と異なる態を持つ擬似空所化文が許される場合があることが Tanaka (2011) により指摘されている．

(105) a. This problem was to have been looked into, but obviously nobody did ~~look into this problem~~.
  b. ?My problem will be looked into by Tom, but he won't ~~look~~ into yours.
(106) a. The system can be used by anyone who wants to ~~use it~~.
  b. ?The new system can be used by anyone who could ~~use~~ the older versions.
(107) a. Actually, I have implemented it [= a computer system] with a manager, but it doesn't have to be ~~implemented with a manager~~.
  b. ?Actually, I have implemented it [= a computer system] with a manager, but it should have been ~~implemented~~ by a computer technician.
(Tanaka (2011: 476))

Tanaka は，これらの文における (b) は完全に文法的な文ではないが，次の文における (b) よりも容認可能性が高いと判断する母語話者が存在することを報告している．

(108) a. *Roses were brought by some, and others did ~~bring roses~~, too.
  b. *Roses were brought by some, and others did ~~bring~~ lilies.
(109) a. *Some brought roses, and lilies were ~~brought by some~~, too.
  b. *Some brought roses, and lilies were ~~brought~~ by others.
(Tanaka (2011: 474-475))
(110) a. *Klimt is admired by Abby more than anyone does ~~admire Klimt~~.
  b. *Klimt is admired by Abby more than anyone does ~~admire~~ Klee.
(111) a. *Abby admires Klimt$_1$ more than he$_1$ is ~~admired by Abby~~.
  b. *Abby admires Klimt$_1$ more than he$_1$ is ~~admired~~ by anyone

else.

(Tanaka (2011: 475-476))

　本論の分析によると，(105b) のような擬似空所化文を許す話者は，この文に対して次の構造を与えていると考えられる．

(112)　My problem will be looked into by Tom, but [$_{TP}$ he won't [$_{AuxP}$ into yours [$_{Aux'}$ Aux [$_{vP}$ v <C-F> [e]]]]

この構造では，残留要素の into yours が vP 指定部ではなく，vP と TP の間に存在する空の助動詞句 AuxP の指定部に存在する．この場合，vP 指定部には音形を持つ要素が存在しないため，LF コピー操作を誘引する C-F は認可されない．そのため，(112) の空所スロットは空の代用形に再分析される．

(113)　My problem will be looked into by Tom, but [$_{TP}$ he won't [$_{AuxP}$ into yours [$_{Aux'}$ Aux [$_{vP}$ v pro]]]]

この構造において，残留要素の yours (problem) と先行文中の my problem との対比関係より，λx.[look into x] が空の代用形 pro の先行詞となる．同様の分析が (106b) と (107b) にも当てはまる．

　擬似空所化文 (105b) に (112) の構造を与える話者は，(108)-(111) における (b) の擬似空所化文にも同様な構造を与えると考えられる．例えば，(108b) は次の構造を持つ．

(114)　Roses were brought by some, and [$_{TP}$ others did [$_{AuxP}$ lilies [$_{Aux'}$ Aux [$_{vP}$ v pro]]]]

しかしながら，(105b) と (108b) の擬似空所化文では，省略文と先行文の文脈上の関係が異なる．擬似空所化文が許される (105b) では省略文と先行文は並列関係にはない．他方，擬似空所化文が許されない (108b) では省略文と先行文は並列関係にある．この違いは，先行文と異なる態を持つ動詞句省略文の容認度の違いにも反映されている．すなわち，擬似空所化文が許さ

る（105b）の文脈では（105a）の動詞句省略文も許されるが，擬似空所化文が許されない（108b）の文脈では（108a）の動詞句省略文も許されない．省略文と先行文が並列関係にある（114）では，省略文の主語 others も先行文の主語 roses と並列関係にある．しかしながら，意味の上で others に対応する要素は，先行文の主語ではない some である．その結果，文脈上の並列関係から要請される対応関係と意味から要請される対応関係に齟齬が生じ，pro の先行詞を決定することが困難になり，容認可能性が落ちると考えられる．したがって，(105b) の擬似空所化文を許す話者でも，(108b) の擬似空所化文は許さない．[10] (106)-(107) と (109)-(111) の対比についても同様に分析できる．

以上，本節では，空所スロットから空の代用形への再分析を仮定することにより，先行詞を含む文とは異なる態を持つ省略文の可否について説明できることを論じた．

4.5. まとめ

本章では，動詞句省略文における空所スロットが発音されない代用形に再分析されることを提案した．この提案によると，動詞句省略文の派生には，PF 削除による派生と代用形による派生の二つが存在する．PF 削除による派生を仮定するだけでは，先行詞内動詞句省略文の存在，主語以外に wh 語句が残留要素となる動詞句省略文の存在，先行詞内に照応形を含む動詞句省略文の解釈，動詞句省略文を内部に含む動詞句省略文の解釈，先行文とは異なる態を持つ動詞句省略文の存在について適切な説明を与えることができない．PF 削除と代用形による派生を仮定することにより，動詞句省略文が示すこのような様々な事実を統一的に説明できる．

---

[10] (105b) のような擬似空所化文をすべての話者が許すわけではなく，また，このような擬似空所化文を許す話者においても完全な文法的な文とは判断されないという事実については，今後の研究課題とする．

参考文献

Agbayani, Brian and Ed Zoerner (2004) "Gapping, Pseudogapping, and Sideward Movement," *Studia Linguistica* 58, 185-211.
Almeida, Diogo A. de. A. and Masaya Yoshida (2007) "A Problem for the Preposition Stranding Generalization," *Linguistic Inquiry* 38, 349-362.
Baker, Mark, Kyle Johnson and Ian Roberts (1989) "Passive Arguments Raised," *Linguistic Inquiry* 20, 219-251.
Baltin, Mark (2003) "The Interaction of Ellipsis and Binding: Implications for the Sequencing of Principle A," *Natural Language and Linguistic Theory* 21, 215-246.
Bellert, Irena (1977) "On Semantic and Distributional Properties of Sentential Adverbs," *Linguistic Inquiry* 8, 337-351.
Carlson, Katy, Michael Walsh Dickey and Christopher Kennedy (2005) "Structural Economy in the Processing and Representation of Gapping Sentences," *Syntax* 8:3, 208-228.
Chomsky, Noam (1957) *Syntactic Structures*, Mouton, The Hague.
Chomsky, Noam (1981) *Lectures on Government and Binding*, Foris, Dordrecht.
Chomsky, Noam (2000) "Minimalist Inquiries: The Framework," *Step by Step: Essays on Minimalist Syntax in Honor of Howard Lasnik*, ed. by Roger Martin, David Michaels and Juan Uriagereka, 89-155, MIT Press, Cambridge, MA.
Chomsky, Noam (2001) "Derivation by Phase," *Ken Hale: A Life in Language*, ed. by Michael Kenstowicz, 1-52, MIT Press, Cambridge, MA.
Chung, Sandra, William Ladusaw and James McCloskey (1995) "Sluicing and Logical Form," *Natural Language Semantics* 3, 1-44.
Cinque, Guglielmo (1990) *Types of A'-Dependences*, MIT Press, Cambridge, MA.
Cooper, Robin (1983) *Quantification and Syntactic Theory*, Reidel, Dordrecht.
Coppock, Elizabeth (2001) "Gapping: In Defense of Deletion," *CLS* 37, 133-147.
Culicover, Peter W. and Ray S. Jackendoff (2005) *Simpler Syntax*, Oxford University Press, Oxford.
Elbourne, Paul (2008) "Ellipsis Sites as Definite Descriptions," *Linguistic Inquiry* 39, 191-220.
Emoto, Hiroaki (2007) "The Theory of Ellipsis in a Single-Cycle System," *English*

Linguistics 24, 319-340.
Fiengo, Robert and Robert May (1994) *Indices and Identity*, MIT Press, Cambridge, MA.
Fox, Danny (2002) "Antecedent-Contained Deletion and the Copy Theory of Movement," *Linguistic Inquiry* 33, 63-96.
Fox, Danny and Howard Lasnik (2003) "Successive-Cyclic Movement and Island Repair: The Difference between Sluicing and VP-Ellipsis," *Linguistic Inquiry* 34, 143-154.
Geis, Michael L. (1986) "Pragmatic Determinants of Adverb Preposing," *CLS* 22, 127-139.
Grimshaw, Jane (1979) "Complement Selection and the Lexicon," *Linguistic Inquiry* 10, 279-326.
Hageman, Liliane and Jacqueline Guéron (1999) *English Grammar: A Generative Perspective*, Blackwell, Oxford.
Hankamer, Jorge (1978) "On the Nontransformational Derivation of Some Null VP Anaphors," *Linguistic Inquiry* 9, 66-74.
Hankamer, Jorge (1979) *Deletion in Coordinate Structures*, Garland, New York.
Hankamer, Jorge and Ivan A. Sag (1976) "Deep and Surface Anaphora," *Linguistic Inquiry* 7, 391-426.
Hardt, Dan (1999) "Dynamic Interpretation of Verb Phrase Ellipsis," *Linguistics and Philosophy* 22, 185-219.
Heim, Irene (1997) "Predicates or Formulas?: Evidence from Ellipsis," *SALT* 7, ed. by Aaron Lawson, 197-221, Cornell University, Ithaca, NY.
Hestvik, Arild (1995) "Reflexives and Ellipsis," *Natural Language Semantics* 3, 211-237.
Hudson, Richard A. (1976) "Conjunction Reduction, Gapping and Right-Node Raising," *Language* 52, 535-562.
今西典子・浅野一郎 (1990)『照応と削除』(新英文法選書第 11 巻), 大修館書店, 東京.
Jackendoff, Ray S. (1971) "Gapping and Related Rules," *Linguistic Inquiry* 2, 21-36.
Jacobson, Pauline (1992) "Antecedent Contained Deletion in a Variable-Free Semantics," *SALT* 2, ed. by Chris Barker and David Dowty, 193-213, Ohio State University, Columbus.
Jacobson, Pauline (2008) "Direct Compositionality and Variable-free Semantics: The Case of Antecedent Contained Deletion," *Topics in Ellipsis*, ed. by Kyle Johnson, 30-68, Cambridge University Press, Cambridge.
Jaeggli, Osvaldo A. (1986) "Passive," *Linguistic Inquiry* 17, 587-622.

参 考 文 献

Jayaseelan, Karattuparambil A. (1990) "Incomplete VP Deletion and Gapping," *Linguistic Analysis* 20, 64-81.
Johnson, Kyle (1994) "Bridging the Gap," ms., University of Massachusetts at Amherst.
Johnson, Kyle (2001) "What VP Ellipsis Can Do, and What it Can't, but not Why," *The Handbook of Contemporary Syntactic Theory*, ed. by Mark Baltin and Chris Collins, 439-479, Blackwell, Oxford.
Johnson, Kyle (2006) "Gapping," *The Blackwell Companion to Syntax vol. II*, ed. by Martin Everaert and Henk van Riemsdjik, 407-435, Blackwell, Oxford.
Johnson, Kyle (2008) "The View of QR from Ellipsis," *Topics in Ellipsis*, ed. by Kyle Johnson, 69-94, Cambridge University Press, Cambridge.
Johnson, Kyle (2009) "Gapping Is Not (VP-) Ellipsis," *Linguistic Inquiry* 40, 289-328.
金子義明 (2009)『英語助動詞システムの諸相：統語論・意味論インターフェイス研究』, 開拓社, 東京.
Kehler, Andrew (2002) *Coherence, Reference, and the Theory of Grammar*, CSLI Publications, Stanford.
Kennedy, Christopher (2008) "Argument Contained Ellipsis," *Topics in Ellipsis*, ed. by Kyle Johnson, 95-131, Cambridge University Press, Cambridge.
Koizumi, Masatoshi (1995) *Phrase Structure in Minimalist Syntax*, Doctoral dissertation, MIT.
Koutsoudas, Andreas (1971) "Gapping, Conjunction Reduction, and Coordinate Deletion," *Foundations of Language* 7, 337-386.
Kuno, Susumu (1975) "Conditions on Verb Phrase Deletion," *Foundations of Language* 13, 161-175.
Kuno, Susumu (1976) "Gapping: A Functional Analysis," *Linguistic Inquiry* 7, 300-318.
Kuroda, S.-Y. (1988) "Whether We Agree or Not: A Comparative Syntax of English and Japanese," *Linguisticae Investigationes* 12, 1-47. [Reprinted in *Japanese Syntax and Semantics*, 1992, 315-357, Kluwer, Dordrecht.]
Laka, Itziar (1990) *Negation in Syntax: On the Nature of Functional Categories and Projections*, Doctoral dissertation, MIT.
Lappin, Shalom (1996) "The Interpretation of Ellipsis," *The Handbook of Contemporary Semantic Theory*, ed. by Shalom Lappin, 145-175, Blackwell, Oxford.
Larson, Richard and Robert May (1990) "Antecedent Containment or Vacuous Movement: Reply to Baltin," *Linguistic Inquiry* 21, 335-391.
Lasnik, Howard (1999a) *Minimalist Analysis*, Blackwell, Oxford.
Lasnik, Howard (1999b) "On Feature Strength: Three Minimalist Approaches to

Overt Movement," *Linguistic Inquiry* 34, 197-217. [Reprinted in *Minimalist Investigations in Linguistic Theory*, 2003, 83-102, Routledge, London and New York.]

Lasnik, Howard (2001) "When Can You Save a Structure by Destroying It?" *NELS* 31, 301-320.

Levin, Nancy S. (1979) *Main-Verb Ellipsis in Spoken English*, Doctoral dissertation, Ohio State University. [Published by Garland, New York and London, 1986.]

Lobeck, Anne C. (1995) *Ellipsis: Functional Heads, Licensing and Identification*, Oxford University Press, Oxford.

Lobeck, Anne C. (1999) "VP Ellipsis and The Minimalist Program: Some Speculations and Proposals," *Fragments: Studies in Ellipsis and Gapping*, ed. by Shalom Lappin and Elabbas Benmamoun, 98-123, Oxford University Press, New York/Oxford.

McCawley, James (1993) "Gapping with Shared Operators," *BLS* 19, 245-253.

Merchant, Jason (2001) *The Syntax of Silence: Sluicing, Islands, and the Theory of Ellipsis*, Oxford University Press, Oxford.

Merchant, Jason (2008a) "Variable Island Repair under Ellipsis," *Topics in Ellipsis*, ed. by Kyle Johnson, 132-153, Cambridge University Press, Cambridge.

Merchant, Jason (2008b) "An Asymmetry in Voice Mismatch in VP-Ellipsis and Pseudogapping," *Linguistic Inquiry* 39, 169-179.

Merchant, Jason (2013) "Voice and Ellipsis," *Linguistic Inquiry* 44, 77-108.

中村　捷 (1983)「解釈意味論」『意味論』(英語学大系 5)，大修館書店，東京．

中村　捷 (1996)『束縛関係─代用表現と移動─』，ひつじ書房，東京．

Nakamura, Taichi (2013) "Voice Mismatches in Sloppy VP-Ellipsis," *Linguistic Inquiry* 44, 519-528.

Neijt, Anneke (1979) *Gapping: A Contribution to Sentence Grammar*, Foris, Dordrecht.

Oehrle, Richard T. (1987) "Boolean Properties in the Analysis of Gapping," *Discontinuous Constituency, Syntax and Semantics* 20, ed. by Geoffrey J. Huck and Almerindo E. Ojeda, 201-240, Academic Press, Orlando.

Ogawa, Yoshiki (2001) *A Unified Theory of Verbal and Nominal Projections*, Oxford University Press, New York.

Partee, Barbara H. (1973) "Some Transformational Extensions of Montague Grammar," *Journal of Philosophical Logic* 2, 509-534.

Pereira, Fernand C. N. (1990) "Categorial Semantics and Scoping," *Computational Linguistics* 16, 1-10.

Postal, Paul M. (1974) *On Raising*, MIT Press, Cambridge, MA.

Potsdam, Eric (1997) "English Verbal Morphology and VP Ellipsis," *NELS* 27, 353-368.

Quirk, Randolph, Sidney Greenbaum, Geoffrey Leech and Jan Svartik (1972) *A Grammar of Contemporary English*, Longman, London.

Reinhart, Tanya (1983) *Anaphora and Semantic Interpretation*, University of Chicago Press, Chicago.

Repp, Sophie (2009) *Negation in Gapping*, Oxford University Press, Oxford.

Rizzi, Luigi (1990) *Relativized Minimality*, MIT Press, Cambridge, MA.

Rochemont, Michael S. (1986) *Focus in Generative Grammar*, Benjamins, Amsterdam/Philadelphia.

Rooth, Mats E. (1985) *Association with Focus*, Doctoral dissertation, University of Massachusetts, Amherst.

Rooth, Mats E. (1992a) "Ellipsis Redundancy and Reduction Redundancy," *Proceedings of the Stuttgart Ellipsis Workshop*.

Rooth, Mats E. (1992b) "A Theory of Focus Interpretation," *Natural Language Semantics* 1, 117-121.

Ross, John R. (1967) *Constraints on Variables in Syntax*, Doctoral dissertation, MIT. [Published as *Infinite Syntax!*, by Ablex Publishing Co., Norwood New Jersey, 1986.]

Ross, John R. (1969) "Guess Who?" *CLS* 5, 252-286

Ross, John R. (1970) "Gapping and the Order of Constituents," *Progress in Linguistics*, ed. by Manfred Bierwisch and Karl Heidolph, 249-259, Mouton, The Hague.

Sag, Ivan A. (1976) *Deletion and Logical Form*, Doctoral dissertation, MIT. [Published by Garland, New York and London, 1980.]

Sag, Ivan A. (1979) "The Nonunity of Anaphora," *Linguistic Inquiry* 10, 152-164.

Saito, Mamoru and Murasugi Keiko (1990) "N′-Deletion in Japanese: A Preliminary Study," *Japanese/Korean Linguistics* 1, 285-301.

Sato, Motoki (2014) *The Syntax of VP-Ellipsis*, Doctoral dissertation, Tohoku University.

Sato, Yosuke (2008) *Minimalist Interfaces: Selected Issues in Indonesian and Javanese*, Doctoral dissertation, University of Arizona.

Schwarschild, Roger (1999) "Givenness, AviodF and Other Constraints on the Placement of Accent," *Natural Language Semantics* 7, 141-177.

Schwarz, Bernhard (2000) *Topics in Ellipsis*, Doctoral dissertation, University of Massachusetts, Amherst.

島　越郎 (2008)「動詞投射範疇の削除」『言語研究の現在：形式と意味のインターフェース』, 金子義明・菊地明・高橋大厚・小川芳樹・島越郎(編), 377-386,

開拓社, 東京.
島　越郎 (2009)「省略文の派生：コピーと削除」『東北大学文学研究科研究年報』58 号, 93-112, 東北大学大学院文学研究科.
島　越郎 (2010)「LF コピーと PF 削除による省略文の分析」*JELS 27: Papers from the 27th Conference of the English Linguistic Society of Japan*, 227-235.
島　越郎 (2011)「省略文における再分析」『東北大学文学研究科研究年報』60 号, 61-90, 東北大学大学院文学研究科.
島　越郎 (2012)「フェイズに基づく LF コピーと PF 削除：動詞句削除, 擬似空所化, 空所化の違いについて」『東北大学文学研究科研究年報』61 号, 41-61, 東北大学大学院文学研究科.
島　越郎 (2013)「省略文に課せられる同一性の問題」『東北大学文学研究科研究年報』62 号, 61-89, 東北大学大学院文学研究科.
島　越郎 (2014)「動詞句省略文における発音されない代用形」『東北大学文学研究科研究年報』63 号, 101-129, 東北大学大学院文学研究科.
島　越郎 (2015a)「省略文に課せられる制限の考察：LF コピーと PF 削除による派生の観点から」『東北大学文学研究科研究年報』64 号, 27-51, 東北大学大学院文学研究科.
島　越郎 (2015b)「動詞句省略と形態的同一性」『文化』第 78 巻第 3・4 号, 25-40, 東北大学文学会.
Siegel, Muffy (1987) "Compositionality, Case and the Scope of Auxiliaries," *Linguistics and Philosophy* 10, 53-76.
Steedman, Mark J. (1990) "Gapping as Constituent Coordination," *Linguistics and Philosophy* 13, 207-263.
Tanaka, Hidekazu (2011) "Voice Mismatch and Syntactic Identity," *Linguistic Inquiry* 42, 470-490.
Tiedeman, Robyne (1995) "Some Remarks on Antecedent Contained Deletion," *Minimalism and Linguistic Theory*, ed. by Haraguchi, Shosuke and Michio Funaki, 67-103, Hituzi Syobo, Tokyo.
Tomioka, Satoshi (1997) *Focusing Effects in VP Ellipsis and NP Interpretation*, Doctoral dissertation, University of Massachusetts, Amherst.
Tomioka, Satoshi (1999) "A Sloppy Identity Puzzle," *Natural Language Semantics* 7, 217-241.
Tomioka, Satoshi (2008) "A step-by-step Guide to Ellipsis Resolution," *Topics in Ellipsis*, ed. by Kyle Johnson, 210-228, Cambridge University Press, Cambridge.
Warner, Anthony R. (1986) "Ellipsis Conditions and the Status of the English Copula," *York Papers in Linguistics* 12, 153-172, University of York, Heslington, England.

Wasow, Thomas (1972) *Anaphoric Relations in English*, Doctoral dissertation, MIT. [Published as *Anaphora in Generative Grammar* by E. Story-Scientia, Ghent, 1979.]

Webber, Bonnie (1978) *A Formal Approach to Discourse Anaphora*, Doctoral dissertation, Harvard University.

Wescoat, Michael (1989) "Sloppy Readings with Embedded Antecedents," ms., Stanford University.

Wilder, Chris (1994) "Coordination, ATB, and Ellipsis," *Groninger Arbeiten zur Germanistischen Linguistik* 37, 291-331.

Williams, Edwin S. (1977) "Discourse and Logical Form," *Linguistic Inquiry* 8, 101-139.

Williams, Edwin S. (1997) "Blocking and Anaphora," *Linguistic Inquiry* 28, 577-628.

Winkler, Susanne (2005) *Ellipsis and Focus in Generative Grammar*, Mouton de Gruyter, Berlin/New York.

索　引

1. 日本語は五十音順に並べてある．英語（などで始まるもの）はアルファベット順で，最後に一括してある．
2. 数字はページ数を示す．

[あ行]

一致（Agreement）　17-18, 24, 35, 45-46
意味選択　39, 62
意味的対比条件　150, 154, 155-156, 158, 163, 187
意味の同一性　8, 109, 138, 175, 179-180, 218
音韻弱化（phonological reduction）　153, 172-174
音声化（Spell-Out）　32-35, 43, 45-46, 54, 86, 98, 157, 159-162, 181, 190, 194-195, 197-198, 230
音調曲線　40

[か行]

外置　193-194, 199
格の一致　102-104
下降調　40
下接の条件　35
含意関係　152, 171-172, 174-176, 179-180, 217
間接疑問縮約（Sluicing）　6, 12-15, 20-22, 40-42, 46-48, 102-105, 107, 154-156, 159, 161, 175-176, 178-180, 229-230
間接疑問文　39, 42, 47-48, 77, 103
完全解釈（Full Interpretation）　31, 190
擬似空所化（Pseudogapping）　24-26, 52, 56, 64, 68-69, 72-73, 82, 84-85, 87-88, 90, 110-112, 114-116, 229-230, 232-234
擬似受動化（pseudopassivization）　115
機能範疇　17-18, 31, 33-34, 36, 62, 69, 101, 113, 118
疑問詞　14, 17, 22-23, 40-42, 46, 48, 61, 102-106, 154-156, 159-163, 178, 203, 230-231
強勢　111, 116, 153-154, 172
極小主義プログラム　30-31
極性表現　68-72, 181-182
虚辞　23, 45
空構造　10-11, 140-141, 144-147
空所化（Gapping）　6-7, 9, 15-16, 51, 56-61, 63-64, 66-69, 72-74, 76-78, 82, 84, 87-88, 91, 120-121, 131-132, 229
空所（スロット）　31-35, 37, 44, 53-55, 57-58, 60, 62-63, 67-68, 74-76, 78-81, 83-84, 87, 89, 91, 93-99, 116-117, 123, 127, 157, 159-161, 181, 190-191, 202, 206, 214, 219-220, 230-232, 234-235
句範疇の省略
　　間接疑問縮約　14
　　擬似空所化　26, 81
　　空所化　16, 81

245

動詞句省略　14, 81
名詞句内の省略　14
経済性の条件　43
形態的同一性　165-167, 179
構造的平行関係の条件　147-148
(LF/PF) 構造の同一性　8, 109, 138-139, 143-144, 158, 163, 172-174, 182-183, 192-193, 198, 200-201, 217, 227
後方照応制約（the Backwards Anaphora Constraint)
　間接疑問縮約　13
　代名詞　18, 87
　動詞句省略　13, 86, 128
　名詞句内の省略　14
（移動操作による）コピー　158, 194-195, 198, 226-227
(LF) コピー　10-12, 18, 21, 23-24, 31-37, 39-40, 42-45, 49, 53-58, 60, 62-64, 67-68, 70-72, 74-76, 78, 80-81, 83-85, 87, 89, 91, 93-100, 103-104, 106-108, 116-117, 123, 127, 138-150, 152, 155-161, 181, 190-191, 205-208, 230-232, 234
語用論的コントロール（pragmatic control)
　間接疑問縮約　6, 20-21
　擬似空所化　26
　空所化　7
　代名詞　5
　単一要素残置　7, 94-95
　動詞句省略　6, 18-20
　無形補文照応　37
　名詞句内の省略　100
痕跡　33, 50, 109, 118, 122, 129, 134, 158, 160, 162, 169-170, 173, 177-178, 185, 190-192, 194, 201, 206-207, 228, 232

[さ行]

再帰化（Reflexivization）　140-141
再帰代名詞　139-140, 164, 204-208, 212, 216
再構築（reconstruction）　62, 198
最大削除の条件　177-178
最大投射　17-18, 31, 33-34, 36-37, 44, 49, 79, 82, 98, 101, 157, 190, 227
再分析（reanalysis）　115, 190-191, 196, 202-203, 211, 214, 219, 221, 230, 232, 234
削除　7-8, 10-11, 21-22, 31, 33-34, 36-37, 42-45, 49-50, 52, 57, 69, 79-82, 85, 89-90, 99, 101-106, 108-109, 111-112, 114, 120, 124-126, 135, 138-139, 142-145, 147, 157-163, 166-171, 176-181, 183-185, 187, 190-195, 198-202, 208-209, 219-221, 223, 227-229
作用域　61, 66-68
残留要素　41-45, 51-60, 62-63, 74, 76-78, 80-81, 83, 86-87, 89-91, 93, 95-100, 103-105, 109, 111-112, 114-117, 126, 128-129, 131-133, 154-155, 160, 178, 181, 191, 203, 214, 216, 228, 230, 232, 234
指定部　17, 30-35, 37, 44, 49-50, 52, 55-56, 59-60, 62, 65, 67, 76-77, 80-81, 86, 87, 89, 94-95, 98-100, 102, 103, 105-106, 113-122, 124-126, 129, 134, 157-158, 160, 162-163, 173, 178, 190-191, 212, 216, 230-232, 234
島の制約
　間接疑問縮約　22, 46-48
　空所化　76-78
　単一要素残置　96-97
　動詞句省略　21, 47-48
　従属節内での適用

間接疑問縮約　12-13
擬似空所化　26, 82, 84, 87
空所化　16, 82, 87
単一要素残置　95
動詞句省略　12, 82, 84, 86
名詞句内の省略　13
重名詞句移動　109-112, 183-187, 192-193, 198
受動形態素　228, 232
主要部　10, 17, 24, 30-37, 39-40, 43-46, 49, 52-54, 58, 60, 63-64, 66-72, 74-77, 79-83, 85-86, 89-90, 93-94, 96, 98-100, 113, 116, 123, 127, 158, 160, 167, 169-170, 181, 190, 210, 226, 230, 232
照応表現　5-6, 8, 87
上昇調　40
焦点化　34-35, 51-53, 55-56, 80, 150-153, 163, 173, 180-182, 191, 201-202, 221, 223
焦点の意味（focus semantic value）　150-151, 154, 164
焦点の代替意味論（Alternative Semantics for Focus）　150-151
焦点の投射　171-172
省略された動詞句内からの wh 移動　22, 48, 162, 200-201
助動詞　24, 41-46, 56, 66, 110, 128, 165-167, 169-170, 178-180, 214, 234
浸透　43, 79, 169, 190
随伴（pied-piping）　197-198
数量詞　193-196, 198-199, 214
数量詞繰り上げ（Quantifier Raising: QR）　194-195, 197-198
ストリクトの解釈　143-144, 146, 152-153, 204-209, 211, 213-216, 218
スプラウト　32, 107-108, 160, 231
スロッピーの解釈　143-147, 149-150, 152-154, 204-209, 213-216, 221-224

スワイピング（Swiping）　41
接辞（化）　31-35, 43, 80-81, 85-86, 98, 100, 166-170, 190, 230, 232
全域的適用　118, 120
先行詞内省略（Antecedent Contained Deletion: ACD）　182-184, 186, 192-193, 197
潜在項（implicit argument）　32, 154-155, 159-161, 178-179, 203
選択（関係）　83-85, 87, 89, 94-95, 106
前置詞残留　102, 104-105, 110
束縛　34-35, 56, 62-66, 69-72, 117, 141, 143, 145-147, 175, 183-184, 191, 204, 211-214, 217, 221-222
束縛原理（A）　208-209
束縛原理（B）　56, 217
束縛原理（C）　62, 175, 182, 217-218
束縛代名詞　63, 151-153
束縛変項　222
側面的移動（sideward movement）　128, 130, 132-135
素性移動　43-44

[た行]

対格　104, 113
代替集合（set of alternatives）　150-156, 163-164, 181-182
態の一致
　間接疑問縮約　229-232
　擬似空所化　230, 231-235
　空所化　229-230
　代名詞　8, 137-138
　動詞句省略　8, 38, 138, 141, 224-229
　無形補文照応　38
対比の焦点（contrastive focus）　130-131
対比の話題（contrastive topic）　130-

131, 134
代名詞　5-6, 8, 10, 18, 87, 137-138
（空の）代用形（pro-form）　191, 196-200, 202-203, 209, 211-216, 218-223, 228-230, 232, 234
多義(的・性)　66, 73-74, 143-144, 204, 209, 220
単一要素残置（Stripping）　6-7, 92-97
談話文法（Discourse Grammar）　9-11, 23-25, 140-141
直接指示　146, 191, 214
問い返し疑問文　40-41
等位構造制約（the Coordinate Structure Constraint）　10, 35, 120, 212
　間接疑問縮約　47
　空所化　78
　動詞句省略　10, 47
等位節内での適用
　間接疑問縮約　12-13
　動詞句省略　12
　名詞句内の省略　13
統語的コントロール（syntactic control）　5
動作主（Agent）　228, 232
動詞句省略（VP-ellipsis）　6, 8-10, 12-15, 18-23, 37-38, 42, 45-49, 51, 56, 68, 72-73, 79, 82, 84, 86, 88, 90, 133, 137, 139, 141, 143-146, 148-150, 155-156, 159, 161-163, 165, 167-170, 172, 174, 176, 178-180, 182-184, 186, 192-193, 195, 197, 200-201, 203-205, 214-215, 217, 219-220, 222-225, 228-229
動詞句内主語仮説　173
投射　31, 33, 37, 43, 101-102, 106-107, 171-172, 190

[な行]

二重目的語構文　111

[は行]

場所や時間を示す副詞句　60
派生動詞句規則（Derived VP Rule）　140-147, 158
発話境界
　間接疑問縮約　15
　擬似空所化　24, 90
　空所化　9, 16, 91
　代名詞　10
　動詞句省略　9, 10, 15, 90
　比較省略　11
　名詞句内の省略　15
発話の力（illocutionary force）　19
場面設定（scene-setting）　61
比較省略（Comparative Deletion）　11
比較節　84, 209
非循環適用　195, 198
非制限的用法の関係詞節　183-184
否定辞　34, 66-68
フェイズ　30-31, 98-99, 190
付加　50, 60, 110-111, 118, 122, 129-130, 134-135, 183-185, 192, 195-199, 206-207, 210-213
付加詞　48
付加詞条件　47
復元可能性条件　33-34, 36, 80-81, 99
複合名詞制約（the Complex Noun Constraint）
　間接疑問縮約　15, 46-47
　擬似空所化　25, 88
　空所化　16, 88
　動詞句省略　10, 15, 47, 88
　名詞句内の省略　15

索　引　　249

副詞 too　153, 163-164, 191, 208, 213-214, 229
不定詞節　6, 38, 84-85, 116, 184-185
不定名詞句　49, 104, 156, 159, 161
文文法 (Sentence Grammar)　9-11, 23-25, 140-141
分離先行詞
　擬似空所化　56
　空所化　57-59
　単一要素残置　96
　動詞句省略　56, 223
並列関係　127-128, 208-209, 213-214, 229, 234-235
変項　32, 34-35, 49, 53-57, 62-63, 67-68, 70-72, 74, 76, 78, 80-81, 83-84, 88-89, 91, 93-94, 97-100, 104, 106-108, 116-117, 123, 127, 141-147, 150-151, 159-161, 163-164, 181, 183-184, 215-216, 229, 231-232
補部　17-18, 21, 26, 31-35, 37, 39, 53, 79-81, 83-85, 87, 89, 94, 96, 98, 101-102, 113, 116, 157-158, 162, 181, 190, 226-227, 230, 232

[ま行]

右屋根制約 (Right Roof Constraint)　195
無形補文照応 (Null Complement Anaphora: NCA)　36-39
名詞句内の省略　11, 13-15, 99-101
命題の集合　151
命令文　61

文字異形 (alphabetic variant)　143, 145-147, 183-184

[や行]

与格　103-104

[ら行]

ラムダ　140-147, 158, 183-184, 229
領域の副詞類 (domain adverbials)　62
隣接　86, 121, 126
連鎖　130, 135
連続循環移動 (successive cyclic movement)　31, 162

[英語など]

Affix hopping　166
be 動詞　165-167, 169-170, 179
C 統御　67, 130, 135, 206-207, 211, 213-214, 222-223
Edge 素性　30-31
F 標示 (F-marked)　172-173
Kennedy のパズル　186
One's Deletion　11
Shallow Structures　142-143, 145, 147, 158
that 節　25-26, 72-73, 75-76, 94, 116, 184, 193
(多重) wh 疑問文　30, 40, 132, 202, 215-216
Wh 島条件　48, 77

著者紹介

島　越郎（しま　えつろう）

1967 年富山県生まれ．東北大学文学部卒業．東北大学大学院文学科博士課程後期 3 年の課程修了．博士（文学）．山口大学を経て，現在，東北大学大学院文学研究科准教授．2001 年～2002 年 Cornell University 言語学科客員研究員．

著書:『左方移動』（共著，研究社）．
論文: Economy of Derivation and Its Application (*English Linguistics* 12, 1995 年), Two Types of Wh-features (*Lingua* 107, 1999 年), A Preference for Move over Merge (*Linguistic Inquiry* 31, 2000 年), Reducing Pseudogapping to VP Ellipsis (*English Linguistics* 23, 2006 年) など．

省略現象と文法理論

著作者	島　越郎
発行者	武村哲司
印刷所	日之出印刷株式会社

2015 年 10 月 27 日　第 1 版第 1 刷発行

発行所　株式会社　開 拓 社

〒113-0023　東京都文京区向丘 1-5-2
電話　(03) 5842-8900（代表）
振替　00160-8-39587
http://www.kaitakusha.co.jp

Ⓒ 2015 Etsuro Shima　　ISBN978-4-7589-2222-7　C3080

JCOPY ＜(社)出版者著作権管理機構　委託出版物＞
本書の無断複写は，著作権法上での例外を除き禁じられています．複写される場合は，そのつど事前に，(社)出版者著作権管理機構（電話 03-3513-6969，FAX 03-3513-6979，e-mail: info@jcopy.or.jp）の許諾を得てください．